中国高等教育学会秘书学专业委员会专家审定
21 世纪高等院校秘书学专业系列教材
总主编　张同钦　杨　锋

秘书实用写作

主　编　杜福磊
副主编　王凤敏　周蓓新

中国人民大学出版社
·北京·

总　　序

进入新世纪以来，国际国内形势都日益发生着迅速而深刻的变化。随着我国经济体制改革的不断深入，随着社会主义民主政治建设的推进和依法治国方略的实施，随着科学技术特别是信息技术的快速发展，各级各类社会组织的管理理念和管理方式也在不断改进和完善。

秘书工作隶属于领导工作，秉承领导意图、围绕领导工作的需要而开展，以提高社会组织整体管理效率为目的。秘书工作是各级各类社会组织管理系统中重要的辅助系统，是完整的管理系统中不可或缺的有机构成部分。在前述背景下，对各社会组织负有参谋助手职能的秘书机构和秘书人员，必将面临着更多新的课题、更加紧迫的任务和更为严峻的挑战。相应地，这对我国高等教育秘书专业的建设与发展也提出了更新、更高的期望和要求。

20 世纪 80 年代初，我国开始了成批培养现代秘书的专业教育。迄今为止，秘书专业教育在培养规模上有了长足的发展，但在培养层次上存在着明显不足。我们认为，目前我国在大力发展秘书职业教育的同时，也应积极推进秘书专业本科教育的规范化和发展。从根本上说，在目前的管理体制下，秘书专业本科教育的规范化急需解决的是政策层面的问题，就是把秘书专业名称列入普通高等学校本科专业“目录”。因为，尽管在这个“目录”中秘书专业是长期缺位的，但社会对这个层次的秘书专业毕业生却有很大的需求。在此条件下，一方面，开设秘书本科专业的普通高校相对较少；另一方面，即使有的高校勉强开设了秘书本科专业，也因其“名不正”，只好挂靠在相关专业之下，被迫以专业方向的面目出现。据我们掌握的情况，秘书本科专业大多挂靠在公共管理类专业、汉语言文学类专业或其他专业之下。这种无奈的挂靠，直接导致了对秘书专业性质的多元化理解，进而对专业的全面规范和健康发展产生了严重的负面影响。

据了解，基于国内秘书类专业的现状以及对未来发展的期待，为满足社会对高层次秘书人才的广泛需求，实现专业层次布局与秘书职业资格鉴定相对接，化解当前高校中秘书本科专业方向的尴尬局面，近几年来，中国高等教育学会秘书学专业委员会以及本专业领域的专家学者，已与教育部有关领导和相关部门多次沟通，从口头到书面明确提出了秘书本科专业进“目录”的愿望。就在2011年5月，教育部下发了《教育部办公厅关于征求对〈普通高等学校本科专业目录（修订一稿）〉修改意见的通知》，秘书学本科专业终于得以列入中国语言文学专业类别（拟列入《普通高等学校本科自设特殊专业名录》专业），对此我们深感欣慰！我们相信，随着我国高等教育管理体制特别是高校招生体制的不断改革，秘书学专业定能迎来新的发展机遇。

教材是教学内容的知识载体，是教学活动的基本工具；教材建设是教学改革的重要体现，是专业发展的重要支撑。所以，我们强调好的教材起码应具有现代性、先进性、代表性。从总体上看，国内秘书专业的教材建设近十几年来处在一个高速发展的过程之中，这为普通高校秘书专业本科教育的具体实施提供了十分重要的保障。但从严格意义上来说，制约普通高校秘书本科教育发展的教材问题此前长期存在。2000年前后，由全国高等教育自学考试指导委员会组织编写了第一套全国统编秘书学本科教材，秘书学界前辈学者常崇宜、张清明、饶士奇、董继超等多位教授为秘书学学科体系建设和课程规范做了大量建设性的工作，使专业教材建设达到了一个新的高度。但这套教材系结合自学考试特点编写的，普通高校选用不太合适，同时也存在教材选用制度方面的限制。2004年至2006年间，由秘书学学者杨锋和张同钦两位一线教师牵头，组织全国开设秘书本科专业多年的八九所院校，历时三年，编写了“现代秘书学系列教材”（暨南大学出版社出版），第一次打破了同类教材编写各自为战或小范围区域合作的局面；在学科理论建设和课程规范方面，较好地解决了秘书学基础理论对秘书实务的引领以及二者作为各自独立的教材的剥离的问题；同时基于秘书工作中文书档案工作前后密切关联的实际，基于文档管理一体化的理念，在课程设计上解决了秘书文档管理与秘书实用写作的相对独立的问题。从教材的使用范围和大量的信息反馈来看，该系列教材赢得了同行专家尤其是一线教师的广泛赞誉。在取得良好社会效果的同时，我们也发现了该套教材存在的不足和其局限性。

为了适应高等教育中的秘书本科专业教学和各级各类社会组织秘书人员学习的需要，中国人民大学出版社与国内十余所院校合作编写了这套“21世纪高等院校秘书学专业系列教材”。参与该系列教材编写工作的专家学者来自广州大学、河南财经政法大学、陕西师范大学、上海大学、广东外语外贸大学、莆田学院（福建）、华北科技学院、重庆师范大学、广西财经学院、内蒙古财经学院等（排名不分先后）。此外，延安大学的姚怀山、绍兴文理学院的何宝梅等秘书学者为这套教材的编写提供了重要的意见和建议。

本系列教材在编写上有三个注重：

一是注重参与院校的专业办学历史。上述十余所院校大都有着长期的秘书专业办学历史，像陕西师范大学、广州大学、河南财经政法大学等秘书专业办学历史都在20年以上，上海大学还是国内开办秘书类专业的先行者。

二是注重参编者的专业教学经历和前期科研成果的积累。

三是注重在现有专业学术水平下力争打造精品教材。在编写过程中，本系列教材强调吸纳近年来国内秘书学科研究的最新成果，强调使用有关秘书工作最新的法律法规，强调理论阐述与秘书工作实践的结合。

当然，国内秘书学科研究和专业教育起步相对较晚，迄今还有其不够成熟完善的地方；专业教师队伍也经历了一个较长的转型过程，师资队伍建设水平还有待快速提升；这套系列教材也一定存在一些不足。但无论如何，这套教材的编写与出版是秘书专业领域一次重要的探索，是秘书学界的一次成功的合作。

据我们掌握的情况，国内以不同形式设置秘书类本科专业方向（文秘教育专业除外）的211院校并不多，而这样的普通本科院校却有一定的数量，也就是说，这些普通本科院校对我国秘书类专业建设与发展所做的贡献，是应当给予充分的尊重与肯定的。

最后，衷心希望国内秘书类专业能创造出快速、健康发展的美好明天！

编委会

2011年6月

目　　录

第一编　秘书写作基础理论知识

第三编　工作事务文书写作与训练

第四编　专用文体写作与训练

第一编
秘书写作基础理论知识

第一章 秘书写作概述

【教学提示】

本章通过对秘书写作的概念、常用文体分类以及秘书写作特点的讲授，使学生从整体上对秘书写作有一个明确的了解，以便有效地进行秘书写作知识的积累，为下一步文体写作的学习和训练奠定基础。

第一节 秘书写作及常用文体分类

一、秘书写作概念的界定

秘书写作是指各级党政机关、社会团体、企事业单位的秘书工作人员在本职工作范围内所承担的各类公务文书及其他各类应用文书的写作。

秘书写作是职业写作，是从事秘书职业的人所进行的一种职业活动。秘书写作的主要内容是撰拟各类公文及机关常用的其他文书。

作为一种写作行为，秘书写作与文学写作、新闻写作等各种写作一样，都需要经过搜集材料、提炼主题、选择材料、安排结构、选字遣词、循法造句等过程。但是，秘书写作与其他写作相比，又具有自己特有的规律和特点。因此，秘书只有通过不断地练习，熟悉各类文体的写作格式和写作方法，深刻认识它们的特点，掌握它们的规律，才能写出适应工作需要的有质量的文章。

二、秘书写作常用文体分类

秘书写作的文体范围很广，但实际工作中使用频率较高的文体主要有如下几类：

（一）通用公文

通用公文即国务院发布的《国家行政机关公文处理办法》和中共中央办公厅印发的《中国共产党机关公文处理条例》中规定的机关公文文种，主要包括：命令（令）、决定、公告、通告、通知、通报、意见、议案、报告、请示、批复、函、会议纪要等。

通用公文依照行文方向可以分为上行文、平行文、下行文三类，依照内容性质又可以分为规范性文件、指挥性文件、公布性文件、报请性文件、商洽性文件等。

（二）事务文书

事务文书指上述国家法定的行政机关公文以外的一些为处理日常事务而制发和使用的各种文书。事务文书是国家机关、社会团体、企事业单位用以实施管理、办理事务、沟通信息、指导工作、具有适用内容与惯用体式的一种文体。它们的行文格式不像公文那样严格，制作也比较自由，常用的包括以下几种：计划、总结、述职报告、调查报告、典型材料、讲话稿等。

（三）新闻文书

新闻文书是指在新闻及宣传工作中形成的，通过新闻宣传媒介刊发的传播信息、引导舆论、诱导行为的具有较强时效性的文书，具体包括消息、通讯等。

（四）经济文书

经济文书是指以经济活动为主要内容，在经济活动中形成并使用的处理各种经济业务关系的一种应用文体。经济文书在传播经济信息、沟通业务往来、把握经济形势、解决经济纠纷、加强横向联系与合作、制定正确的经济政策等方面所起的作用，是其他文书所无法替代的。经济文书主要包括经济活动分析报告、审计报告、经济合同等。

（五）公关文书

公关文书即为适应公关工作需要而写作的各种文章。公关文体种类繁多，如启事、聘书、祝辞、贺信、贺电、表扬信、求职信、感谢信、慰问信等。

（六）科研学术文书

科研学术文书是指对某学科领域内有价值的学术问题进行专门研究和探讨，并记载下研究成果而写成的学术理论文章，包括学术论文和毕业论文两种主要形式。

第二节　秘书写作的特点

秘书写作有着区别于其他写作的鲜明特点：

一、写作主体的被动性

秘书职业本身具有从属性，没有领导，无所谓秘书。秘书职业的从属性决定了秘书写作主体具有突出的被动性特征。这种被动性主要表现在以下几方面：

（一）秘书写作的任务是领导下达的

秘书是各级领导的得力助手，担负着为领导当参谋和处理日常事务的大量辅助性工作。起草公文和其他文字材料，是秘书的一项重要职责。公文是领导者行使领导职能的重要手段。公文写作任务一般由机关秘书人员承担，但秘书没有主动行文的义务，同时也没有这个权力。秘书的写作行为，是由组织或领导所安排的，某些例行写作，则是由秘书工作岗位的职责和惯例所规定的。大部分情况下，秘书写作在起草之前就要接受领导的具体指令，按照领导的意图，或依照决策层和全体成员的意愿，在机关单位负责人的授意下进行“遵命”写作。只要公文写作任务一下达，秘书人员就必须按照领导要求按时去完成，没有任何讨价还价的余地。

（二）秘书写作的意图是组织确定的

秘书写作是代领导立言、代机关立言，不能自作主张、抒发己见。起草者要遵照社会组织的要求，代表全体成员的意愿，写作公务活动的内容。公文是各级机关贯彻执行党和国家的方针政策、法律法令的工具，是机关领导人或领导班子集体意志的体现，秘书写什么，怎样写，作何使用，何时完成，都要受机关制文意图的约束。不管是起草者个人还是领导个人，都不能用公文来表达个人感受。公文的内容必须是反映和传达社会组织的公务信息。因此，公文内容必须严格忠实于领导机关的工作意向，不允许掺杂作者个人的意见。秘书无权擅自拟写和发布公文，也不能随意更改机关制文意图。

这就告诉我们，秘书工作人员在提笔撰文之前，一定要对党和国家的方针政策以及上级机关的指示精神认真学习，深刻领会，只有这样，才能充分体现领导机关制发文件的工作意向。

秘书在写作过程中也会有自身的见解，但当这些见解与领导、组织的意图不一致时，不允许以个人的见解淡化领导的意志，更不能把自己的认识强加在领导和组织之上。秘书起草的公文质量标准，并不在于自己认为怎么样，而在于是否忠实地体现了制文机关的意图。

（三）秘书写作的过程是由情势规定的

这里所说的“情势”，是指领导的意见以及具体写作内容的要求。例如，文种的确定，材料的选择，特别是完成文稿的时间要求以及文章的最后审改定稿等，秘书人员均须充分尊重领导的意志，并服从情势的客观要求。秘书写作，是被动写，是“我”在替领导、单位执笔，写出来的东西必须符合领导的口吻，符合工作的需要。

除了行政公文外，秘书写作中常用的还有工作计划、总结、简报、调查报告等应用文，这些也是为机关、团体、企事业单位拟订计划、汇报工作、反映情况、处理问题、总结经验时所用的文字载体，也是为贯彻执行各项方针政策服务的，同样要服从于“情势”的要求，写或不写、写什么或不写什么、使用什么文种等，都不是个人可以随意决定的。

（四）秘书写作的主体是组织群体

秘书写作是一个集体参与的过程。从写作情况看，有些重要文稿多由集体讨论，某个人或几个人共同执笔起草初稿，写出初稿后在一定范围内征求意见，进行讨论修改，最终要由规定的人员或者领导来审阅定稿。从公文的产生过程看，一份公文往往由一人或数人写出初稿，由秘书部门加以审核，有的文稿还要经过有关部门会稿，然后再送有关领导审批，最后由机关主要负责人签发。即使是由有经验的、写作水平高的秘书起草的质量很好的初稿，也同样要经过不同的环节进行审理。从这里可以看出，公文写作过程是一个集体智慧共同发挥的过程，是一个不断修正、不断完善而使公文更切合实际、更准确地表达机关单位意愿的过程。

秘书写作的主体，虽然执笔者主要是秘书，也是作为个体的人，但他不代表自己，而是代表某一社会群体，是某一法定机关、企事业单位或组织的“代言人”。因此，秘书写作具有集体性的特点。即使这些文稿在形成过程中，秘书付出了辛勤的劳动，但它们不是个人作品，也从不署秘书个人的名字。

（五）秘书写作的创造性是有前提的

写作是人类特有的一项创造性劳动，秘书的受命写作不等于一切都要盲从，也具有一定的主动性和创造性。但是这里的创造性必须要遵守两个前提：一是要在准确领会领导意图的基础上创造性地表达其意图，注重选择和提炼公文的写作内容，使之更加完美；二是当领导确有疏忽时，应能够及时地发挥参谋职能，采用最恰当的方式予以提示，力争成功地说服领导采纳自己的建议。所以，秘书写作对主动性和创造性的要求更高。

秘书写作的创造性主要表现在根据群体意识，结合自身的体验，捕捉各种信息，加以分析综合，从纷繁复杂的现象中抓住本质、发现规律、预见未来的发展趋势，即表现在它的深刻的分析和准确的概括上。具体说来，秘书在接受了写作任务之后，要仔细、准确地理解、领会、体现领导的意图，因为领导在交代任务时不可能顾及各个方面，往往只从大的方面提出一个问题或一个思路，其表达不可能十分周密、完善和准确，难免会有粗略甚至矛盾之处；而秘书在把领导的思想意图付诸文字的时候，要在把握领导意图的精神实质上，发挥自己的主观能动性，大胆地进行独立思考，运用变向性思维、补充性思维、预见性思维及引发性思维等，对领导的思想意图进行更深入地开展、补充、纠正，使其表达得更系统、更全面、更深刻，要从领导的角度出发去思考，要扮演领导的角色，做到“不在其位而谋其政”。

二、写作受体的特定性

写作学意义上的受体是指写作行为成果的接受对象（在公文学里称之为受文对象）。各种写作行为的最终目的，都是为了实现其不同程度的社会价值，得到社会的承认，都需要有一定的社会受众面。但由于写作行为性质的不同，其成果的受体也就不同。秘书写作的受体基本上是为工作需要或为实用和人际交往目的而接受信息的特定读者。秘书写作受体的特定性，主要表现在以下几个方面：

（一）受文对象是确定的

文学作品、新闻作品的读者是不确定的，一般是没有限制或者是不可计量的。作者即使在心目中选择了一定的社会阶层读者，也仍然希望读者越多越好，作品流传得越久越好。而秘书写作（尤其是行政公文写作）都规定了明确而具体的发文对象，在公文格式上有专门规定，如“主送机关”、“抄送机关”、“传达（阅读）范围”等项目，都要加以说明。并且这种受文对象在秘书写作开始起草之前就已确定。有的公文的读者是特定的受文机关，有的公文的读者是从事职业工作的读者或更大范围内的一般读者，甚至是社会的全体成员，例如通告等告知性公文，就确定了读者应包括发出公文的社会组织之外的社会群众。

（二）受文对象是特指的

秘书写作不仅有自己特定的适用范围，而且有特定的读者对象。比如行政公文都针对特定的行文对象而制作，有一定的阅读范围，这是由领导机关制发文件时规定的，只能按公文制发机关的意见办理，不得随意改变。秘书写作的成果，一般只限于在机关单位内部流通，具有不同的保密程度，其受体受到一定范围的严格限制，尤其是党政公文和事务文书，其受文者在文章上款便已明确指定，或指组织单位，或指有关人员。行政公文，其受体往往有严格的行政隶属关系，他们是单位、组织、部门的领导者，对写作成品负有修改、审核、签发的权力与责任。尽管有些公文也可以通过报刊发表，但那常是党和国家的重要决定、决议、公告、通告、章程、条例等，或是为了告知全民遵行，或是在较大范围内要各级组织、各个单位照章办理，也是针对所管辖的机关组织与相关人员而制定的，只是制发对象更广泛，而不是无制发对象的泛指。

（三）受文对象是别无选择的

文学作品与新闻作品，对读者来说有非常广阔的选择余地，读者可以阅读或不阅读，可受其影响或不受其影响。这主要取决于读者的审美趣味及主观需求与作品所表现出来的思想观点、美学价值能否达到一致。而秘书写作的受体则不同。秘书写作是行使国家或本单位的管理职能，其成品是行政管理的工具，是传达机关决策和意图的途径。它代表着制发机关的法定权威，文件一经签发，对受文单位在法定的时间与空间范围内会产生强制性的作用，如强制予以贯彻、执行、传达，强制予以阅读、办理、复文等。其受文者在接到来文之后，不管对它是否感兴趣，都必须别无选择地认真阅读，而且读后或遵照执行，或做出相应的反应。如果违背了规定的法规、政策、措施等，就意味着不服从管理，就是失职，甚至要受到一定的惩处。而文学作品和其他一般性文章，针对性不强，也没有这种约束力。

（四）受文对象是有区别的

公文的发文者与受文者之间是有特殊关系的，因此秘书写作的受文对象如果不同，就要用不同的公文语言表述，其行文的方向、内容、文种、用语、语气等都有所不同。秘书写作就要根据不同的读者对象，选择不同的文种、语言和内容。例如根据行文方向的不同，秘书写作的成品可以分为上行文、平行文和下行文。上行文是下级机关单位向上级机关单位行文，要选用与内容相应的文种与语气，如请示、报告等，要使用请求、希望、建议之类的词语，而决不能用命令、指挥类的文种与语气；平行文是同级机关之间的行文，它们之间的关系是平等的，因此要互相尊重、平等地协商，语气应该是平和、友善、礼貌的，要选用礼貌、商洽而不能用命令、指挥类的文种与语气；下行文是上级机关单位对下级机关单位的行文，具有组织、行政上的隶属关系，可以用指挥类的文种，也可以用命令性、规定性的语气。

三、写作目的的实用性

对于同是以文字创作为职业的人来说，由于所从事职业的不同，其精神产品的特点也不一样。作家的创作是给人们提供精神享受品，具有极大的主观随意性，其作品以其强烈、鲜明的创作个性为人瞩目；新闻记者的写作则是给读者提供有价值的新闻事实，必须遵循真实性的原则，其作品具有真实、新颖、及时的特点；而秘书的写作，是在日常工作中用来办事的，具有实用的目的，以事晓人，以理服人，其写作目的是明确具体的。东汉哲学家王充在《论衡·自纪》篇中说，写出的文章“为世用者，百篇无害；不为用者，一章无补”。注重实用、讲究实效是秘书写作的本质特征之一，其主要体现在以下几方面：

（一）写作目的鲜明而显著

这一特点与其他写作不同。比如文学创作，一般不应受到具体写作目的的支配。作者往往是在人生使命的压力下，表现社会生活中的生命体验，作品内容和目的的关系越隐蔽越好，写作主旨和写作意图的体现越含蓄越好。其创作的最终目的是提高个体生命和人类整体生命的层次。秘书写作与文学创作正好相反，而且与其他科技文章写作相比，其目的更为鲜明、具体、明显，在行文中，往往要多次强调其写作目的，在文章的重要处往往要突显其目的。例如，在公文的标题、开头、结尾等处，常有提示或强调目的的词语或句子，以便引起阅读者的注意。

（二）写作目的的实用性很强

秘书进行写作，其目的就是根据实际工作需要，提出问题、分析问题和解决问题，它的作用是直接的、有效的、实际的。每一篇公文都是为了办理某一政务或者事务的，都是用来解决工作和生活中各种实际问题的，其价值就在于应用。例如党政机关的各类公文是各级机关指挥意志、行动意图和活动情况的生动体现，是各级机关贯彻执行党和国家方针政策、法律法令的重要依据和凭证。在日常工作中，上级机关通过制发公文下达命令、作出决定、发出通知，指导下级机关工作，实施领导职能；下级机关根据上级机关的指示精神，结合本单位的实际情况开展工作，遇到具体情况和问题，主动向上级机关报告、请示，接受上级的领导；平级机关之间也常常通过公文来商洽、协调、沟通和联络。各级机关都是根据实际工作的需要，充分利用公文具体明确地解决问题。

（三）写作目的有特定明确的指向

公文写作的目的是专一的：有的是为了传达机关意图和领导的指示；有的是为了反映情况、汇报工作；有的是请求事项、表达意愿；有的则是为了沟通信息、加强联系；还有的是为了交流经验、明确做法；有的是记载史实，以便查考，等等。每一种行政公文都被国家最高行政机关在《国家行政机关公文处理办法》中规定了具体的目的和作用。秘书写作时要有强烈的现实针对性，对工作的实际情况作出实事求是、充分全面地反映，对工作中的经验、教训及时分析总结，对工作的发展方向有效地作出科学预测，这样才会具有现实的指导性和实践性，才能为现实管理工作服务，为推动各项工作起直接作用。一篇公文最终能否在社会生活中发挥效用，关键就看写作者是否对写作意图有准确的把握，是否围绕写作目的在行文中能够具体地表述，是否具有客观真实性和很强的针对性。

总之，秘书每天都会通过各种应用文来处理与上级、平级和下级之间的各种公务和事务，如果离开了应用文，许多工作会因为没有依据和凭证而无法开展，如果写出的公文和应用文不务实、不实用，就等于一纸空文。

四、写作内容的综合性

在秘书写作过程中，既要受到秘书学中的一些工作原理的制约，也要符合领导学中一些原则和规律的要求；从写作客体来看，它涉及调研学、决策学、信访学、会议学、情报学等学科理论的指导；从所涉猎的知识来看，它与文书学、公文学、管理学、写作学、行为学等学科密切相关。秘书作为一种职业，有其自身的工作范围，如参谋辅助、督促检查、协调宣传、调查研究等，秘书的写作内容也就需要围绕这些具体的工作展开，因而秘书写作又具有包罗自身职能范围的综合性。

秘书写作又是一种专业写作。秘书都有自己特定的工作单位，不论是在党政机关、企事业单位，还是在群众团体工作，这些工作单位都有具体管辖的业务范围。为这些业务范围内的工作服务的秘书写作，其内容必然要涉及本行业、本系统、本部门的专门业务技术知识。秘书写作人员只有具备了与公文写作活动相适应的专业知识、社会知识、科技知识，并掌握了与所写公文需要的有关情况（包括世界情况、国情、省情、市情、县情和某一行业的情况等），才能撰写出合格的公文。秘书人员如果不熟悉、不了解、不掌握相应的专业技术知识，写作的时候就难免要说外行话，问题也难以抓到关键处，这就不能很好地完成写作任务。秘书写作的某些文稿，可能是一项决策、决定，也可能是直接关系一项技术研究成果，代表着本机关的专业技术与管理水平。所以，秘书人员只有对文章所涉及的专业技术知识有了深刻的认识之后，才有可能胜任本单位的秘书写作。

因此，秘书写作是一项知识性、专业性非常强的工作，要求写作人员必须具备与秘书写作相适应的素质，精通政策法律，精通业务，熟悉情况，博学多才，见多识广，并能举一反三，融会贯通，有较强的综合写作能力。

五、写作体式的规范性

秘书写作的体式是成品的文体、结构和格式的统称。

公文是一种以语体文为原则，兼用议论、说明和叙述表达方式的应用文体。这种文体的规范性，一方面表现为鲜明的书面性。秘书写作是代领导、替单位“立言”，是以书面形式来传达思想、进行协调和交际的，具有严肃庄重的格调，这就使它在词语的运用上有着较为明确的要求和限制，即要求运用规范的书面语言，少用或不用口语、俗语；选择运用客观、准确的词语，少用或不用带有描绘性、情感性的词语。另一方面表现为表达方式的规范性。秘书写作主要运用叙述、说明和议论三种表达方式。叙述以概述为主要形式；说明主要表现为释项式的说明介绍；议论，或者表现为分析说理，或者以夹叙夹议的形式来增强文章的理论色彩。

秘书写作结构的规范性，主要表现在文章结构、样式的定型化和程式化上面。文章的结构，就是指文章内部的组织和构造。在长期的写作实践中，秘书写作形成了明显的形式特征、统一的写作要求以及相对稳定的结构。例如，公文结构一般由标题、主送机关、正文、附件、发文机关、成文时间、印章、主题词、抄送单位等部分组成，一般情况下，这几个构成要素是不可缺少的（个别情况下可以没有附件和抄送单位），否则公文将失去应有的效果，或发出之后无法实施。公文的其他组成部分还有文头、发文字号、签发人、保密等级、紧急程度、注释、印发说明等。文章的样式是指文章的外观形式。文章结构的各个组成部分，在载体上的排列都有统一的规定，包括版头设计、版面安排、用纸尺寸、文字排列、字体型号、字距行距、天地页边等。只有对这些要素统一设计、合理安排，才能使文章美观大方，严肃庄重，并便于文件的处理、保管和使用。

格式是各类文章都有的，但是一般文章，特别是文学作品的格式只是简单的外在的文面格式，按照习惯形成。而公文的格式大不相同。公文的格式有惯用的格式和法定的格式两种。惯用的格式是约定俗成的，没有严格的限制，是在长期的使用过程中逐渐形成的比较固定的格式，是在社会生活和管理生活中通用的文体格式。如普通公文中计划和总结的格式，又如各类书信的惯用格式，是由称谓、正文、祝颂语、署名、日期等几部分组成的，这些也已被社会各机关、团体、企事业单位所承认，写作时如果随心所欲，任意行事，就会使人感到费解，难于接受，也就达不到行文目的。

法定的格式则是权威机关规定的。为了维护公文的权威性和法定性，保护公文的严肃性，提高公文处理工作的效率和质量，国务院于2000年8月24日发布了《国家行政机关公文处理办法》，国务院办公厅秘书局2000年11月编发了《国家行政机关公文格式》。在这些文件中，规定了各类公文的种类、用法、格式、发文稿纸，以及行文关系、用纸规格、书写编排等方面的内容，以保证公文的完整、准确、有效和处理的有序、规范和制度化。任何机关制发公文，均不能违背这一规定，必须严格执行，更不能各行其是，另搞一套。因此，秘书在写作时，必须依照国家规定的统一的规范化的格式，才能有效地保证公文的高质量和公文写作的高效率。如果各机关有各机关的公文格式，各人有各人的写法，没有统一的规范和标准，那么，在实践中就难以被对方理解和接受，难以保持公文的严肃性、法定性。

国家规定公文格式，是为了充分体现公文的法定权威性和约束力，以便更好地实现发文目的。每种行文格式各不相同，都与发文用途密切相联。例如，发布行政法规和规章，宣布施行重大强制性措施，嘉奖有关单位及人员，就要选用“命令（令）”的文种和体式；向上级机关汇报工作，反映情况，答复上级机关的询问，就要选用“报告”的文种和体式。掌握了这些规定，便于写作和阅读，便于处理和解决问题，有利于办文、分类、归档、保存和查询。所以格式固定、规范，有利于提高办事质量和效率。

公文格式的规范性是公文本质特性的发展，也是公文写作和办理的需要。公务具有公众性和同一性，要对社会组织成员产生一致的认可、制约和指挥，否则社会组织就不可能运作。相应的，反映和办理公务的公文，也就形成了格式和程式。正是这种格式和程式显著提高了公文写作和办理的效率。在办公自动化已普及的今天，公文的规范化、程式化的体式会更加科学、严谨。

由此可见，秘书写作是一种规范性的写作。秘书必须熟悉党和国家机关公文处理的有关条例和办法，严格按照法定的格式撰写公文；必须根据发文用途和行文关系正确选择文种，采用恰当的表达体式，学会模式制作，使所写的公文既规范，又适用。

六、写作速度的时限性

秘书写作往往有规定的时限要求，必须在一定的时间内完成写作任务，也就是说，秘书写作是限时写作。这一特点是由公文强烈的时效性决定的。公文是为一定时期的管理工作服务的，是针对当时具体的问题而制发的，因而具有较强的时间限制，过了一定的时期，就将失去现行功用，所以各种公文都具有不同程度的时效性。公文必须在规定的时间内起草、审批、传递和产生效用，否则就可能贻误时机，影响工作，造成损失，难以发挥公文的作用。尤其是在紧急的情况下，更要争分夺秒，及时拟稿、送审和印发，否则，就会对上不能使上级机关及时了解下情，对下不能使下级问题得到及时解决。

公文制作速度是由公文的时效性决定的。公文的时效性越强，要求秘书的写作速度越快。这就要求秘书人员应当在平时注意材料积累，培养快速构思能力，学会规范模式制作，练就一气呵成的硬功夫。并且掌握现代化办公手段，学会计算机写作，提高快速成文能力。只有这样，才能按时完成写作任务。

秘书写作的及时性、时效性与机关工作的效率直接相关。机关工作中的许多重要公文，应该早在秘书工作安排之中，这样便可以周密思考，反复推敲，从容成文。但是，随着工作的开展，还有大量的公文写作需要完成。例如，工作开始时要订计划，工作完成时要做总结，传达贯彻上级的指示要发通知，反映情况要写报告或简报，请示上级机关批准要写请示，回复下级机关的请求要写批复，与兄弟单位商洽工作要发函，日常工作要编发信息，调查市场情况要写市场预测报告，做生意要订经济合同。许多要写的公文或应用文，有的是迫在眉睫、亟待成文的，也有的是工作进展或形势变化要求作出相应的部署和反应的，都有很强的时间性、应变性。这就要求秘书平时要加强工作的预见性，注意积累资料，写作时能迅速领会制文意图，才思敏捷，拟稿迅速，修改及时。如果是急件，还要加班赶写，保证不误时效。“倚马可待”，“立等可取”，是过去人们对秘书写作速度的共同期望，在现代化高速发展的今天，更是客观形势对秘书写作的迫切要求。

当然，拟稿迅速并非粗制滥造，而是好中求快、优质高产。不然，虽成文迅速却多次返工，反而贻误时机。在信息化时代，更强调文章时效性的现实意义。例如，某些会议，上午发言，下午讨论，晚上要将当日的会议简报发到与会者手中，其时效性要求并不亚于新闻写作。因此，秘书要有在短时间内或在不安静的环境中拟就一份讲话要点，甚至全部讲稿的能力，就必须在平时练就非常过硬的撰文功底。

七、写作方式的程序性

秘书部门最重要的产品之一是公文。公文具有实用性和严肃性，其内容是公务和对公务的认识，它是一个对决策事项的感知、认知、论证、深化、提高、完善的过程，必须慎之又慎，写作不能一蹴而就。要正确把握大局与小局、宏观与微观、知识与技能、个别与一般、对上下级负责与对人民群众负责、政策法律与实际情况的关系。因此，秘书在进行写作之前，要做好案头准备工作。例如学习有关政策、法律、法规和有关知识，进行深入细致的调查研究，掌握有关情况，然后进行分析、研究、加工，涉及有关主管部门的事项，还要与有关部门进行协调并达成共识，才能开始写作。写出初稿后要征求意见，进行讨论修改，最终由领导来审阅定稿。有的文稿还要经过有关部门会稿，然后再送有关领导审批人签发。这样作出的政策规定和决策，才能得到有效的贯彻执行。

秘书行文有一整套规范化的处理程序。因为公文要实现其功用，必须用一种相对固定的规范程式。公文具有法规给予社会组织职权所相应产生的制约性，正因为有制约性，才能产生现实的管理作用。因此秘书写作具有严格的程序。整个公文的拟写过程要经过拟稿、核稿、签发、缮印、校对、制作、盖印、封发等几个不同的环节。在行文程序中，秘书只是公文的拟稿人，机关领导人才是签发人。秘书必须恪尽职守，按照机关行文的程序严格执行，不能像写普通文章那样可以自行其是，不得减少和超越规定的程序，不得越权越位。只有这样，才能保证公文的权威性，发挥其应有的作用。

八、写作文风的平实性

秘书写作所使用的文字，与一般文体使用的文字既有共同的规律，如要求语言流畅、文字通顺等，又有自己独特的个性特点。为了体现公文的严肃性和实用性，秘书写作要求文字简洁确切，文风庄重平实，以便于各级机关能正确理解和贯彻执行。

公文语言属于事务语体，不同于政论语体、文艺语体和科技语体的语言。由于公文具有法定性、权威性和充分体现党和国家机关处理公务的严肃持重的立场态度，因此它要求写作内容开宗明义、简明扼要，叙事状物要直陈其意、实事求是，表述要清晰流畅，风格朴素平实。人们阅读公文是为实用，不是为欣赏。所以，写公文和事务文书时应让事实说话，以理服人。可以采用平直的叙述，恰当的议论，简洁的说明，不宜运用夸张、反语、曲笔等修辞手法，一般也不需要描写和抒情。要掌握好分寸，准确简要庄重。正如陈子展先生在《应用文作法讲话》中所说："求其于事理有当而已，尚简约不尚冗长，尚朴实不尚浮华。要一词不虚设，一字不苟下。"

秘书写作文风的平实性还表现在语言文字表述的真实性和准确性上。公文是在公务活动中形成、用于处理公务的文书，并具有法定的效力，因而，公文的内容必须是真实的，必须如实反映情况，必须符合执行单位的实际，提出的任务措施和要求必须切实可行，不允许有半点虚构和夸张，要做到写作内容与客观实际相统一。文字表述的准确性，是指公文的语言表达必须做到准确、规范、无歧义，否则，无法贯彻落实或出现执行上的偏差。特别是政策性公文，要清楚明了，操作性强，便于贯彻和执行；一个规定只能是一种解释。要用最简洁确切的语言文字，尽可能地表达最精练充实的内容。

秘书写作要求具有平实性，并不排斥语言的生动性。在这里，语言的生动性是指公文语言的运用在确保其准确、鲜明、朴实、简洁的基础上，充分运用我国语言生动、词汇丰富的特点，在一篇公文中或在局部的段落内，做到句法、构词法一致，句子、词汇新颖，避免重复、累赘，并以消极修辞方式为主，以积极修辞方式为辅，提高语言的表达效果。艺术夸张的语言风格，生僻晦涩的华丽辞藻，委婉含蓄的浪漫文风，空洞无物的长篇大论是秘书写作应避讳的。

总之，秘书写作与其他写作相比较自有其独特之处，这是每个秘书工作者应该明确和掌握的。

【思考与训练】

思考题

1. 怎样理解秘书写作是受命写作？
2. 了解秘书写作的文体分类。
3. 举例说明秘书写作与应用写作的关系。
4. 举例说明秘书写作的特点。
5. 简述你怎样理解秘书写作的创造性是有前提的？

【课后阅读与研讨】

（一）课后阅读

1. 徐望之．公牍通论．北京：档案出版社，1988

2. 叶圣陶．大家都来重视提高公文质量．叶圣陶散文乙集．北京：三联书店，1984
3. 杜福磊．当代实用写作学理论体系建设的思考．写作，1997（10）

（二）研讨题

写一篇《谈如何有效提高实用文体作者的素养与能力》的文章（1 500 字左右），参与课堂研讨。

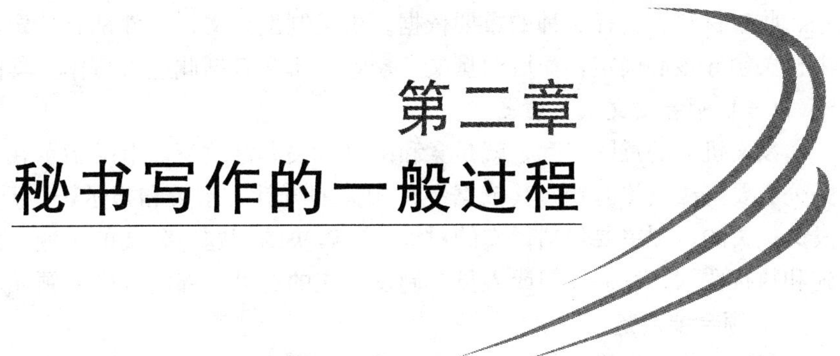

第二章 秘书写作的一般过程

【教学提示】

本章通过对秘书写作的行文过程以及行文过程中所涉及的理论与实践问题的探讨，使学生系统掌握确立主题、选取材料、安排结构、运笔行文、修改定稿等基本写作要领和技能，为学习写好秘书的具体文种打下坚实的理论基础。

秘书写作的过程同一般文章的写作大体相似，从占有材料，精心构思，草拟初稿，推敲修改，到最后定稿，有一个完整的过程。但是由于秘书写作在性质、作用及其写作要求上的特殊性，撰写时也有一定的程序要求。认识和掌握这个过程的规律性，对于提高秘书人员的写作水平，正确、规范地写好所需文体，有着重要的意义。下面，我们将以公文写作为主，分别介绍秘书写作的一般过程。

第一节　准备工作阶段

一、明确行文目的

明确行文目的，是秘书接受公文起草任务之后的首要任务。行文目的是确定公文主题、收集材料、选择文种的重要依据。机关制发公文，每件都有特定的目的与要求，一般由机关领导核心确定，而后向撰文者授意，撰文者据此进行写作。具体包括如下内容：

（一）领会发文机关意图

发文机关的意图实际上就是党和国家有关方针政策、上级指示在本单位的具体化。机关公文要解决具体问题，其依据一是相关的方针、政策和指示，二是本单位的实际情况。发文机关的意图主要包括行文的对象、要解决的问题、公文的主题、发文的意义、政策措施和执行要求、有关部门或人员对制发公文的意见、部门或机关领导对发文的指示等。

1. 领会要清楚

秘书写作是为机关代言，在领导授意、明确意见后才能写文章。细致体会领导人交拟的意图，是写稿人的出发点。一般来说，本单位的领导既了解中央的方针政策和上级指示精神，又熟悉本单位的实际情况。他既是党和国家方针政策、上级指示精神的贯彻者、执行者，又是本单位实际工作的决策者、领导者，能够提出有见地的指导思想和切实可行的意见办法。因此，秘书动笔前需要虚心听取领导的意见，准确领会领导的意图，根据领导的指向去思考问题。各级机关的领导因文化水平、经验阅历、思维方式、语言风格、工作习惯不同，彼此差别很大，秘书要仔细聆听并摘记要点，对不明确的问题要当场请示，对词不达意的话要仔细询问，直至弄清楚为止。

2. 领会要全面

秘书不仅应主动听取领导的意见，还要准确全面地领会发文机关的意图。领导对制发公文的决策性或建设性意见是影响发文目的的决定因素。秘书对于所拟文稿，要力求把握其精神实质和各方面细节，弄清行文目的、收文对象、阅读范围、具体用途、写什么、怎样写、完成时限等，然后才能统筹规划，安排准备。如果不明白公文需要反映什么情况，回答什么问题，就会“以其昏昏，使人昭昭”，结果必然是文稿空泛无力，针对性不强。有时领导授意是分散的、庞杂的，要整理，使其条理化；有时候组织的意见和领导者的意图是由他人口头转告的，此时要针对具体情况加以验证；有时候行文意图虽然是上级或有关部门的负责人亲自交代的，但对有疑问处还需不断地与领导进行沟通，以便从整体上先对写作性质、文稿要求作出判断。

3. 领会要深刻

秘书笔下的许多文章，最终可能具有法定的权威和效力。所以，秘书首先要以组织的、领导的视觉和思维方式进入拟文过程。秘书写作不是简单地记录、复述领导的意图，而是要通过自己的思维加工，善于把中央或上级指示和本地区、本部门、本单位的实际结合起来，提出贯彻执行这些指示的具体意见和办法，以实现机关制文的目的。因此秘书要争取机会与领导共同研究文稿的观点、结构、写作提纲和初稿，及时察觉领导的思路脉络，分析、补充、完善领导思路，在文稿中更充分地体现领导意图。这不仅是下级服从上级、个人服从组织的纪律要求，也是对秘书人员全局观念和整体意识的要求。写作时，秘书要充分发挥自己的主动性、创造性，积极向领导献计献策，并在文稿的思想深化、观点提炼、材料挖掘、篇章构思、语言表述等方面，发挥自己的主观能动性和创造精神。

（二）把握上情和下情

秘书写作准备阶段不仅要深入领会领导制文意图，还要吃透中央有关方针政策和上级指示精神，全面掌握本单位的实际情况，即俗称的“吃透两头”。只有准确领会上情和掌握下情，才能在经过周密思考的基础上，提炼出精辟的观点，写出符合要求的文稿。如何把握好上情和下情，可以从三个方面去考虑：

一是对于当前工作有重要指导意义的政策和指示，要深刻领会其精神实质，理解其所依据的理论思想原则，明确其中的新思想、新内容对本单位实际工作的现实意义，在拟写文稿时充分体现其精神。

二是对于具有长远和普遍指导意义的政策和指示，秘书在拟写文稿时要把一般的指导原则与本单位的具体实际结合起来，进行调查研究。根据实际情况，制定出具体的实施办法，要善于把上级的政策、指示具体化为本单位的工作方案。

三是对于因本单位情况特殊或情况变化，而有关政策、规定并不完全与实际相符合的状况，秘书在拟写文稿时应在不违背政策精神的原则下，根据本单位实际工作的需要，积极主动地拟制具体措施，把本单位的工作做好，以达到政策精神所指向的目标。

（三）学习有关政策依据

秘书写作之前要学懂弄通有关的方针、政策和法律、法规。如中央的方针政策，国家的法律、法规，主管部门制定的规章制度，上级机关的有关指示，推广、参照本行业、本系统的经验做法，本机关既往办理实例以及有关会议文件或其他相关资料等，并结合本地本单位的实际情况，酝酿新的政策措施和解决问题的方法。这是保证公文起草质量和提高公文起草效率的基础性工作，也是必不可少的重要环节。对于政策性、规范性、指导性、计划性公文的起草，就更应如此。

二、确立文稿主题

公文和事务文书是根据机关工作的实际需要来拟写的。因此，在动笔之前，首先要弄清楚文稿的主题，确定其主旨。公文的主题往往决定材料的选取、文种的选用、结构的安排以及表达方式的选用等。确立主题是使公文主题逐步正确、鲜明并集中的过程，这就需要认真思考，深入调查，精心提炼，反复研究。

（一）公文主题的一般概念

公文的主题即公文的中心意图，又称“主旨”、“题旨”等，即一篇文章的中心思想和基本观点。它贯穿在文章的始终，体现写作的意图，是文章的核心和统帅。无论哪一种公文，总要传递某种信息，解决某些问题，具有一定的目的。作者的写作意图和目的反映在文章的内容中，就构成了它的基本思想、主要意向和中心内容。每一件公文都应有明确的主题。例如发通知，意在使受文者及时按要求行动；写总结，意在总结过去的经验教训；写调查报告，意在通过调查揭示事情的真相；制订计划，要有工作的重点；写请示，要有请示的主要事项。文件中最主要、最关键、最能反映本质的问题，即是公文内容的主题。

（二）公文主题的特征

公文写作中的各类文章作为特殊文体，在主题的表现方面也有其特殊性。

1. 主题显露性

公务文书的主旨大多体现着政策，体现着行政和经验。人们一旦明了了主旨，即领会了文章的基本精神和主要观点。马上会采取实际行动，获取直接的社会实用价值。因此，公文的主题从全文内容中看，会十分明确、直接和显露。很多公文的标题，其“事由”就点明了主旨；一些较长篇幅的文章，篇首导语是对全篇内容的提要，也就是对主旨的说明。作者无需曲笔，而是直截了当地表明自己的观点，提出解决问题的措施和办法。

2. 主题先行性

公文写作属于奉命性的，其主旨的产生和确定受命题的限制。公文主题要求事先确立，主题明确了才能组织起公文的观点及材料。公文主题的来源，一是上级领导机关的指示精神；二是本级领导的意见、主张；三是下级的反映；四是需要处理、办理的具体事项。因此，应用文多是先有确定的主旨，后依主旨表述需要为准绳，考虑如何行文，所谓“文以意为主”，“意在笔先”。因为公文总是先产生了具体问题，而后才产生写作的需求，而解决这一问题的方法、结论往往也产生在文章写作之前。

3. 主题单一性

文学作品的主题一般具有复杂性，对主题的理解更呈多元化。而公文的主题则必须单一、明确，具有针对性，读者对主题的理解要求有同一性，这样才利于统一认识，更有利于问题的解决。所以秘书在写作中，应该针对写作目的，非常明确地将主旨表达清楚，内容集中，一文一事，一题一议，主题单一、明确。

4. 主题完整性

所谓完整，就是不但要提出问题、分析问题，还要解决问题，即拿出解决问题的意见和方法。例如，一篇揭露问题的调查报告，仅仅反映调查中的情况和问题，若不指明出现这些问题的原因和症结，那么其主旨就是不完整的。又如，要求上级处理某人的请示，如果不拿出本级处理的具体意见，那么其观点也是不完整的。公务文书观点的完整性就体现在要有目的、有说明和有主张等方面。

（三）公文主题的原则

公文的主题是否合乎要求，是决定文书价值的首要问题，有以下几个要求：

1. 主题要正确

这是对公文主旨的最基本要求，是指所确定的主旨必须体现党的路线、方针、政策和国家的法律、法规，符合本地区、本单位、本部门领导的意图，真实地反映客观实际，按客观规律办事，能切实解决问题。秘书写作不是个人的文学创作活动，大多是代表一级领导机关或某一社会集团在从事公务活动，发表言论。所以，它不仅要充分体现和处处遵循党和国家的大政方针，而且还要为之切实得到贯彻执行服务，要反映事物的内在联系和发展规律，具有强烈的现实针对性和执行性。主旨是否正确，直接关系着公文的价值和生命。

2. 主题要鲜明

鲜明，就是指主旨的表达应明白确切，态度明朗，提倡什么，反对什么，须一目了然。要明确告诉对方要做什么，不做什么，应当怎样做，不应当怎样做，不能含糊其辞、模棱两可。汉代王充在《论衡·自纪》中说：“口则务在明言，笔则务在露文。”所谓“露文”，就是指主旨表达务求鲜明。

3. 主题要集中

集中，就是指公文的主旨要简明、单一，不能多中心，或阐明一个基本精神，或表达一个中心，或讲清一件事情，或回答一个问题。要坚持一文一旨、一文一事，不要一文多旨、一文多事。安排材料时要紧紧围绕主旨，目标始终如一，做到“一而贯摄”。

4. 主题要深刻

深刻是指有深度，能够通过现象看到本质，即使是过去写过的事情，也能有精当的分析，讲出新的道理，挖掘别人见不到或者虽然看到了但缺乏认识的深度。主题是一种“观念”，是人们对现实生活、客观事物由感性认识通往理性认识的“飞跃”的产物，必须对事物反复进行“去粗取精、去伪存真、由此及彼、由表及里”的深入、细致、全面的分析研究才能获得。

三、收集研究材料

发文目的和主题明确以后，就可以围绕主题收集材料和进行一定的调查研究。写文章必须详细地占有材料，材料是文章的根基，是构成文章的基本要素之一。“巧妇难为无米之炊”，没有材料难以为文，秘书写作也是如此。

（一）材料的一般概念

对于秘书写作来说，材料是指作者为实现写作目的，通过各种途径，掌握、搜集的以及写入文章中的用以表现主题的一系列事实基础和理论依据。它包括情况、背景、目的、根据、措施、办法、规定、数据、事例等，是为表现主旨服务的。在秘书写作中，材料的选取工作一般包括收集、鉴别、选择、使用四个环节。要想对客观世界作出正确的反映，就要经过反复的调查研究，才能比较接近客观实际。秘书写作所涉及、运用的材料较多，为此我们要分清几个概念：

1. 材料与素材、题材的区别

三者既有区别又有联系。材料一般用于应用文的范畴中，而素材和题材一般只限于文学创作的范畴。材料是形成观点的基础和依据，主旨主要靠材料来表现，它们是辩证统一的关系。

2. 信息与资料、材料的同异

信息，原意是音信和消息。随着社会的发展，人们又赋予了它新的含义。美国著名数学家N. 维纳认为，“信息是人们在适应外部世界并且使这种适应反作用于外部世界的过程中，同外部世界进行交换的内容的名称”。对秘书写作来讲，信息就是指那些不断发展、变化着的新情况、新形势、新问题。

资料，一般指在写作过程中所需要的书面材料，它包括原始资料和经过加工整理的资料。前者主要有原始文献、档案、统计、报表、会计记录等；后者主要有索引、摘要、剪报、读书卡片等。

材料，是指用来表现文章观点的事实和依据，包括工作中的各种现象、情况和已经形成的文字资料，也包括作者在写作前所搜集和积累的材料。

三者含义尽管不尽相同，但它们基本是同一个问题的各个不同的方面，它们之间有内在联系。资料中贮存着大量的信息，信息一旦实现了其现实效用，就又转化为资料。而资料和信息也可成为写作的材料。

（二）材料的收集

要使文章真正有血有肉，内容丰富充实，就要注意通过实践，通过直接感受与间接经验去广泛地大量地积累与占有材料。这是秘书写作的基础和前提。所以，必须通过各种途径不断摄取材料，广积博贮，才能满足写作的需要。应该切实把握以下几方面的材料：

1. 直接材料和间接材料

秘书可以通过亲身深入实际、耳闻目睹、口问笔记来获得第一手材料（也称动态材料、活材料）。这类材料真实可靠，有说服力，最有价值，是提炼主旨的基本依据。要切实获取大量的丰富的第一手材料，必须坚持深入实际，切忌浮光掠影，流于形式。古人云："涉浅水者观虾蟹；涉中水者捉鱼鳖；涉深水者擒蛟龙。"直接材料要靠观察体验进行储备，还可通过调查采访，有目的、有计划地收集材料，并进行分析研究。

间接材料是指现成的文字材料，又称第二手材料、静态材料、死材料。间接材料是从书面材料或历史资料、他人研究成果、上级的指示精神以及有关人员的介绍中得到的，经过加工整理，成为写作的重要资料。这类材料只要来源可靠，也能客观、全面地反映情况，同样具有价值。积累间接材料的主要途径是阅读。从事秘书写作的人要特别注意积累政策性材料、情况性材料、辅助性材料等。

2. 具体材料和概括材料

即"点"和"面"的材料。"点"的材料又称重点材料、典型材料，是反映局部问题、个别事例和特殊情况的材料。搜集点上的材料，犹如解剖麻雀，能够具体而深入地了解事物的情况。"面"的材料又称普遍材料、一般材料，是反映全局问题、整体概貌、一般情况的材料。秘书搜集典型材料，有助于通过"解剖麻雀"掌握事物的本质和发展规律；搜集一般材料，则可以掌握全局情况。典型材料与一般材料相结合，就能够既全面又深入地了解各方面的情况，既具有深度，又保持广度。

3. 现实材料和历史材料

现实是历史的发展，掌握历史材料有利于弄清事情的发展过程，把握基本脉络，全面地了解事物，并借鉴历史的经验教训找到现实问题的解决方法。现实材料能反映出新情况、新经验、新问题，能给人以新鲜感，也最能说明现实问题。搜集历史材料和现实材料要有目的性，要注意材料的价值，还要进行分析、综合和整理。现实材料同历史材料的结合运用，可以形成强烈对比，反映事物的发展变化。

4. 正面材料和反面材料

正面材料是指应当肯定、赞成、褒扬的成绩、经验等方面的材料；反面材料是指应当否定、反对、贬斥的缺点、存在问题的材料。秘书搜集材料时，正面的成绩和经验要加以总结，反面的失误和教训也要加以吸取；赞扬的意见要听，反对的意见更要注意。掌握了这两方面的材料，可以通过对立面的比较，加深对事物的认识，揭示事物的本质，使写作者能准确地把握主旨，表现主旨。通过正反对比说明道理，可以使之更具有说服力。

5. 文字说明材料和数字统计材料

秘书在写作时，有些文体，特别是经济应用文，除文字说明材料外，往往要运用翔实的数字统计材料，以及图表、图例等。数字统计材料能使人准确把握事物量的规定性，是说明问题、证明观点的重要依据，是材料的重要组成部分。数字统计材料在某些文稿的形成中占有突出的位置。简单的数量评价所需的资料数据可以通过查阅、谈访或其他途径直接获得。但是，趋势推测性的或者在较大范围内进行的数量评价，所需的资料数据就要经过研究、推算、处理才能获得。这是在直接获得的资料数据的基础上生成的新的素材。这些经过推导计算生成的新的数据，正是支撑经济与社会预测研究、发展战略研究之类文章基本观点的必要材料。

以上是从文稿撰拟的实际出发，归纳了收集文稿材料的几种主要途径。一些简单的文稿，从一种途径得到的素材就可满足撰稿的需要，但是对许多复杂的文稿来说，还必须综合多种途径。总之，搜集材料，多多益善，既要有广度，又要有深度，要内容充实，言之有物。

（三）材料的鉴别和归类

占有丰富的材料是公文起草的物质基础。但收集的材料都是个别的、分散的，因此，在收集的过程中要随时将散见于各个渠道的相关素材汇集起来，进行归类整理、分析研究，这样使用起来才能随手捻来。

1. 分类整理

这是一个基本方法：按照材料的性质和特点，进行梳理和归类，发现材料与材料之间、材料与主题之间的逻辑关系。归类的方法常用的有四种：

依据来源对素材归类。这种归类方法突出的特点是强化了素材的主次关系。作为秘书，素材的来源渠道往往很多、很细，但不应该因此影响了自己的写作思路。可以把那些领导者，尤其是自己的上级，或者是委托拟稿的人特别提到的素材；还有来自同事的、下属的，或者是由自己亲自调查检索得来的材料分别归类，在文稿中恰当地安排这些素材。对这些素材要斟酌使用，切不可喧宾夺主。

依据材料的问题归类。对不同问题的材料分开记载，分门别类地保存使用，先写内容，后注作者、出处、日期、页码等。记载要单元化，以便使材料系统化、有序化，记录纸张、卷宗大小要相对统一，以便查找。

依据素材的形式归类，即根据素材的外部特征将其归类。譬如将其分为电子文本素材与书面文本素材，然后再根据素材的数量和实际需要，将电子文本素材分为互联网上下载的、内部存储的和外部采集的；将书面文本素材分为文件资料、书籍资料、报刊材料以及有关调查记录材料等。

依据素材内容的表现方法归类。随着计算机网络和多媒体技术的普及，传统文本的构成式样已经发生了巨大的变化。数字、表格越来越具备叙述性语言的功能，图画成为常见的表达内容的有效手段，有声语言和动画也时常在电子文本中取代传统的文字表达方式。因此，依据材料内容的表现方法分类，可分为文字素材、数字素材、图表素材、音像素材等。这样的文章，客观性会大大增强，可信度和说服力也会大大提高。

2. 鉴别核实

为了保证秘书写作的准确性、严肃性，其所搜集到的材料应该真实可信。因此在把材料写入文稿之前，还需要对其再次加以区分核实，以判断其重要程度、可信程度及价值的大小。具体可包括以下几点：

对情况的核实。可以通过座谈会、个别访谈、深入现场等方法，广泛听取有关人员对工作的反映，核实所搜集的材料是否符合客观实际。符合事实的材料，即可选用；反之，则不可选用。

对数据的核实。可以通过查阅账册、报表等统计资料来核实所搜集的数据材料，也可重新进行计算。准确的数据可以增加文稿的说服力，但必须核对准确无误。

对引用材料的核实。秘书写作有时会引用领导人的讲话、重要文件内容或有关文章著作。为了确保内容正确，必须对引用材料及其出处进行核对。来源不明的素材宁可弃之不用；非用不可时则应加以说明。

对来源的核实。要选择来源清楚，并可以确信无疑的素材。多选择有关文件、正式出版物，以及从会议和其他正规场合获得的素材；多选择来自权威机构、权威人士的素材；多选择自己亲眼所见、亲耳所听、亲手整理的素材。

3. 浓缩抽象

即将材料进行提炼，抓住最核心的意义，进行抽象归纳，找出材料中具有规律性的意义。很多非叙述性的文书，如总结、报告、典型材料、经验介绍、通报、情况报道等，对材料的运用往往只需要归纳概括性的材料表述，这既是语言表达方式的问题，也是材料的处理问题。材料的浓缩处理，是概括叙述的基础。要抓取最能够说明问题的材料来表现，因此就要对材料高度概括。

（四）材料的选择

收集材料要兼收并蓄，越多越好。但写作时，要根据起草公文的实际需要，对材料进行严格选择，把握住材料取舍的标准。在选择信息材料时，应遵循以下原则：

1. 围绕主旨选材

主旨在文中居统帅地位，材料一定要切合主旨的需要。这就是说，要围绕主题选取材料，依据表现主题的需要进行取舍。与主题有关，并能有力地说明、烘托、突出主题者取之，凡是与主旨无关，或对主旨作用不大的材料都要删去。只有那些与主旨联系密切，能够有力地表现主旨、说明主旨的材料，才能抓住要点，有针对性地解决实际问题。

写作过程中之所以会产生材料不当的毛病，主要有两个原因：一是不会辨析，二是不忍割爱。前者是由于作者认识问题、分析问题的水平有限，把握不住材料与观点之间的内在逻辑关系，有时材料与观点互相矛盾，有时材料与观点互相脱节；后者是由于作者误认为写文章所运用的材料越多越好，不管这些材料是否能表现主旨，统统罗列，结果使文章冗长乏味。只有根据主旨的需要来选择材料，善于辨识，勇于取舍，文章才能深刻、精炼。

2. 选择典型材料

秘书写作具有普遍的指导意义和实践意义，因此在选择材料时，在真实的前提下，必须选择具有典型性的材料。典型材料就是具有代表性和普遍性的，能真正反映文稿主旨的本质和事物规律性的材料。公务文书的说服力强不强，关键在于材料是否典型，是否具有普遍性。典型材料不仅具体而鲜明，同时又能体现出同类事物的本质特征和普遍意义。它是个性与共性相统一、具体性和普遍性相一致的材料。在写作中选取典型材料，能以一当十、以少胜多、以质胜量、事半功倍。如果用非典型材料来代替典型材料，那就势必要得出错误的结论，缺乏普遍的指导意义；如果用这种结论来指导社会发展，也就必然给社会带来不同程度的危害。

3. 选择真实材料

公文尚实求真，十分重视材料的真实性、可靠性。只有真实准确，才能如实地反映工作和生产的真实情况。“事实胜于雄辩”，材料必须真实可靠，经得起推敲。要选取全面真实、高度准确的材料，即被使用的材料必须“实有其事”，同时它又不能是非本质的、个别的、偶然的“表象”，必须从局部到整体全面真实。哪怕一个数字、一个细小情况也要认真核实。不能弄虚作假或张冠李戴，也不能夸大缩小或添枝加叶。只有如实准确地反映客观事物的本来面貌，才能有力地说明问题、阐明观点。

秘书写作中常常要运用一些数字，因为它能准确地反映国情国力，为领导制定各项方针政策提供科学依据。但在使用统计数据时应非常谨慎，所选用的数据必须绝对精确。要注意尽量使用统计部门的法定数据，统计部门没有而由其他部门提供的数据，也要由统计部门审定，这样才有合法性。

4. 选择新颖材料

秘书写作是适应社会发展的需要而产生的。它必须与社会发展同步，有时甚至要超前于社会发展，只有这样，它才能起到应有的指导作用。在材料选择上，就必须要搜集、运用新颖的材料。所谓新颖的材料，是指在近期出现的新事物、新人物，产生的新问题等。这类材料包含有大量的、有实用价值的信息，选择、运用这种材料，能更突出地表现新的观点。在秘书写作中，作者要站在科学思维的高度，以敏锐的眼光来看待新事物，发现新经验、新成果、新问题，要善于选用新颖、生动的材料，表现出新观念，说明新问题，提出新办法，使文章具有指导意义。而时过境迁的材料，很难引起人们的兴趣与关注，因为它们既降低了文章的表达效果，又降低了人们的阅读积极性，更难以说服人，难以引出新鲜、有吸引力的结论。

四、正确选用文体

秘书所要拟写的文稿种类很多。不同种类的文体所表达的内涵、思想以及表现手法都不相同。秘书在写作前必须缜密思考，恰当地选择文体种类，以合适的形式来反映所要表达的内容。如果文体错用，轻则惹人笑话，重则会扰乱机关工作正常秩序，造成严重后果。

（一）区别文体作用

各种文体都有自己独特的作用，秘书应根据各种文体的不同作用来选择合适的文体。

行政文书与商务文书是两类性质、作用各不相同的文书，它们之间的区别是十分明显的，一般不易用错。

行政文书中，有些公文的作用十分相近。如公告和通告、报告和请示等。常有用错的情况发生；商务文书中，有些文书的作用也十分相似，如市场预测报告与经济活动分析报告等，也常有混用的现象。

有些文书，同一种公文中类型很多，作用各有差异，如果不掌握其不同的用法，就不能充分发挥该公文的作用。如通知就有几种类型，可用于不同场合。

（二）选择文种的依据

根据文件内容采用文种，是秘书在准备写作时要考虑的。比如汇报工作情况，是写专题报告还是写情况简报；针对其他机关来文所反映的问题，是写一个指示或复函，还是写一个带有规定性质的通知等。在公文中正确标明文种有利于维护公文的权威性、有效性，并且方便公文的写作与处理。要注意以下几点：

（1）遵循国家关于公文处理法规中有关文种的规定，从中选择适宜的文种。

（2）依据作者与受文者之间的工作关系选用相应的文种。

（3）依据制发机关的职责地位选用恰当的文种。

（4）依据行文目的选择文种。

五、安排其他要件

（一）选择表达方式

公文一般兼用叙述、说明、议论三种表达方式，不用或很少使用描写、抒情等表达方式。在公文中，叙述是指表达事物的发生、发展和变化过程的一种写作方法，公文中的叙述常以时间、空间、具体事物或其发展变化为线索；说明，用来阐述事物的性质、特征、原理、规律、作用等，对事物的介绍偏重于知识性、科学性，是为了解释说明事物的原理、方法、特征；议论是运用概念、判断和推理的思维形式阐明事物的内在联系，揭示事物的本质和规律的一种表达手段，公文中的议论一般不做多方面、多层次、多角度的论证，只是概括性、原则性地表达事理，阐明观点。由于文种不同，表达方式各有侧重。在写作前，应依据公文性质及行文目的确定表达方式。如工作报告则选用记叙文体，而法规文件，目的在于说明规定事项，则选用说明文的体裁。

（二）明确发文对象

各级机关都是按照一定的隶属关系组成严密的组织系统，每一个机关都在这个组织系统中占据一个特定的位置。因此，秘书在行文时必须明确自己在这个系统中的地位，按照隶属关系来行文，一般不能越级行文。一般在撰写文件之前，随着对发文内容的研究准备，也就随之确定了发文对象。不同的行文对象选用不同的公文种类，其格式、称谓、语词和语气都不尽相同。

（三）明确发送范围和阅读对象

发文对象是一个集合概念。对象可以是某一机关，也可是相当数量的单位或广大群众。发文对象的数量就构成了一定的发文范围。发文时要根据公文的内容、发文对象的业务职能和实际工作需要划定发文范围。例如写一工作报告，要考虑主要是向上级领导机关汇报，还是向下级所属单位介绍和推广工作经验；是给领导干部、有关部门工作人员阅读，还是向全体干部或人民群众进行传达。写一个意见或通知，是给下属有关领导干部、有关部门的工作人员阅读，还是需要向全体干部、职工或人民群众公布与告知。文件的阅读对象不同，语气和详简程度都有所区别。

（四）明确发文的具体要求

对收文一方的要求是发文目的的具体体现。是要求对方机关了解，还是要求对方机关答复；是要求各收文机关贯彻执行，还是供对方参照执行、研究参考；是要求对方加以说明或解释，还是希望对方提出意见等，公文中一般都在比较醒目的地方，如文件的开头或结尾处提出对收文机关的具体要求。

（五）组织实施计划

秘书撰写重要文稿之前，应先拟定一份针对性极强的、有效的组织实施计划，明确本次拟稿的任务。基本思路是：

1. 明确任务性质

首先分清文稿内容是特别重要的、比较重要的、还是相对一般的。文稿内容重要，工作的难度自然就大。难度首先取决于文稿性质。如果有必要，可以请求精通相应业务的人员给予帮助。

2. 明确定稿时限

公文是为解决实际问题而写的，是要顺应迫切需要、应急通变的时限写作。绝大多数公文是缘事立意，需要按需剪裁，迅速成文，抓紧发送，用以指导工作；有些公文与特定时间范围紧密相联，需准时发出；一些公文所述事项关系重大，亟待解决，需要及时成文下达；另一些公文所述工作活动正处于发展演化过程中，态势瞬息万变，为避免遭受或尽量减少损失，更需限时突击，敏捷构思，立即完稿制发。不能因刻意求工而延误时日，影响工作。

3. 确定起草方式

要确定是一人独自完成还是多人合作进行。若要求组织写作班子，则应明确是哪些人参加，指定主笔人。可以将工作任务分解，由多个人承担，集思广益，再行写作，以满足写作时间与写作难度的要求。

4. 明确进行程序

要确定是直接着手撰写草稿、再修改完善，还是先拟出提纲，报经有关领导人或会议审定后再正式撰写，以及具体办法、措施或细节要求等。有哪些问题、困难需要上级领导解决的，应尽早提出。

第二节　撰拟文稿阶段

一、构思篇章结构

秘书写作虽然常常是“受命而作”，即写作的目标、要求已经确定，从表面上看似乎只要求执笔者采用恰当的形式表现即可，实际上要求更高。它要求作者由被动转变到积极主动构思，认真写作，在某种意义上，比“自由创作”更难。所以写作时更要精心准备、构思。

要根据表现主题的需要，对写作材料进行组织安排，确定内容的顺序和详略处理，使之成为前后内容关联、逻辑严密、详略得当、疏密有致的整体。文章组织结构过程，是一个从整体到局部的运用过程。

（一）结构安排的原则

1. 客观性和逻辑性原则

客观性和逻辑性原则是指按照客观事物的发展规律、人们的思维规律和内在的联系安排先后顺序，即先写什么、后写什么，要遵循客观事物的发展规律，按事物的内在联系、逻辑顺序进行，以增强公文的效用，使结构的逻辑性、条理性与客观事物的规律性、条理性相一致。

2. 联系性和层次性原则

联系性和层次性原则是指一篇公文的各个部分和段落之间，应当按照它们内容上是否有联系、是否属于同一层次进行安排。合理安排表述次序，使公文内容紧凑有序、纲目清楚、衔接紧密。不同文种，其排列形式不尽相同。陈述性公文要依据工作活动的发展变化过程安排；规范性公文用章节条款的形式安排。不能把没有联系和属于不同层次的内容放在一起并列进行论述。

3. 专一性和完整性原则

专一性和完整性原则是指公文的每个部分和段落内部应保持有关内容的专一和完整，既不能把不同的内容放到一个部分、一个段落或一个问题中来，也不能把同一内容分散到不同的部分或段落中去。公文的段落之间要相互连接，前后贯通，结构严密。

安排公文的结构，不仅仅是一个写作技巧问题，而且是一个思想认识问题和写作水平问题。要做到科学地安排公文的结构，完整严谨、纲目清楚、层次分明、段落清晰，必须思路清晰，情况熟悉，业务熟练，根据公文的主题布局谋篇。古人说“匠心独运”，“天衣无缝”，只有在公文结构的安排上下了工夫，才能达到逻辑严密、结构严谨的目的。

（二）层次安排方法

层次，是文件思想内容表现的次序。每个层次表述的分观点要具有相对的完整性。恰当地排列次序，使之条理清晰，并遵守逻辑顺序。常见的写作结构模式有：

1. 时序式

又叫纵式，指各层次之间的关系以时间先后为序，或以事情的发生、发展、结果为序，这是从事物发展的纵向过程看事物发展的客观规律。凡是需要以人物或者管理活动的发展阶段表现观点的，可以采取这种结构形式。

2. 递进式

文书各层次的内容是以逐步深入的逻辑推理为序的，主体部分的内容由表及里、由浅入深、由点到面，体现出环环相扣，层层推进的特色。在递进式中，后一个事物的出现以前一个事物的存在为条件，各环节不得中断，不得移位。一般理论性的文章，大多采用这种层次结构方式。

3. 总分式

各层次之间构成总分或分总关系，即总括提出问题，然后对问题的各个方面分别予以分析，最后得出结论，或先分述，后小结。各个分述部分层次要分明，不能互相包容；逻辑顺序要合理，排列要有序。工作计划、工作总结、学术论文、通知等常用这种方式安排层次。

4. 并列式

又称横式。是指几类事物之间的关系是并列关系，可以相互平行、同时共存，并且互不重复、互不冲突。虽有位次之分，但前者并非后者出现的必要条件。这种方法，在以条款为结构的稿文中常见。凡是需要通过不同侧面来表现事物观点的，可以采取这种结构形式。

5. 综合式

又称纵横式、交错式。这类结构方式实际是上面几种方式的复合。在写作一些大型文稿时，往往因表现的观点、材料都很丰富，难以采用单一的结构形式，需要交替采用时序式和并列式、总分式和递进式等。凡是内容较复杂，材料较丰富，篇幅较长的文稿，都可以采用这种结构形式。

6. 直陈式

即全文不分节段，承接开头部分直接写出。这种方式适合内容简单、主体单一、篇幅短小、不易分段的应用文书。如函、批复、说明书等。

7. 表格式

这是秘书写作不同于其他写作所特有的一种结构形式。表格式通常有事先印制好表格式的规范文本或临时制作的表格式文书两种形式。作者要根据写作目的，将有关统计数据编制成表格，将有关内容分项列出。表格文书一般要注明填写要求和注意事项。

（三）开头部分

开头为发端之词。古人曰：“立片言而居要，乃一篇之警策”。文稿开头部分要揭示主旨、概括全篇内容，或为主体部分提出理由和依据、介绍情况、交代背景。常见的开头方式有：

1. 目的式

开宗明义，以简明的语言，直接说明写作的目的和意义。通常用“为了”、“为”等领起下文，指明要达到的某种目的。这种开头常用于决定、通告、规章等文种。

2. 根据式

开头引用上级指示精神或有关法律、规定，对撰写文件的理由、目的、原因及根据作简要的交代，以帮助读者理解文件内容，言之有据，增强说服力。常以“根据”、“按照”、“遵照”等词语领起下文。常用于通知、批复、通告、规章等文种。

3. 概述式

文稿起始段用简明扼要的语言，围绕主题介绍有关情况或基本概貌，也可以说明意义、背景，再点出主旨，交代有关材料，作为全文导言，使阅读者有一个总的概念。报告、总结、会议纪要等文种常用此开头方式。

4. 提问式

开头提出大家关心的问题，然后作出回答，引出下文。这种开头方式能引起阅读者的注意和思考，起到开门见山的效果。常见于简报、调查报告、学术论文、新闻稿等文体的写作。

5. 总纲式

主要用于法规、规章类文体的开头。即以条文形式写出“总纲”或“总则”的内容，交代订立法规或规章的目的、意义、要求、根据或适用范围等。

6. 议论式

开头用议论的方法，表达作者的看法，提出观点。可揭示文件的主题，也可先写结论，以便引起读者注意，引导其继续阅读。常见于调查报告、总结报告等。

7. 致意式

开头要向对方表示慰问或祝贺，以致意的词语作为开端。如贺信、感谢信、慰问信、讲话稿等多以这种方式来写导语。

（四）结尾部分

结尾是主体的自然延伸，是终结正文的收束之词。有的结尾是对前面已表达的行文目的的呼应，有的是主旨的深化，有的是对核心问题的强调。由于文体特点、行文关系和表达作用不同，结尾部分的撰写方式也不同。常见的结尾方式有：

1. 强调式

或对全文主旨意义作补充说明，或强调举足轻重的某方面问题，以引起重视，便于贯彻执行。它适用于规定、决定、通知、通告等文种。

2. 总结式

运用简洁明快的语言，总结全文主旨，概括要点所在，可以起到前后呼应的作用，给读者留下完整的印象，便于把握中心内容。适用于篇幅较长的报告、总结、调查报告等。

3. 说明式

对与主体内容有关但性质不同的问题或事项作补充交代、说明，以保证内容的完整性，如公文结尾交代施行日期、执行范围、传达对象、与该文规定不符的原有规定如何处置等；论文结尾处说明尚未解决而应另作讨论的问题。

4. 号召式

用简短有力的语言，提出希望，发出号召，展望未来，以激励读者，要求人们行动起来去落实某项任务。如通报、讲话稿、市场预测、计划等常用这种结尾形式。

5. 要求式

在正文之后另起一段，进一步提出要求，点明题旨。上级机关对下级机关有所指示，或对某人某事提出表扬、批评，或提出实施和执行的意见时，在结尾处常提出有关要求和希望。这种方式适用于命令、决定、通报、通告等文种。

6. 自然式

在正文内容结束后，即刻戛然而止，收住全篇。即主旨已明，意尽言止，不再加尾。自然式结尾在篇段合一、分条陈述的文件中用得较多。

7. 惯用式

这种方式常用于法定格式的机关行政公文，以专用词语作结，用语简短固定。如下行文中根据不同文种，常写“特此通知”、“此复”、“希遵照执行”等。上行文常写“特此报告”、“以上报告，请审阅”、“妥否，请批复”等。平行文中常用“特此函告”、“专此函告，请予协助”、“请予函复为盼”等。

主体层次结构方式、开头方法和结尾方法不止上述几种。随着社会的发展，新的文种将会不断产生，其表现形式、写作方法也将不断推陈出新。秘书可以根据文体的不同要求和文稿内容的需要，灵活运用，不必拘泥于某一种方式。

（五）过渡与照应

过渡照应的目的是使层次、段落之间前后连贯并转折自然。过渡，指上下文之间的衔接转换，有着承上启下的作用。在公文中需要过渡的情况主要有两种：一是在文书内容转换时需要过渡；二是由总到分时需要过渡。可以通过关联词、短语、句子甚至段落过渡衔接，不留空隙，使脉络畅通、结构紧凑。

照应指上下文互相关照、呼应。前面提示的内容，后面要有回应；后面表述的内容，前面应有提示；内容与标题，结尾与开头以及行文各层次之间都要相互呼应，以使全文前后连贯、自然。

二、拟制写作提纲

提纲是所要拟写文件的内容要点。秘书写作首先要把文稿的主要框架勾画出来，以便正式动笔之前，对全篇做到通盘安排，使写作进展顺利，避免半途返工。

（一）提纲的作用

1. 用来征求意见

提纲可以使作者按照领导意图和全文的基本观点，确立文章的框架结构，供领导审阅同意后再动笔写作，避免发生偏离基本观点的毛病，少走弯路。

2. 便于合理安排材料

提纲可以使作者根据基本框架的需要对大量的素材进行取舍、裁剪，布局谋篇，树立全局观点，防止顾此失彼、前后重复。

3. 方便正文的撰写

提纲是文稿起草工作的基础，它可以提高作者的分析综合能力和提纲挈领的能力。按照提纲指示的思路进行写作，随时可以加以修改、补充与调整，使文章明晰、有条理、周密。

（二）提纲的主要内容

提纲是为公文写作所订的框架，要对公文内容有一个基本的构思，应包括以下几方面：初拟标题、主旨句、层次与段落的安排、关键段落的内容、需要过渡与照应的地方、开头和结尾的方式及其写法、重要内容的提示、大小纲目与数字的安排。提纲的文字不需要很多，也不需要在文字上仔细推敲。

（三）编写提纲的方法

写作提纲是文稿写作的设计图。提纲中大小观点的写法有两种：一是标题式写法，二是句子式写法。标题式写法，是以标题的形式把该部分的内容概括出来，其特点是简明扼要，一目了然。句子式写法，是以一个能表达完整意思的句子形式把该部分的内容概括出来，其特点是具体明确，意思完整。当大大小小的观点按照它们的从属关系拟制完成后，再对选择的材料进行归类、剪辑、编排，做上记号备用。这样，一份提纲就基本完成。

提纲的详略，可以根据文件的具体情况和个人的习惯、写作的熟练程度而定。篇幅不长的文件，可以大致安排一下结构，先写什么、依次再写什么、主要分作几层意思等。篇幅较长的重要的文件，往往需要拟出比较详细的提纲，文件共分几个部分、每一部分分作几个问题、各个大小问题的题目和要点、使用什么具体材料说明等，都要胸有成竹。

（四）注意事项

其一，拟写提纲是一个重要的构思过程，文件的基本观点，可以召开一定的会议进行集体讨论研究和修改，反复推敲，使提纲更臻完善。必要时经领导班子集体讨论审查，秘书作具体的解释，通过后即可执笔写作成文。

其二，重要的公文应多方面征求意见，常常要经过多次审查修改，所以在正文写作之前要以提纲的形式发送领导和有关方面征求意见。送给领导审阅的提纲一般要求写得详细些，要有明确的段落划分，有章节的题目，写明每一章节的内容要点。对公文中的观点和结论性意见，尤其是尚有争议的内容，公文中准备如何撰写要有明确的说明。

其三，内容较多的公文常由多人分工合作，集体撰写。这种合写的公文需要共同研究写作提纲，一方面统一章节安排的标准和提纲的详略程度，一方面要划清分工拟写的内容界限。往往在主要执笔人拟出初步提纲后，召开一定的会议进行讨论，吸取各方面提出的意见加以修改补充，避免发生重复交叉、脱节或相互矛盾的现象。

三、规范运用语言

文稿的思想内容，经过一系列组织安排，最后都要通过语言表达出来。秘书写作的语言既有其他文章的共同要求，但因受本身内容特点和表达方式的制约，又有有别于其他体裁文章的特殊要求。要选用准确、得体的语言，形成简明、平实、庄重、规范的语言特色。因此，秘书写作必须熟练地掌握语言这一工具，并认真锤炼语言，才能写出能完美表达思想情感的文章。

（一）使用规范的书面词语

如：凡、经、悉、审核、事项、鉴戒、概不追究、准予备案、特此批复、存案备查、遵照执行、限期改正等。概念限定严格，表意明确精练。公文首语常用“根据”、“为了”、“现将”等，公文尾语分指令性尾语、知照性尾语、呈告性尾语、期准性尾语、期复性尾语、期请性尾语、回复性尾语等。公文中不用口语、方言和俚词俗语。

（二）遵守语法规则

文稿句子结构要完整，主语、谓语、宾语及附加成分一般应完备，搭配得当。不能为了简要而任意压缩，使句子成分残缺，表达意思不全。违背语法规则，会使句子文理不通，影响思想内容的表达。

（三）讲究修辞手段

秘书写作的文稿大多以应用为目的，主要是叙事、议论和说明，不用夸张、比拟、含蓄等积极修辞手段，不追求语言的形象化、艺术化。虽然也要求生动性，但这种生动性主要依靠事例典型、内涵丰富来体现，并通过丰富的语汇，生动准确地表述内容。可适当地运用排比、对偶、反复等修辞手段，以增强文采。

四、落笔起草文本

（一）要突出主题，抓住重点

明确了主题不等于写出的文稿就一定能做到主题突出，还有一个撰写方法的问题。所以起草文稿首先要紧扣主题，扼要地安排公文内容。主题的表现方法一般可以从几方面入手：

1. 标题显旨，一目了然

在文章的标题中准确、简明、概括、直接点明主题，使主题更为凸显。要注意的是，不是所有的标题都与主题有关；有的标题属于材料的范畴。

2. 篇首撮要，开头点旨

在文章的开头用简短的语句陈述主题，概括文稿的主要内容。用明白无误的语句直截了当地告诉读者自己的主张和观点，而无须通过人物事件的描写和情节发展逐渐流露。

3. 篇末点题，结尾点旨

这种方式是在文章的结尾之处点明文章主题。文稿的前面部分已经过充分论证，篇末点题，能够强调其主题意义，非常清晰地显示主题。

4. 陈述缘由，引出主题

在开头先陈述制发文件的背景、原因等缘由情况，再在此基础上自然顺势引出公文的主题，在表述上突出公文的主题内容。

5. 段首撮要，逐步显旨

在每一层次的段首用小标题或者主题句的方式，准确地概括和揭示主题，片言居要，逐步将主题揭示出来。

6. 首尾照应，揭示主题

有的文稿内容较广泛，篇幅较长，涉及的问题较多，结构也较复杂，这时往往在开头提出问题，经过逐步论证后，在结尾进行回答，首尾呼应，以突出主题。

（二）要处理好观点与材料的关系

文稿有了明确的观点，还要有与之相配合的材料。要用观点统帅材料，使材料为观点服务，观点鲜明、用材得当，做到材料与观点一致。有几个方法：

1. 运用典型事实材料说明观点

即采用实例枚举的方式。要精心选择最能说明观点的典型材料，用不同侧面（如正反）的实例来说明观点；要注意所举实例内涵的思想意义的典型性，不要重复；举例要夹叙夹议，说明事例与观点之间的有机联系，这才不会形成“概念加例子”的毛病。每一个论点要有论据，每一个理论概括要以事实为基础，不说假话，不凭空捏造，不主观臆断，一切结论来源于事实，来源于调查的结果。

2. 概括事物的历史发展过程

这是一种用已经出现的历史过程来说明和论证事物发展的客观规律的方法，也是运用材料说明观点的方法。运用得当，可以让人清楚地看出事物的来龙去脉，抓住事物的本质，找出其规律性，从个别中把握一般，很有说服力，而不是那种简单的罗列过程的“豆腐账”。

3. 要作数量分析，做到点面结合

将观点与材料结合起来，要尽可能运用统计数字，作必要的数量分析。好的典型事例表现深度，统计数字表现广度，两者结合，把感性认识上升到理性认识，才能更好地说明事物。

4. 运用比较和对照的方法

有几种类型：一是纵向比较，即先后比较，过去现在比较，事实前后的历史比较；二是横向比较，即正反比较，好坏比较，与条件相同的其他单位比较等；此外，还有在同样的环境和发展条件下，提出几种不同方案进行比较。这是秘书写作中常用的分析、议论方法。

（三）要详略得当，交代清楚

主次详略，是指文稿中各部分的重要程度与合理容量。一般来说，要根据文稿的主题、体裁来分清主次，确定详略，对那些与主题有直接、密切关系的材料，要下重笔详细写，充分写；起次要作用的材料下笔则要轻，简略写；与主题无关的材料统统删除。对具有代表性与有说服力的典型材料多写，一般材料少写。使用记叙形式的文稿，着重叙述事实，而说理从略；使用议论文体裁则只能扼要地交代人物、事件；撰写制度、条例、办法等，只宜客观地说明内容，交代清楚应该做什么，怎样做。总之，要分清主次，重点突出，使读者能够很快地准确地抓住要领。

秘书拟写文稿，既要尽量节省用字、缩短篇幅、简洁通顺，又要注意交代问题清楚明了，详略得当。文中涉及的人名、地名、机关名称，用全称或规范化简称；文中引用的有关论述，加引号标明，并应注明出处；引用其他文件时，应写明发文机关、发文日期、发文号或文件的全标题；提及的人名，若大家不清楚，就要在第一次出现时交代与人物有关的事项，如职务、身份等，以后可简称其姓名；文中遇有特别生僻的词语，应加以注释。

（四）拟定文稿的方法

1. 笔拟与机拟

笔拟文稿是秘书写作的传统方法。在尚不具备计算机写作的良好环境或不方便随身携带计算机时必须使用。笔拟方法简便易行，记录性强，迅速直观，有利于保持思维过程的连续性，便于帮助拟文者统览全篇、改定文稿。因此稿纸写作有一定的优越性，不可完全被替代。

机拟文稿更新了传统的格式观，迫使人们重新思考关于文面设计的审美要求和习惯约定。它通过字、段、栏、式、语、标、数、表、图等方式，使文面整齐美观、生动有序，既提示了传意的重点，又增强了文面的可视性。机拟方式便于文章的修改而无须清稿，为快速成文提供了保证。

2. 一气呵成与分块组合

一气呵成是传统的写作理论所提倡的方法。其好处是：思路连贯，有利于保持文脉畅通；时间安排紧凑，有助于提高写作速度；方便和文书制作的其他环节相配合，有利于提高秘书部门的整体工作效率。但由于秘书工作和秘书写作的特殊性，在时间上难以得到保证。

分块组合是指分块写作、组合成文的模式，这在计算机技术普及的今天，已为人们所认同。其好处是：拟稿人在展开文章任何部分的内容时思路都能处于清晰而不是疲劳的状态；有利于及时发现问题，调整思路，保证写作的质量；可分时拟文，然后再组合成篇。这样更能适应计算机写作的特点。

第三节　审改定稿阶段

文稿拟好后，撰写文件的任务只是初步完成，更重要的任务是对文稿进行反复的审核修改，使文稿完善。这是对工作、对文件接受者负责的表现。

一、审核修改的重要性

审核修改文稿是秘书写作过程中的一个重要的、不可或缺的阶段。“善作不如善改”，文章是写出来的，更是改出来的，完善的过程比撰写的过程要长。这是因为人们对客观事物的认识，常常需要经历一个反复研究、逐步深入的过程。由于主观认识的局限，或业务知识、文字能力的不足，秘书难以使文稿一步达到完美，需要经过反复思考、推敲，发现文稿中的问题，然后有针对性地修改。尤其是重要的文件，往往要经过几稿才能成熟。

文件中一个文字或数码的误差会给工作造成严重的损失，影响到国家和机关的信誉、权威以及工作效率。因此，必须以高度负责的态度，认真严肃、一丝不苟地对文稿进行反复推敲。并且，有些文稿要广泛吸收各方面有益的看法，集体修改。通过修改，不仅可以提高文件质量，为审核、签发打好基础，也可从中提高秘书人员的写作能力。

二、审核修改的内容范围

审核修改文稿的内容包括：深化主题、审核内容、调整结构、修正用语、规范格式等。可以从以下几方面进行：

（一）关于主题的修改

在文稿修改时，要认真审核确定主题的政策依据与事实依据的准确性、客观性与规律性，审核是否准确反映了机关制文的意图，中心思想是否明确、有新意，提出的问题是否有针对性和指导性，主题的论述是否集中、深刻。只有主题改好了，其他方面的修改才会有所依据。

（二）关于观点的修改

要考虑观点是否正确，看法是否全面，提法是否妥当，表达有无问题，推理论证是否合乎逻辑，是否同有关方针政策、指示精神有矛盾抵触之处。还要审核措施、办法是否切合实际，理由是否充足，执行期限定得是否合理，执行后能否收到预期的效果等。

（三）关于材料的修改

要审核文稿中所用的材料是否准确、属实，并进一步进行复核、抽查与订正，需要核对的事实和数字，均应逐个认真检查，直到精确和完满为止；要审核文件的观点是不是从材料的分析中引出的必然结论，观点和材料是否一致；要修改材料中一般化、空洞无物和失实的事例、数据等。

（四）关于结构的修改

修改文稿的结构，包括总体结构的修正，起承转合的调整，层次位置的改变，以及详略的更动等等。修改条理不清、结构杂乱、上下脱节、详略层次不当之处；删去重复的、可有可无的层次和段落；安排好开头和结尾。目的是使文稿更加严谨和畅达、匀称和完整，全文相互照应，紧凑和谐。

（五）关于语言的修改

反复推敲与修正文稿的用语，审核文字是否简明通顺、遵守语法、合乎逻辑，是否正确使用标点符号；删去或修正不准确的、重复的词语。要推敲用词的分寸，使文字更加简练、得体，以达到语言准确、鲜明、精炼、生动的要求。

（六）关于格式的修改

审核文稿选用的体式是否适当；文稿格式是否符合国家有关部门的统一规定；主送机关与抄送机关是否符合行文规则；是否针对不同的行文关系，表现出了应有的态度和语气分寸。修改格式方面的失当之处。

三、审核修改的方法

（一）整体审视

主要是两个方面：一是思想内容上的整体把握；二是文体形式上的整体把握。

（二）局部调整

整体结构确定之后，再对每一局部作细致的修改。所谓局部，指从字、词、句、段，再扩大到层的修改。这种从整体到局部的修改步骤，就是从“大处着眼，小处着手”的工作方法。

（三）修改方式

文稿修改方式主要有调、删、增、换四种。

1. 调整

包括结构调整、叙述调整和词序调整等。重新安排各层次、段落顺序，以切合文稿内在逻辑和主旨表达要求。理顺各句子成分，使文句通畅。

2. 删改

即剪枝蔓、割冗滥、去闲文。将与主旨无关或联系不紧密的分支观点删去，使中心突出。凡不具体确切、不足以说明观点的例证，虽能说明观点但不典型、无代表性的例证，因使用过多而淹没观点的例证，皆在削割之列。

3. 增加

即充实、丰润和照应。观点、例证虽都正确，但缺乏融汇的，要适当增加符合逻辑的推理、论述，使理由充分、坚实；对抽象议论过多的论点，要填补贴切的例证作为依据；对转折生硬之处要增加过渡语句；对需交代清楚的事项作必要说明，以免使读者感到突兀、迷惘。

4. 替换

要深化主旨、合并文意、更换例证、润色语言。对立意肤浅、浑浊不清的中心思想，通过深入挖掘或改换角度，使其集中鲜明；将内容相近、语意重复的几段文字改为一段；有不能说明问题的例子要更换。

四、审核修改的步骤

（一）起草写作修改阶段

秘书对文稿的审核修改，其实是贯穿在整个写作过程中的。构思时要斟酌修改，拟制提纲时要反复推敲；起草时往往是边写边改。

（二）个人自我审改阶段

文稿完成后送审前，由撰写者个人反复推敲修改。要耐心仔细地逐字逐句斟酌修改，连标点符号也不能马虎。送给领导审核修改后，还需要有关人员通篇连贯起来，再润饰一遍，才能定稿付印。有时到校对时发现问题，还需要作可能的修改，以使文稿尽可能达到完美。

（三）集体讨论修改阶段

对于重要的文稿，或者一般稿件中吃不太透、分歧较大的内容，可以由审稿人提出集体会审。要组织有关人员进行具体讨论，集思广益，从文件的主题、内容、材料，直至格式、用语，全面地加以审核与评论。因此，在成文的最后阶段，集体会审，群策群力，是确保文稿质量的有效手段。

（四）审核人把关阶段

将修改后的文稿送综合办公部门，请“把关”的秘书审核，再请主管领导审核、修改，而后才能签发定稿。

【思考与训练】

（一）思考题

1. 简述秘书写作的一般过程。

2. 材料是文章的基本要素，搜集材料应从哪几方面考虑才能使材料既有深度又有广度？

（二）写作训练题

1. 概括下列材料的主题，并用主题句表现出来

(1) 随着市场的进化，专业化分工的加强，未来10年内，以往支撑家电企业的自营渠道因为成本原因将全面撤退，而其他大量的代理商将通过特许经营等方式加盟到大的品牌渠道中，成为品牌渠道的连锁店。

(2) 有些官员讲话往往围绕一个字、一个词大做文章，例如一个“心”字可以分为“恒心、爱心、耐心、决心”等诸多方面，每个方面都能讲一大段，听起来节奏整齐，韵脚和谐；或者“一二三四五”模式，从“一个中心”一直讲到“十个重点”，每一点里还可以分为几个小点。有些官员为了表现自己的记忆力和对情况的熟悉，往往一口气说出几十个数字，既有小数点后面的二三位，又有横向与纵向的比值；也有一些“学者型”官员，开会时喜欢引经据典，不论引用的对与否、恰当与否，也不管理论能否联系实际……

2. 指出下列开头所使用的方式

(1) 20世纪90年代后，我国计算机市场随着信息化建设的启动和发展，进入前所未有的高速发展阶段，1991年至1997年间的平均增长速度高达56.9%。1998年由于受到亚洲金融危机和我国经济出现通货紧缩等国内外宏观经济环境的影响，增长速度下降。此后，经过调整和转型，我国计算机产业和市场在发展速度、结构升级、市场拓展、出口贸易、企业转制等多方面均出现了飞跃性的进步。

(2) 教育在社会发展中处于什么地位？它与科技、经济的关系如何？不久前，某省教育厅组织17个地区、34个县教育部门的同志对100多个村进行了调查。

【课后阅读与研讨】

（一）课后阅读

1. 杜福磊．纠正高校写作教学误区的思考．广西民族学院学报（哲学社会科学版），1998（4）

2. 张同钦．应用文写作技术化之批评与训练对策．应用写作，2003（8）

3. 程民．实用写作方法论．应用写作，2005（2）

4. 张冠英．规范使用文种，准确把握语体——评改一组基层行政机关往来公文．应用写作，2003（8）

（二）研讨题

以《如何处理好遵命写作与创新思维之间的关系》为题，拟写一份详细提纲，在提纲的各个部分标注使用的材料及材料的来源，参与课堂讨论。

第二编
行政公文写作与训练

鉴于党的机关公文与行政机关公文在文面格式、行文规则、公文文种方面存在较多一致的地方，为了便于编写和教学，本教材以行政公文为主，采用最新颁布的国务院标准。

第三章 行政公文概述

【教学提示】

本章通过对行政公文的概念、文面格式、行文规则及办理程序的讲授和训练，使学生了解并掌握通用公文的写作知识与办理程序，提高写作及办理通用公文的能力。

第一节　行政公文的概念与类别

一、行政公文的概念

（一）公文

公文，即公务文书，也称公务文件，在我国历史上称之为“官文”。“公文”一词最早出现在陈寿的《三国志·赵俨传》：“公文下郡，绵绢悉以还民。”范晔的《后汉书·刘陶传》也有“但更相告语，莫肯公文”的记载。

今天我们所谓的公文是指国家机关、企事业单位和社会团体在公务活动中使用的具有规范体式和法律效力的公务文书。它区别于私人文书。这一定义揭示了以下几个问题：第一，公文的制作者和发布者必须是依法成立的并以自己的名义行使权力、承担义务的组织。这些组织包括党政军机关、政治组织、经济组织、科教文组织。非法定组织无权制作公文。第二，公文产生于公务活动中。它是社会公务活动需要的产物，有文字记载条件，有管理的需要时，它才应运而生，并随着社会的发展变化而不断地发展变化。第三，公文具有法定的权力和效力。第四，公文的内容和体式具有特定性和规范性。

（二）行政公文

本章重点讲授的是行政公文。行政公文，即行政机关的公文，是公文中的一大类。它是指国务院 2000 年 8 月 24 日发布的《国家行政机关公文处理办法》（以下简称《办法》）中规定的 13 类公文。《办法》第二条对它的概念、性质及作用做了明确的规定：“行政机关的公文（包括电报，下同），是行政机关在行政管理过程中形成的具有法定效力和规范体式的文书，是依法行政和进行公务活动的重要工具。”

行政公文可用来传达党和国家的方针、政策，发布行政法规和规章，施行行政措施，请示和答复问题，指导、部署和商洽工作，报告情况，交流经验，有明法传令、组织领导、规范约束人们行为、知照联系、宣传教育和作为依据凭证等多方面的功用。

整个国家机器的正常运转都离不开行政公文。上自中央，下至基层，各机关、各部门之间所以能上情下达，下情上报，左右沟通，协调一致，行政公文始终起着关键作用。

行政公文具有法定的权威性、鲜明的政策性、较强的时效性、作者和读者的特定性、产生过程的特殊性、格式的规范性等特点。

二、行政公文的分类

行政公文依照不同的标准可分为不同的类别。常见的分类方法有两种：

（一）按行文方向可分为三类

1. 上行文

即下级机关向上级领导机关或业务指导机关的行文，主要有议案、报告、请示、意见。

2. 下行文

即上级机关向所属的下级机关或业务指导机关的行文。主要有命令（令）、决定、公告、通告、通知、通报、意见、批复。

3. 平行文

即平级机关和不相隶属机关之间相互往来的公文。主要有函、会议纪要、意见。

（二）按功能作用可分为十三类

《办法》第九条规定，行政机关的公文种类主要包括：命令（令）、决定、公告、通告、通知、通报、议案、报告、请示、批复、意见、函、会议纪要。

第二节　行政公文的格式

行政公文的格式，即规格样式。特定的规格样式是其区别于其他文章的重要标志之一。对于行政公文的格式，《办法》和国务院办公厅秘书局发布的《国家行政机关公文格式》（以下简称《格式》）有统一的规定和要求，各级机关不能标新立异、各行其是。只有遵循统一、科学的体式，才能保证公文结构完整，识别标记鲜明、准确，更具有效性和合法性；才有利于拟写、传递和审阅，使公文得到及时、准确的处理；同时，它也为文秘工作的科学化、标准化和自动化创造条件。

一、行政公文格式的外观形式

行政公文的外观形式，除包括版头设计、版面安排、字体型号、字距行距、用纸尺寸外，最重要的是公文外形的各个项目及有关标记在页面上的分布与安排。把这一切有机、均匀、合理地组织在一起，便构成一份字体鲜明、字距疏密相宜、结构严谨、美观大方的行政公文。

（一）行政公文的纸型

《格式》规定行政公文用纸为国际标准 A4 型（210mm×297mm），并对行政公文用纸的各项技术指标做了详细而明确的规定。

（二）行政公文的页边

《格式》规定，行政公文的页边尺寸为：天头（上白边）宽 37mm±1mm，地脚（下白边）宽 35mm±1mm，订口（左白边）宽 28mm±1mm，翻口（右白边）宽 26mm±1mm。

（三）行政公文的版面

行政公文版面由眉首、主体、版记三部分构成。

1. 眉首

行政公文首页红色反线及其以上的各要素统称眉首。

2. 主体

红色反线（不含）以下至主题词（不含）之间的各要素统称主体。

3. 版记

主题词及其以下的各要素统称版记。

（四）行政公文的排印装订

《格式》规定：行政公文的正文用 3 号仿宋字，一般每面排 22 行，每行排 28 个字。必须做到版面干净无底灰，字迹清楚无断划，尺寸标准，版心不斜。

双面印刷，页码套正。印品着墨实、均匀；字面不花、不白、无断划。

公文应左侧装订，不掉页。包本公文的封面与书芯不得脱落，后背平整、不空。骑马订或平订的订位为两钉钉锯处订眼距书芯上下各 1/4 处，允许误差±4mm。无坏钉、漏钉、重钉，钉脚平伏牢固。裁切成品，四角成 90℃，无毛茬或缺损。

二、行政公文格式的标识

（一）行政公文的格式内容

《办法》第十条规定了行政公文的格式内容：“公文一般由秘密等级和保密期限、紧急程度、发文机关标识、发文字号、签发人、标题、主送机关、正文、附件说明、成文日期、印章、附注、附件、主题词、抄送机关、印发机关和印发日期等部分组成。”

（二）行政公文格式要素的标识方法

1. 眉首部分

公文眉首部分格式如下图 3—1：

0000001　　　　　　　　　　　　**机密★一年**

特　急

河南省人民政府文件

×××〔2006〕1 号　　签发人：×××

图 3—1

（1）公文份数序号

公文份数序号是将同一文稿印制若干份时每份公文的顺序编号。要求用阿拉伯数字顶格标识在版心左上角第 1 行。标识份数序号的目的是为统计、登记、查找、借阅和回收管理公文提供方便。《办法》第十条第一款规定：“绝密”、“机密”级公文应当标明份数序号。

（2）秘密等级和保密期限

按照《保密法》规定，秘密公文分为绝密、机密、秘密三个等级。按照国家保密局《关于国家秘密文件、资料和其他物品标志的规定》以及《办法》的要求，涉及国家秘密的公文应当标明密级和保密期限，如“机密××年”。

《格式》中规定，秘密等级的标识方法是：用 3 号黑体字，顶格标识在版心右上角第 1 行，两字之间空 1 字；如需同时标识秘密等级和保密期限，用 3 号黑体字，顶格标识在版心右上角第 1 行，秘密等级和保密期限之间用“★”隔开。

（3）紧急程度

紧急程度是对公文送达和办理时限的要求。《办法》第十条第二款规定：紧急公文应当根据紧急程度分别标明“特急”、“急件”。其中电报应当分别标明“特提”、“特急”、“加急”、“平急”。

《格式》中规定，紧急程度的标识方法是：用 3 号黑体字，顶格标识在版心右上角第 1 行，两字之间空 1 字；如需同时标识秘密等级与紧急程度，秘密等级顶格标识在版心右上角第 1 行，紧急程度顶格标识在版心右上角第 2 行。

(4) 发文机关标识

此项内容是文件归属的标志，也叫做公文的身份标题。它由发文机关的全称或者规范化简称加“文件”二字组成，如“河南省人民政府文件”、“国务院办公厅文件”。其作用在于表明是某机关的正式文件。

发文机关标识上边缘至版心上边缘为 25mm。上报的公文，发文机关标识上边缘至版心上边缘为 80mm。发文机关标识推荐使用小标宋体字，用红色标识。字号由发文机关以醒目美观为原则酌定，但一般应小于 22mm×15mm。

如果是联合行文，可依联合机关的主次顺序上下排列。

(5) 发文字号

发文字号就是发文机关以年为单位编排的发文顺序号。发文字号是为了便于登记、分类、保管和查询而编写的。它由机关代字、年份、序号三要素组成。如“豫政〔2006〕5 号”，即河南省人民政府 2006 年发的第 5 号文件。“国办发〔2005〕81 号”，即国务院办公厅 2005 年发的第 81 号文件。发文字号的三个组成部分不能残缺不全，也不能随便颠倒次序。机关代字的确定要科学清楚，不能和其他机关混淆。一般由领导部门统一规定，不得随意改变。

《格式》规定：在下行文中，发文字号在发文机关标识下空 2 行，用 3 号仿宋字，居中排布；年份、序号用阿拉伯数码标识；年份应标全称，用六角括号“〔〕”括入；序号不编虚位，不加“第”字。如果是上行文，书写靠左侧，右侧是签发人。如果是联合行文，只标明主办机关的发文字号。

(6) 红色反线

红色反线就是发文字号之下 4mm 处的一条与版心同宽的红色横线。红色反线的作用是把眉首和主体两部分明显地分隔开。

(7) 签发人

签发人，就是代表机关核准并签发文稿的人。写上签发人，是为了表明公文的具体责任。

《格式》规定：上报的公文需标识签发人姓名，平行排列于发文字号右侧。发文字号居左空 1 字，签发人姓名居右空 1 字；签发人后标全角冒号，冒号后用 3 号楷体字标识签发人姓名。如有多个签发人，主办单位签发人姓名置于第 1 行，其他签发人姓名从第 2 行起在主办单位签发人姓名之下按发文机关顺序依次顺排，下移红色反线，应使发文字号与最后一个签发人姓名处在同一行并使红色反线与之的距离为 4mm。

2. 主体部分

公文主体部分格式如下图 3—2：

××××××关于××××××的通知
各省辖市人民政府：
××
×××
附件：1.××××××××× 2.×××××××××
（印　章） 二○××年×月×日
（附注）

图 3—2

（1）公文标题

标题是公文的眉目，即文章标题。

《办法》第十条第六款规定："公文标题应当准确简要地概括出公文的主要内容并标明公文种类，一般应当标明发文机关。公文标题中除法规、规章名称加书名号外，一般不用标点符号。"《格式》要求：公文标题应在红色反线下空 2 行，用 2 号小标宋体字，可分一行或多行居中排布；回行时，要做到词意完整，排列对称，间距恰当。

行政公文的标题由发文机关、事由（公文的主要内容）、公文文种"三要素"组成。发文机关可用机关全称，也可用其规范化简称。事由一般用介词"关于"与概括出来的公文主要内容组成介词短语，修饰限制文种。如《××市人民政府关于开展全民健身运动的通知》。"关于"应置于发文机关之后，不能颠倒。

行政公文的标题有以下三种书写形式：

第一，三项式。由发文机关、事由、文种三要素构成的标题，称为全标题或三项式标题。如：《国务院关于发布〈国家行政机关公文处理办法〉的通知》。

第二，两项式。这是由事由、文种或由发文机关、文种二要素组成的标题，称为两项式标题。如：《关于禁止各类传销活动的通知》、《中华人民共和国全国人民代表大会公告》。

第三，单项式。只写文种的标题，如《公告》、《通告》。一般只在这两种文件中使用。

（2）主送机关

主送机关指公文的主要受理机关。它是行文的主要对象。除直接向社会或机关内全体人员发布的公文外，公文均应标明主送机关。

《格式》规定：标题下空 1 行，左侧顶格用 3 号仿宋字标识，回行时仍顶格；最后一个主送机关名称后标全角冒号。如主送机关名称过多而使公文首页不能显示正文时，应将主送机关名称移至版记中的主题词之下、抄送之上，标识方法同抄送。

（3）正文

这一部分是公文的主体部分。行文的目的和事项都要在这里体现出来。不同的文种，正文有不同的写法。具体写法需结合文种讲授。

正文部分的位置在主送机关名称下一行，每自然段左空 2 字，回行顶格。数字、年份不能回行。

《格式》规定，公文首页和末页均必须显示正文。

（4）附件说明

“附件”是附属于正文的有关材料、文件或报表。“附件说明”是对附件名称、件数的简单交代。

公文如果有附件，应当在正文之下空 1 行左空 2 字用 3 号仿宋字标识“附件”，后标全角冒号和名称。附件如有序号，使用阿拉伯数码（如：“附件：1. ××××”）；附件名称后不加标点符号。

附件应与公文正文一起装订，并在附件左上角第 1 行顶格标识“附件”。

（5）成文时间

成文时间即公文形成的具体时间，是公文生效的时间标志。成文时间的确定：（1）以负责人签发的日期为准；（2）联合行文以最后签发机关负责人签发日期为准；（3）电报以发出日期为准。

成文时间应在正文或附件下方靠右侧的位置，用汉字将年、月、日写全，“零”写为“〇”。

（6）印章

印章是公文权威性和凭证性的标志。要求端正地盖在成文时间年、月、日的中间。《办法》要求：公文除“会议纪要”和以电报形式发出的文件外，都要加盖印章。联合上报的公文，由主办机关加盖印章。联合下发的公文，联合发文机关都应当加盖印章。

《格式》规定：当公文排版后所剩空白处容不下印章位置时，应采取调整行距、字距的方法，务使印章与正文同处一面，不得采用“此页无正文”的标识方法。

单一机关制发的公文在落款处不署发文机关的名称，只标识成文时间。成文时间右空 4 字；加盖印章应上距正文 2mm～4mm，端正、居中下压成文时间，印章用红色。

两个机关联合行文需加盖两个印章时，应将成文时间拉开，左右各空 7 字；主办机关印章在前；两个印章均压成文时间，印章用红色。只能采用同种加盖印章方式，以保证印章排列整齐。两个印章互不相交或相切，相距不超过 3mm。

加盖 3 个以上印章时，为防止出现空白印章，应将各发文机关名称（可用简称）排在发文时间和正文之间。主办机关印章在前，每排最多 3 个印章，两端不得超过版心；最后一排如余一个或两个印章，均居中排布；印章之间互不相交或相切；在最后一排印章之下右空 2 字标识成文时间。

议案、命令要求行政首长签署，应在正文下空一行，右空 4 字标识签发人名章，签名章左空 2 字标识签发人职务。在签发人名章下空一行，右空 2 字标识成文时间。

（7）附注

附注，即附带要说明的问题。一是要说明公文的送发范围和阅读对象。如："此件发至县团级"、"此件不登报"、"内部传阅"、"不准外传"、"不准翻印"等。二是文件有关内容的注释。如："文中所述三年以上，含三年。"它的位置在成文时间下一行，居左空 2 字，用 3 号仿宋体字加圆括号标注。

3. 版记部分

版记部分格式如下图 3—3：

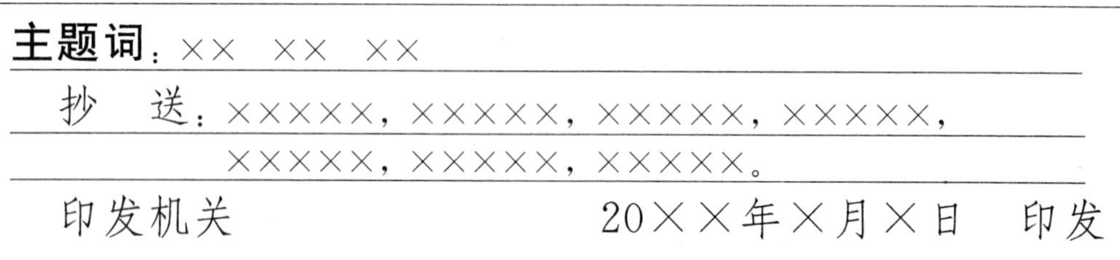

图 3—3

（1）主题词

主题词是用于揭示公文内容特质和类别的标记。它由经过处理的规范化的名词或名词性词组组成。它是输入电子计算机的符号，为适应办公自动化而产生的。《办法》要求："公文应当标注主题词。上行文按照上级机关的要求标注主题词。"

1997 年 12 月，国务院修订并发布了《国务院公文主题词表》，分主表和附表两大类。主表 13 类 751 个主题词，附表有 2 类 298 个主题词。词表分为三个层次。第一层是对主题词区域的分类，如"综合经济"、"财政、金融"类等。第二层是类别词，即对主题词的具体分类，如"工交、能源、邮电"类中的"工业"、"交通"、"能源"、"邮电"等。第三层是类属词，如"体制"、"职能"、"编制"等。第二层和第三层统称为主题词，用于文件的标引。

一份文件的标引，除类别词外，最多不超过 5 个主题词。如《国务院关于发布〈国家行政机关公文处理办法〉的通知》的主题词是："公文 管理 办法 通知 "。

主题词的位置在附注之下，版记反线之上，"主题词"用 3 号黑体字居左、顶格标识，后标全角冒号，词目用 3 号小标宋体字，词与词之间不用标点符号，空 1 字表示隔离。

（2）抄送机关

抄送机关是指主送机关以外需要执行和知晓公文内容而不需承办的其他机关。标注方法是：在主题词下 1 行，左空 1 字，用 3 号仿宋字标识"抄送"，后标全角冒号；抄送机关间用逗号隔开，回行时与冒号后的抄送机关对齐；在最后一个抄送机关后标句号。

（3）印发机关

印发机关是指公文的制作机关，一般都是行政机关中的具体办公部门。如"国务院办公厅"、"××省人民政府办公厅"等。在抄送机关反线下，左空一字，用 3 号仿宋字标识。

（4）印发日期

印发日期是指公文印制的年、月、日，与印发机关在同一行，居右空一字，用 3 号仿宋字标识。

除以上内容之外，一般还要在印发日期下方加一反线，反线之下标明印制份数，以便分发、归档、销毁时对照、备查。

第三节　行政公文的行文规则及办理程序

一、行政公文的行文规则

《办法》的第十三条至二十三条规定了行政公文的行文规则。主要有以下几点：

（一）行文关系要正确

行文首先要做到确有必要，注重实效。各级行政机关的行文关系，应当根据各自的隶属关系和职权范围来确定，一般不得越权越级行文。机关与机关之间主要有四种关系：领导与被领导关系、指导与被指导关系、平行关系和不相隶属关系。处于同一系统的上下级机关存在着领导与被领导关系，又称隶属关系；同一组织系统的上级主管业务部门与下级主管业务部门有指导与被指导关系；处于同一组织系统的同级机关或同级机关的各部门之间是平行关系；非同一组织系统的机关和部门是不相隶属关系。

政府各部门在本部门职权范围内，可以互相行文，可以向下一级政府的有关业务部门行文；除以函的形式商洽工作、询问和答复问题、审批事项外，一般不得向下一级政府正式行文。

向下级机关或者本系统的重要行文，应当同时抄送直接上级机关。

部门之间对有关问题未经协商一致，不得各自向下行文。如擅自行文，上级机关应当责令纠正或撤销。

（二）联合行文的规则

同级政府、同级政府各部门、上级政府部门与下一级政府可以联合行文；政府与同级党委和军队机关可以联合行文；政府部门与相应的党组织和军队机关可以联合行文；政府部门与同级人民团体和具有行政职能的事业单位也可以联合行文。

联合行文应当确有必要，应当明确主办部门。

（三）“请示”的行文规则

“请示”应当一文一事；一般只写一个主送机关，如需同时送其他机关的，应当用抄送形式，但不得抄送其下级机关。除上级机关负责人直接交办的事项外，不得以机关名义向上级机关负责人报送“请示”、“意见”和“报告”。

各级行政机关一般不得越级“请示”。受双重领导的机关向上级机关行文，应当写明主送机关和抄送机关。上级机关向受双重领导的下级机关行文，必要时应当抄送其另一上级机关。

（四）“报告”的行文规则

“报告”和“请示”是两种文种，不能混用。“报告”不得夹带请示事项。

（五）公布性公文的行文规则

经批准在报刊上全文发布的行政法规和规章，应视为正式公文依法执行，可不再行文。发文机关应印制少量文本，供存档备查。

二、行政公文的办理程序

一份公文的形成和它在机关内部或在各机关之间运转的顺序及过程，称办理程序。它分为两个方面：收文和发文。收文办理是指收到公文后的办理过程，一般包括签收、登记、审核、拟办、批办、承办、催办等程序；发文办理是指以本机关名义制发公文的过程，一般包括草拟、审核、签发、复核、缮印、用印、登记、分发等程序。

公文办理程序中必须重视并做好以下几项工作：

（一）草拟

草拟是发文程序的基础，拟写公文应按《办法》规定做到：

（1）符合国家的法律、法规及其他有关规定。如提出新的政策规定，要切实可行并加以说明。

（2）情况确实，观点明确，表述准确，结构严谨，条理清楚，直述不曲，字词规范，标点正确，篇幅力求简短。

（3）公文的文种应根据行文目的、发文机关的职权和与主送机关的行文关系确定。

（4）拟制紧急公文，应当体现紧急的原因，并根据实际需要确定紧急程度。

（5）人名、地名、数字、引文准确。引用公文应当先引标题，后引发文字号。引用外文应当注明中文含义。日期应当写具体的年、月、日。

（6）结构层次序数，第一层为“一、”，第二层为“（一）”，第三层为“1.”，第四层为“(1)”。

（7）应当使用国家法定计量单位。

（8）文内使用非规范化简称，应当先用全称并注明简称。使用国际组织外文名称或其缩写形式，应当在第一次出现时注明准确的中文译名。

（9）公文中的数字，除成文时间、部分结构层次序数和在词、词组、惯用语、缩略语、具有修辞色彩语句中作为词素的数字必须使用汉字外，应当使用阿拉伯数字。

（二）审核

稿件的草拟工作完成之后，应当由办公厅（室）进行审核。审核的重点是：

（1）是否需要行文，行文方式是否恰当；

（2）是否符合行文规则和拟制公文的有关要求；

（3）文字表达、文种使用、公文格式等是否符合《办法》的有关规定。

（三）签发

以本机关名义制发的上行文，由主要负责人或主持工作的负责人签发；以本机关名义制发的下行文或平行文，由主要负责人或主要负责人授权的其他负责人签发。

签发人要在文稿上书写姓名和签批时间。

签发后的文稿即为定稿，可以进行缮印。

公文办理程序中的其他环节，与写作者关系不大，应由文书工作者和档案工作者分工完成。

【思考与训练】

（一）思考题

1. 填空题

（1）公文，即公务文书，也称公务文件。在我国历史上称之为“______”。“公文”一词最早出现在______的《____________》。范晔的《后汉书·刘陶传》也有记载。

（2）公文的份数序号是指______。

（3）以电报形式发出的紧急公文，其紧急程度共分为四级：______、______、______、______。

2. 简答题

什么是收文办理？它包括哪些程序？什么是发文办理？它包括哪些程序？

3. 问答题

（1）《国家行政机关公文处理办法》对公文标题的要求是什么？

（2）草拟文稿必须注意哪些问题？

（二）写作训练题

1. 请根据行政公文格式内容及标识方法的要求，制作一份正确完整的下行公文样式图。

2. A 市中级人民法院向上级主管部门 B 省高级人民法院写一份“请示”，B 省高级人民法院收到请示后迅速做出批复。请准确写出这一过程完整的公文办理程序图。

【课后阅读与研讨】

（一）课后阅读

1. 陈学璞．公文处理工作“规范化”质疑．应用写作，2005（10）。

2. 张佐邦．公文写作规范化浅论．应用写作，2006（1）。

3. 陈晓莉．字斟句酌明辨党政公文格式差异．应用写作，2005（5）。

（二）研讨题

1. 试述你对行政公文处理“规范化”的见解。

2. 党政公文在文面格式上有哪些差异？你如何看待这些差异？

第四章 下行文的写作

【教学提示】

本章通过讲授七种下行文［命令（令）、决定、公告、通告、通知、通报、批复］的写作基本知识，分析研究各种例文，以及进行各种文种训练，使学生了解各下行文种之间的区别与联系，掌握各种常用下行文的写作方法和技巧，提高写作常用下行文的能力。

第一节　命令（令）

一、命令（令）的概念

命令（令）是国家法定机关领导人依照有关法律公布重要行政法规和规章，宣布施行重大强制性行政措施，嘉奖有关单位及人员时使用的公文。

根据我国《宪法》、《全国人民代表大会组织法》、《地方各级人民代表大会和地方各级人民政府组织法》、《人民法院公文处理办法》、《中国人民解放军机关公文处理条例》的规定，国家主席、国务院、国务院所属各部委、地方各级人民政府、法院及军事机关可以在自己的职权范围内发布命令。

命令（令）的内容均属国家或地区范围内的大事，发布命令是国家权力的集中体现，它具有不可动摇的权威性。命令（令）具有法定的强制性，一经发布，有关部门和人员必须无条件执行。令文的语言要高度准确、简练、严肃、庄重。

二、命令（令）的分类

命令（令）按其内容与作用分，有公布令、行政令、嘉奖令、任免令四种。

（一）公布令

用于发布重要法规、规章的命令。

（二）行政令

用于发布重大的强制性行政措施的命令。

（三）嘉奖令

用于嘉奖在各项工作中有重大贡献，或成绩特别突出的有功人员、单位时使用的命令。

（四）任免令

国家行政机关任免重要领导人时使用的命令。

三、命令（令）的写作方法

命令（令）由标题、编号、正文、生效标识四部分组成。

（一）标题

命令（令）的标题有三种写法：

（1）发文机关名称＋事由＋文种。如《国务院关于在我国统一实行法定计量单位的命令》。

（2）事由＋文种。如《关于××的命令》。

（3）发文机关名称＋文种。如《中华人民共和国国务院令》。

（二）编号

命令编号有两种编排方法。最常见的编排方法是从领导人任职开始编流水号；另外，有时一些以国家行政机关名义发布的命令，也按年编顺序号。

令号置于标题之下居中处。

（三）正文

命令（令）的正文写作方法因其内容不同而不同，现分别讲述如下：

1. 公布令的正文

公布令的正文一般由被公布的对象、公布根据、公布时间及实施时间四项内容组成。如“《禁止传销条例》已经 2005 年 8 月 10 日国务院第 101 次常务会议通过，现予公布，自 2005 年 11 月 1 日起施行。”

2. 行政令的正文

行政令的正文一般由发令缘由和命令事项两部分组成。发令缘由写明发此令文的根据。命令事项即命令人们做什么、应当怎么做、不得怎么做、违者如何惩处等。

例文一

××市防汛指挥部命令

第七号

××〔××××〕××号

目前汉江第二次洪峰刚过，长江武汉关水位仍处于警戒线以上，堤防长期经受高水位浸泡，险情时有发生，防汛抗洪决不能掉以轻心。同时，武汉地区持续高温，半月没有降雨，部分农田出现旱情，少数社队擅自挖堤埋管，引水抗旱，严重危及堤防安全。为此，特命令如下：

一、任何单位和个人必须严格遵守省、市颁布的河道堤防管理办法。在任何情况下，都不能以任何借口损坏防洪设施，违者以破坏防汛论处。

二、各区、县应立即对过去在堤上埋设的涵管进行一次认真检查，发现问题必须及时上报防汛指挥部门，作出妥善处理。

三、在当前抗旱工作中，应保护防洪设施，严禁破堤埋管，确保堤防安全。

指挥长　×××

××××年×月×日

[简评] 这份行政令写得很好。发令原因充分具体，紧迫感强；命令事项严格针对原因提出；用语非常简练，语气坚决果断；全文前后照应，文气贯通，自然形成一个有机的整体，充分体现了行政令本身的强制性和权威性特征。

3. 嘉奖令的正文

嘉奖令的正文通常包括四部分内容：一是嘉奖对象的主要事迹；二是对嘉奖对象的事迹进行分析评价，指出其意义；三是嘉奖的依据及具体的嘉奖方法；四是对被嘉奖者及有关方面、有关人员提出希望要求。

例文二

最高人民法院嘉奖令

法〔2005〕189号

各省、自治区、直辖市高级人民法院，解放军军事法院，新疆维吾尔自治区高级人民法院生产建设兵团分院：

2005年9月4日至10日，第二十二届世界法律大会在北京、上海两地胜利召开。本次大会是世界法律界的一次规模空前的盛会，受到了党和国家的高度重视。为了圆满地接待组织好本次会议，在最高人民法院的统一部署指挥下，上海市高级人民法院作为上海阶段会议的承办单位，能够站在全局的高度，深刻理解会议目的、意义，全力以赴地投入筹办工作，积极争取领导支持和有关单位协作，精心安排，大力配合最高人民法院落实实施会务计划，在人力、物力等方面给予了充足保障，他们以强烈的政治责任感和饱满的工作热情，高质量、高效率地完成了各项会议任务，实现了热情、周到、顺利、成功的办会目标，赢得了中外各方的赞誉。

为表彰对本届大会取得圆满成功作出突出贡献的单位和集体，最高人民法院决定：向全国法院通令嘉奖上海市高级人民法院。

希望上海市高级人民法院以此为契机，保持荣誉，再接再厉，紧密团结在以胡锦涛同志为总书记的党中央周围，高举邓小平理论和“三个代表”重要思想伟大旗帜，全面落实科学发展观，认真贯彻落实党的十六届五中全会精神，结合“规范司法行为，促进司法公正”专项整改活动，进一步巩固保持共产党员先进性教育活动成果，振奋精神，扎实工作，锐意进取，开拓创新，全面增强司法能力，不断提高司法水平，为实现全面建设小康社会、构建社会主义和谐社会不断作出新的贡献！

（最高人民法院印）
二〇〇五年十月十四日

（选自中国法院网，http：//www.chinacourt.org/public/detail.php?id=181293。引用时略有改动）

［简评］这是一篇较好的嘉奖令。事迹、分析评价、嘉奖及号召内容齐全，结构清晰完整。其中，事迹和分析评价采用夹叙夹议的方式有机地融为一体，所以，在文面上以一个自然段的形式出现。

4. 任免令的正文

任免令的正文由命令依据和命令内容两部分组成。命令依据要写明任免的机关或会议名称，命令内容要写明被任免者的姓名和任免的职务。如：“根据中华人民共和国第十届全国人民代表大会第一次会议的决定，任命温家宝为中华人民共和国国务院总理。”

（四）生效标识

命令（令）的生效标识包括签署和成文时间两个内容。正文下空一行右空 4 字标识签发人名章，签名章左空 2 字标识签发人职务，在签发人名章下空一行右空 2 字标识成文时间。

第二节 决 定

一、决定的概念

决定是对重要事项或重大行动作出安排，奖惩有关单位及人员，变更或者撤销下级机关不适当的决定事项时使用的公文。

此概念揭示了决定的作用和特点：它具有政策性强、决定的事项关系重大、对所要采取的行动安排具体等特点。

二、决定的分类

决定按其内容及使用范围可分为三类：

（一）布置指挥性决定

这种决定是对有关重要事项或重大行动作出安排。它具有极强的政策性，不仅要求读者了解决定的内容，而且要求按决定的要求行动，如《全国人大常委会关于维护互联网安全的决定》。

（二）奖惩性决定

奖惩性决定又可分为嘉奖性决定和惩戒性决定。嘉奖性决定是某一级政府或部门对作出突出贡献的单位或个人按照有关政策、章程给予奖励所作出的决定，如《国务院关于授予中国海洋直升机专业公司7951机组"海上救险英雄机组"荣誉称号的决定》。惩戒性决定是对违犯有关政策、法规、规章的单位或个人进行处分的决定，如《××学院关于给予×××纪律处分的决定》。

（三）知照性决定

知照性决定主要告知人们对某一问题的主张、态度及解决问题的结果，常用于人事安排、召开重大会议、机构设置等。这种决定只要求人们知晓，不要求人们采取什么行动。如：《最高人民法院关于设立海口、厦门海事法院的决定》。

三、决定的写作方法

决定一般由标题、主送机关、正文、生效标识四部分组成。

（一）标题

决定的标题有两种形式：

（1）发文机关名称＋事由＋文种。如《国务院关于授予浙江省嘉善县公安局等7个单位荣誉称号的决定》。

（2）事由＋文种。如《关于开除周××公职的决定》。

（二）主送机关

决定的主送机关根据需要可以是一个或多个，当决定对所属范围内全体人员公开发出时，也可以不写主送机关。

（三）正文

决定的正文的写作因决定内容的不同而各不相同。

1. 布置指挥性决定的正文

布置指挥性决定的正文一般由三部分组成：

（1）决定缘由。写明作出决定的依据、原因或目的、必要性。

（2）决定事项。清楚、具体地写出决定事项的具体内容，大都采用分条列项的方法。

（3）执行要求。说明对受文者的具体要求及开始施行时间。

例文一

国务院关于加强地质工作的决定（摘要）

国发〔2006〕4号

各省、自治区、直辖市人民政府，国务院各部委、各直属机构：

地质工作是经济社会发展重要的先行性、基础性工作，服务于经济社会的各个方面。贯彻党的十六届五中全会精神，全面落实科学发展观，构建社会主义和谐社会，对地质工作提出了新的更高的要求。为了全面增强地质勘查的资源保障能力和服务功能，促进地质工作更好地满足经济社会发展的需要，现做出如下决定：

一、以科学发展观指导地质工作

（一）充分认识地质工作的重要意义。新中国成立以来，地质工作得到党和国家的高度重视，地质勘查和科学研究成就显著，为经济社会发展作出了重要贡献。近年来，地质勘查队伍管理体制改革取得积极进展，地质事业有了新的发展。但是，当前地质工作与经济社会发展的要求不相适应，存在体制不顺、活力不足、投入不够、功能不强和人才缺乏等问题，特别是矿产资源勘查滞后，重要资源可采储量下降，难以满足现代化建设的需要。我国工业化、城镇化进程加快，经济社会发展与资源环境的矛盾日益突出。加强地质工作，是缓解资源约束、保障经济发展的重要举措，是推进城乡建设、开展国土整治的重要基础，是防治地质灾害、改善人居环境的重要手段。必须从全面建设小康社会、加快推进社会主义现代化的战略高度，进一步提高对地质工作重要性的认识，增强责任意识和紧迫感，切实加强地质调查、矿产勘查和地质灾害监测预警等工作。

（二）加强地质工作的总体要求。坚持以邓小平理论和“三个代表”重要思想为指导，全面贯彻落实科学发展观。按照以人为本、全面协调可持续发展的要求，统筹地质工作部署与经济社会发展需要，统筹公益性地质调查与商业性地质勘查，统筹矿产地质勘查与环境地质勘查，统筹国内地质事业发展与地质领域对外开放。深化体制改革，大力推进地质勘查管理体制和运行机制转变，加快构建与社会主义市场经济体制相适应的地质工作体系。切实加强重要矿产资源勘查，努力实现地质找矿新的重大突破，为全面建设小康社会提供更加有力的资源保障和基础支撑。

（三）加强地质工作的基本原则。坚持立足国内、适度超前、突出重点、完善体制、依靠科技。充分挖掘国内资源潜力，加大找矿力度，提高资源供给能力和保障程度。面向社会需求，搞好统筹规划，超前部署和开展地质勘查。集中力量加强矿产资源勘查，突出重点矿种和重点成矿区带勘查工作，增加资源地质储量。建立政府与企业合理分工、相互促进的地质勘查体系，健全中央和地方政府各负其责、相互协调的地质工作管理体制，形成矿产资源勘查开发和资金投入的良性循环机制。推进地质理论研究与创新，广泛应用高新技术和先进适用技术，加快地质工作现代化步伐。

二、明确地质工作主要任务

（四）突出能源矿产勘查。能源矿产是重要的战略资源，必须放在地质勘查的首要位置。按照深化东（中）部、发展西部、加快海域、开辟新区、拓展海外的方针，重点加强渤海湾、松辽、塔里木、鄂尔多斯等主要含油气盆地勘查，积极探索陆地新区、新领域、新层系和重点海域勘查，切实增加可采储量。加快神东、陕北、晋北、鲁西、两淮等大型煤炭基地普查和必要的详查，加强南方缺煤省区和边远地区的煤炭勘查。加强铀矿勘查，尽快探明一批新的矿产地。积极开展煤层气、油页岩、油砂、天然气水合物等非常规能源资源的调查评价和勘查。

（五）加强非能源重要矿产勘查。非能源矿产是经济社会发展的重要物质基础。以国内急缺的重要矿产资源为主攻矿种，兼顾部分优势矿产资源，按照东部攻深找盲、中部发挥特色、西部重点突破、境外优先周边的方针，实施矿产资源保障工程。重点加强铁、铜、铝、铅、锌、锰、镍、钨、锡、钾盐、金等矿产勘查。在西南三江、雅鲁藏布江、天山、南岭、大兴安岭等重点金属成矿区带，合理部署矿产普查，引导和鼓励商业性勘查，形成一批重要资源基地。继续实施国土资源大调查，积极开展矿产远景调查和综合研究，加大西部地区矿产资源调查评价力度，科学评估区域矿产资源潜力，为科学部署矿产资源勘查提供依据。

（六）做好矿山地质工作。矿山地质工作对合理开发利用资源、延长现有矿山服务年限意义重大。按照理论指导、技术优先、探边摸底、外围拓展的方针，搞好矿山地质工作。加强矿山生产过程中的补充勘探，指导科学开采。加快危机矿山、现有油气田和资源枯竭城市接替资源勘查，大力推进深部和外围找矿工作。开展共生伴生矿产和尾矿的综合评价、勘查和利用。做好矿山关闭和复垦阶段的地质工作。

（七）提高基础地质调查程度。基础地质调查是提高国土调查程度的基本手段。在重要经济区域、重点成矿区带、重大地质问题地区，按照多目标、多学科、多技术的要求，系统开展区域地质、地球物理、地球化学和遥感地质等调查，建立地质图文更新机制，为社会提供有效快捷的地质信息服务。实施海洋地质保障工程，开展区域海洋地质调查，进行海岸带、大陆架和海底地质情况探测，系统掌握海洋地质基础数据，摸清海域油气资源潜力。积极参与国际海洋地质调查计划和国际海底矿产资源勘查活动。

（八）强化地质灾害和地质环境调查监测。地质环境特别是地质灾害调查监测，是减少地质灾害损失、促进人与自然和谐的基础工作。实施地质环境保障工程，全面提高地质灾害防治和地质环境保护水平。完善全国地下水监测网络，加强地下水动态调查评价和过量开采与污染的监测。尽快完成重点地区地质灾害普查，建立健全群专结合的地质灾害防治体系，继续做好三峡库区等重点地区地质灾害防治工作。开展基础设施建设、城镇建设以及乡村建设前期地质勘查，搞好西电东送、南水北调、交通网络建设等重大工程的地质基础工作。强化地质灾害易发区工程建设和城镇规划地质灾害危险性评估。全面推进农业地质、城市地质、矿山环境地质调查工作。

（九）推进地质资料开发利用。地质资料是地质工作服务社会的主要载体。建立健全地质资料信息共享和社会化服务体系，加快利用现代信息技术，建设国家地质资料数据中心和全球矿产资源勘查开采投资环境信息服务系统。严格执行地质资料汇交制度，开展地质资料专项清理，推进地质资料的研究开发，充分发挥现有地质资料的作用，避免工作重复和资料浪费。全面公开地质资料目录，推进地质图书档案、重点实验室等向社会开放，依法及时向社会提供地质信息服务。

三、完善地质工作体制机制（略）

四、增强地质科技创新能力（略）

五、提高地质工作管理水平（略）

加强地质工作，任务光荣，责任重大。各地区、各部门要认真贯彻本决定，抓紧制定有关配套政策措施，加强监督检查，协调解决好执行过程中出现的问题，重大问题要及时向国务院报告。

（国务院印）

二〇〇六年一月二十日

（选自中国政府网，http：//www.gov.cn/gongbao/content/2006/content_219934.htm）

［简评］这份布置指挥性决定写得较好。全文清晰地分为三个部分：开头一段简要交代行文的意义、背景和目的；主体部分采用分条列项的方式清晰地写出决定的具体事项；结尾一段是执行要求。

2. 奖惩性决定的正文

奖惩性决定包括嘉奖性决定和惩戒性决定两类。

（1）嘉奖性决定的正文

嘉奖性决定正文的写法类似嘉奖令，包括先进事迹、分析评价、表彰方式、希望号召四个内容。

（2）惩戒性决定的正文

惩戒性决定的正文一般由四部分内容构成：第一，要写出受处分单位或个人的基本情况；第二，要写出所犯错误事实；第三，要对所犯错误的根源、性质危害作简要的分析；第四，要写出被处分对象对错误的认识以及根据有关规定所给予的处分。有时，也可在结尾部分根据情况向受处分的单位或个人提出一些希望或要求。

例文二

××××学院关于给予刘××纪律处分的决定

××〔2005〕××号

刘××，男，成教部2004级本科×班学员。

2005年×月×日下午1时50分，刘××酗酒后到2003级本科×班教室，要求该班女生张某一起外出遭到拒绝后，便开始殴打张某，并对劝阻人员谩骂踢打，致使一名门卫胳膊受伤，其行为极其恶劣。

刘××入校以来，一贯无视校规校纪，纪律观念淡薄，曾多次违反校规校纪，且拒不认错，态度恶劣，在同学中造成了极坏的影响。

为严肃校纪，教育本人，依照《××××学院学生违纪处分条例》第3条、第14条、第22条和第25条之有关规定，经2005年×月×日院长办公会研究，决定给予刘××勒令退学处分。

（××××学院印）
二〇〇五年×月×日

［简评］基本情况、错误事实、性质危害、处理方法等要件齐全，全文内容结构清晰完整，文字简练，是一份较为规范的惩戒性决定。

3. 告知性决定的正文

告知性决定的正文由三部分内容构成：开头写决定的根据，即根据什么作出决定。主体写决定内容，可分条列项，也可采取分段式或篇段合一的方法。结尾交代相关问题、要求，或采取自然结尾方法。

例文三

国务院关于第三批取消和调整行政审批项目的决定

国发〔2004〕16号

各省、自治区、直辖市人民政府，国务院各部委、各直属机构：

2002年10月和2003年2月国务院决定共取消和调整1 300项行政审批项目后，国务院行政审批制度改革工作领导小组对国务院部门行政审批项目又进行了全面清理。经严格审核论证，国务院决定再次取消和调整495项行政审批项目。其中，取消的行政审批项目409项；改变管理方式，不再作为行政审批，由行业组织或中介机构自律管理的39项；下放管理层级的47项。在取消和调整的行政审批项目中有25项属于涉密事项，按规定另行通知。

各地区、各部门要认真做好有关行政审批项目取消和调整的落实工作，切实加强后续监督和管理。要按照全面推进依法行政、建设法治政府的要求，以贯彻实施《中华人民共和国行政许可法》为契机，深化行政审批制度改革，进一步规范行政权力和行政行为；加快行政管理体制改革进程，进一步转变政府职能；不断更新管理理念、创新管理方式，努力提高社会主义市场经济条件下政府管理经济和社会事务的能力和水平。

附件：1. 国务院决定取消的行政审批项目目录（385项）
2. 国务院决定改变管理方式、不再作为行政审批、实行自律管理的行政审批项目目录（39项）
3. 国务院决定下放管理层级的行政审批项目目录（46项）

（国务院印）
二〇〇四年五月十九日

（选自中国政府网，http：//www.gov.cn/zwgk/2005－08/06/content_29614.htm）

［简评］本文采取的是分段式结构。第一段交代相关背景及具体告知事项，第二段提出相关要求。具体告知事项内容较多，且自成体系，所以，正文只作了简要交代，然后以附件的形式附在后面。

（四）生效标识

决定的正文结束以后，在正文的右下方依照《格式》的要求，用小写汉字书写成文时间，年、月、日写全，并加盖印章。

第三节　公　告

一、公告的概念

公告是较高级别的国家权力机关、行政机关或其他法定机关向国内外宣布重要事项或者法定事项时使用的公文。

公告告知的范围特别广，涉及国内外。告知的事项重大，是关系到国内外重要的或者是法定的事项。公告不以公文的运行方式在机关之间运行，而是授权新华社通过报纸、电台、电视台等新闻媒体进行宣布或采取规范的纸型张贴。

二、公告的分类

公告根据其内容可分为以下两类：

（一）宣布重要事项的公告

如向国内外宣布全国性会议的召开，银行利率的调整，国际航班、船期时间变更，以及国家人事任免、出访等。如《航班时刻调整公告》、《中华人民共和国全国人民代表大会公告》、《中国人民银行关于降低利率的公告》。

（二）宣布法定事项的公告

根据有关法律和法规的规定，宣布要求人们必须遵守和执行的法定事项。如《最高人民法院、最高人民检察院关于不再追诉去台人员在中华人民共和国成立后当地人民政权建立前的犯罪行为的公告》。

三、公告的写作方法

公告由标题、编号、正文、生效标识四部分组成。

（一）标题

公告的标题有三种形式：

（1）发文机关名称＋事由＋文种。如《国家税务总局关于加强货物运输业税收管理及运输发票增值税抵扣管理的公告》。

（2）事由＋文种。如《关于面向社会公开征集 2011 年“十项民生工程”建议的公告》。

（3）只写文种。如《公告》。

（二）编号

当需要就某一事件连续制发公告时，公告有编号，如《中华人民共和国全国人民代表大会公告（第一号）》。

（三）正文

公告的正文一般都由缘由、事项和结语三部分组成。

缘由：简要说明发布公告的根据或目的。有时也可直陈事项。

事项：这部分是公告的主体。事项性公告大都采用篇段合一的方法，写明告知人们的事项即可。如果属于法定事项或较复杂的事项，可采用分条列项的方法，把要求人们遵守的事项、有关政策规定写明。

结语：另起行，用结尾用语“特此公告”等作结。

例文

中华人民共和国全国人民代表大会公告

（第一号）

××〔2005〕××号

第十届全国人民代表大会第三次会议于2005年3月13日选举胡锦涛为中华人民共和国中央军事委员会主席。

现予公告。

中华人民共和国第十届全国人民代表大会

第三次会议主席团

二〇〇五年三月十三日

（选自人民网，http：//politics. people. com. cn/GB/1024/3239486. html）

［简评］公告的语言非常简练，缘由、事项、结语齐全，内容结构十分完整、规范。

（四）生效标识

公告的正文结束以后，在正文的右下方依照《格式》的要求，用小写汉字书写成文时间，年、月、日写全，并加盖印章。

第四节　通　告

一、通告的概念

通告是公布社会各有关方面应当遵守或者周知的事项的公文。

通告的公布机关没有级别限制。国家机关及其下属部门、基层企事业单位均可使用。通告的内容宽泛，大至涉及国家的有关法规、政策，小至生活中的具体事项，如房屋拆迁、停电、停水、车辆运行线路更改等都可以作为其内容。通告的公布范围有限制，为某市、某区、某校或某一特定的环境、特定的人群。

通告大都采用登报、张贴的方式公布。

二、通告的分类

按使用范围与性质，通告可分为以下两种：

（一）法规政策类通告

即在一定范围内公布政府的法令、政策，要求遵守、贯彻执行。如《郑州市人民政府关于郑东新区环境综合整治有关问题的通告》。

（二）具体事务类通告

即在一定范围内公布，需要周知或需要办理的事项。如《郑州市人民政府关于西气东输管道工程郑州分输站建设用地问题的通告》。

三、通告的写作方法

通告一般由标题、正文、生效标识三部分组成。

（一）标题

通告的标题有三种形式：

（1）发文机关名称＋事由＋文种。如《河南省人民政府关于全面推行农村税费改革的通告》。

（2）事由＋文种。如《关于整顿和规范网站地图发布和使用秩序的通告》。

（3）只写文种。如《通告》。

（二）正文

通告的正文一般由以下三部分组成：

（1）缘由。阐明发布通告的目的、原因或意义，用“特通告如下”或“现通告如下”等领起下文。

（2）事项。事项是正文的主体部分，写明通告的具体内容。内容简单的通告可采取篇段合一的结构形式，内容复杂的可采用分条分项的结构形式。

（3）结尾。通告的结尾写法较多，或对群众提出号召、希望；或在事项交代完毕后自然结尾；或以“特此通告”结尾。

例文

郑州市人民政府关于进一步加强
建筑施工和消防安全的通告

××〔2011〕××号

为进一步加强全市建设工程施工和消防安全管理工作，防止重、特大生产安全事故发生，确保国家和人民群众生命财产安全，根据《中华人民共和国建筑法》、《中华人民共和国安全生产法》、《建设工程安全生产管理条例》（国务院令第 393 号）及消防安全有关法律、法规的规定，通告如下：

一、建设、施工、监理、勘察、设计等工程建设责任主体要严格按照国家建设安全生产法律、法规和强制性标准规范以及各级政府部门下发的安全生产文件要求，依法加强建设施工现场安全管理，完善安全措施，及时消除事故隐患。

（一）建设单位必须在开工前到建设行政主管部门办理安全施工措施，未依法办理施工许可手续的，不得开工，严禁任意压缩合理工期。

（二）工程项目的勘察、设计必须满足安全生产需要，保证周边环境、设施、建筑物和工程性能的安全。

（三）监理单位应严格审查安全技术措施和专项施工方案，发现事故隐患，应采取强硬措施督促施工单位整改到位，施工单位拒不整改或者不停止施工的，应及时向有关主管部门报告。

（四）检测单位要严格按照国家标准检测，检测报告应全面、真实、准确、及时，严禁出具虚假报告。

（五）施工单位是项目安全生产第一责任单位，依法加强对施工现场安全生产管理，不得购买、使用不合格的建筑材料、安全防护用品（具）和机械设备，及时制止和纠正违法违规行为，及时消除事故隐患，切实预防生产安全事故发生。

（六）其他责任单位，应按照法律法规及强制性标准要求，依法履行本单位的安全生产职责。

二、建设项目要依法建立各项安全生产责任制，制订安全管理规章制度，明确层级和岗位安全责任人，加强从业人员的安全教育、培训，适时组织应急救援演练，做到任务明确，责任到人。

三、建设、施工、监理单位要认真开展事故隐患排查治理和施工安全专项整治，重点预防高坠、物体打击、触电、火灾、坍塌、起重机械等生产安全事故发生。一是严格施工现场外脚手架、基坑支护、临时用电、模板支撑系统、起重机械、消防安全等安全施工组织设计和专项方案的审批和落实；二是建立严格的施工作业制度和安全防护、消防管理措施；三是严格起重机械设备备案、登记、安装、检测、验收、使用、维护、拆除、人员持证全过程安全管理和安全限位、报警装置、防碰撞措施的配备检查；四是严格安全设施、设备、钢管、扣件、安全防护用品（具）的配备、审查、检验、检测、备案管理工作。

四、各级建设行政主管部门和公安、消防部门要严把建设工程施工安全和消防安全审批关，切实加强事故隐患的源头控制。对不符合建设施工安全和消防安全要求的建设项目，不得核发建设工程施工许可证。

五、切实加强施工现场的消防安全管理，必须达到如下要求：

（一）施工现场使用的安全防护用品（具）和墙体保温材料要符合消防安全规范，严禁使用假冒伪劣的建筑材料。

（二）按照仓库防火安全管理规定存放、保管施工材料。

（三）不得在建设工程施工现场存放易燃易爆化学危险物品和易燃可燃材料。对易燃易爆化学危险物品和压缩可燃气体容器等，按其性质设置专用库房分类存放。

（四）施工中确需使用易燃易爆化学危险物品时，必须制定防火安全管理措施；不得在作业场所分装、调料；使用后的废弃易燃易爆化学危险物料要及时清除。

（五）建立健全用火管理制度。施工作业用火时，应当经施工现场生产及技术负责人审查批准，领取用火证后，在规定的地点、时间内作业，作业完毕经检查无火灾隐患后，方可离开。

（六）建立健全用电管理制度，并采取防火措施。安装电气设备和进行电焊、气焊作业等，必须由经培训合格的专业技术人员操作，保证严格遵守消防安全操作规程。

（七）严禁在未竣工的建筑物内设置员工集体宿舍。

（八）在施工现场设置临时消防车道，并保证临时消防车道的畅通。不得在临时消防车道上堆物、堆料或者挤占临时消防车道。

六、高层建筑应按规定配置消防器材，设置临时消防给水系统，并保证灵敏、有效、实用。

七、各建设工程责任单位，应按照本通告要求加强施工现场安全生产的日常管理和监督检查，自行清查和整改本项目的安全事故隐患和违法行为。

八、各建设行政主管部门要加强建设工程施工安全督查，并加大施工现场安全违法行为的查处力度，对发现事故隐患且未按要求整改的，要立即停工，依法依规从严从重作出行政处罚。同时由市建设行政主管部门通报批评和记入不良行为记录，情节严重的依法提请省建设行政主管部门暂扣、降低或吊销相应资质证书和安全生产许可证以及个人从业资格证书。

九、广大人民群众有权利和义务积极举报建筑施工安全生产违法行为，发现有违反本通告行为的，应当及时向当地建设行政主管部门和公安、消防部门举报。

十、本通告自公布之日起施行。

（郑州市人民政府印）
二〇一一年四月一日

（选自110法律法规网，http：//www.110.com/fagui/law_378780.html，引用时略有改动）

［简评］这是一份政策法规类通告，写法规范，开头交代发文目的和依据，主体部分分条列项交代通告的具体事项，结尾自然，干净利落。

（三）生效标识

正文结束以后，在正文的右下方依照《格式》的要求，用小写汉字书写成文时间，年、月、日写全，并加盖印章。

第五节　通　知

一、通知的概念

通知是批转下级机关公文，转发上级机关和不相隶属机关公文，传达要求下级机关办理和需要有关单位周知或者执行事项，任免人员时使用的公文。

通知具有三个特点，即使用的广泛性、种类的多样性和写作方法的灵活性。

在行政公文中，通知是使用频率最高的一种。

二、通知的分类

按照性质和作用，通知可分为六种：

（一）印发性通知

以通知的形式印发某文件，要求在有关范围内执行。

（二）转发、批转性通知

以通知的形式转发、批转上级机关、同级机关和不相隶属机关的公文。转发和批转性通知都是以被转发或被批转的文件为主，而通知的本身只是起发布和按语的作用。

（三）告知性通知

以通知的形式告知有关事项或某种新的情况。

（四）指示性通知

以通知的形式下达上级机关的指示或决定，要求下级机关办理和执行。

（五）任免通知

上级机关在任免下级机关有关人员时使用的通知。

（六）会议通知

为召开重要会议向与会单位发的通知。

三、通知的写作方法

通知由标题、主送机关、正文、生效标识四部分组成。

（一）标题

通知的标题一般采用三项式或两项式。例如《国务院办公厅关于延长扶持家禽业发展政策实施期限的通知》、《关于下达2006年农村居民最低生活保障资金计划的通知》。

批转、转发类通知的标题与一般通知略有不同，要写明转发或批转机关名称、被转发或批转文件的全标题这三项和文种，如《国务院办公厅转发财政部中宣部关于进一步支持文化事业发展若干经济政策的通知》。

当遇到层层转发的通知时，标题可能出现“的通知的通知”的赘语。如：《××县人民政府关于转发××市人民政府关于转发××省人民政府关于转发〈国务院关于××的意见〉的通知的通知的通知》。为解决此问题，可采取以下方法处理：

第一是直接转发原文件，可写成《××县人民政府关于转发〈国务院关于××的意见〉的通知》。

第二是在标题中只出现上一级机关转发通知的发文字号。可写成《××县人民政府关于转发×政××××年××号文件的通知》。

（二）主送机关

通知一般都有主送机关，主送机关根据具体情况可能是一个或多个。

（三）各类通知正文的写作方法

各类通知正文的写法各不相同，现分述如下：

1. 印发性通知的正文

印发性通知的正文都比较简短，一般依次写出印发文件的名称、获准单位、印发决定、执行要求四个内容即可。例如"《2006 年全国整顿和规范市场经济秩序工作要点》已经国务院同意，现印发给你们，请认真贯彻执行。"

2. 转发、批转性通知的正文

转发、批转性通知属于批示性文件，正文内容一般都较简短，写法与印发类基本一样，如"建设部《关于加强城市总体规划工作的意见》已经国务院同意，现转发给你们，请认真贯彻执行。"不过要把"印发"字样换作"转发"或"批转"字样。

3. 告知性通知的正文

告知性通知的正文内容较单一，只要将需告知人们的事项及根据写清楚即可。

4. 指示性通知的正文

此类通知的正文由开头、主体和结尾三部分组成。开头部分交代发文的缘由，要写明行文的依据或目的。主体部分是通知的事项，要明确、具体地写出要求做什么、怎样做，达到什么标准。事项内容较简单的可采用篇段合一的结构形式，内容较复杂的可采用分条列项的结构形式。结尾部分可写执行要求、希望或者号召，也可自然结尾。

例文一

××市人民政府关于
增加企业退休（职）人员基本养老金的通知
××〔2004〕××号

各区县（自治县、市）人民政府，市政府有关部门，有关单位：

根据《劳动和社会保障部、财政部关于从 2004 年×月×日起增加企业退休人员基本养老金的通知》（劳社部发〔2004〕24 号）的有关规定，结合我市实际，市政府决定从 2004 年×月×日起增加我市企业退休（职）人员基本养老金。现将有关事项通知如下：

一、调整时间

从 2004 年×月×日起执行。

二、调整范围（略）

三、调整标准（略）

四、资金列支渠道（略）

五、审批权限和程序

各区县（自治县、市）社会保险局按本通知规定确认调整对象和调整金额，经当地劳动和社会保障局、财政局审核，送市社会保险局汇总后，报市劳动和社会保障局、市财政局审批；各区县（自治县、市）社会保险局按市劳动和社会保障局、市财政局批准的调整对象和调整金额发放。

（××市人民政府印）
二○○四年×月×日

［简评］这是一份规范的指示性通知。开头交代行文依据，主体分条列项讲有关通知事项，自然结尾。

5. 任免通知的正文

任免通知的正文要分别写出以下内容：决定任免的机关；任免的依据；任免的时间；被任免人员的姓名及职务。如果一份通知中有任有免，应先写任后写免。

例文二

××市人民政府
关于×××等6名同志职务任免的通知
××〔2006〕××号

各县（市）、区人民政府，市人民政府各部门：

××市人民政府二○○六年一月十七日决定，任命：

吴××同志为市政管理局调研员；

张××同志为城市规划局调研员；

王××同志为水利局调研员；

王××同志为住房制度改革委员会办公室主任；

范××同志为房地产管理局调研员。

免去：

朱××同志的建设委员会副主任职务；

范××同志的住房制度改革委员会办公室主任职务；

王××同志的新区管理委员会副主任职务。

（××市人民政府印）
二○○六年一月十七日

［简评］这份任免通知写得较规范。先写任，后写免，任免机关、任免依据、任免时间、任免的人员及任免职务清晰、完整，行文简练。

6. 会议通知的正文

会议通知的正文一般由开头和主体两部分组成。

开头简要说明会议的目的、会议名称、主持单位及主要议题。

主体部分是通知的具体事项，一般要写清以下内容：开会时间、地点、会期、与会人员、会议内容、报到时间及地点、与会人员必须携带的材料、食宿安排、会议其他活动安排等。

事项部分一般采取分条列项的写法。

例文三

关于召开法学主要课程教学大纲审定会议的通知

××〔2005〕××号

各有关单位：

为了保证成人教育的质量，培养适应市场经济需要的合格人才，我司起草了全国成人高等教育各学科门类法学主要课程的教学大纲。经研究决定召开法学主要课程教学大纲审定会。请你们通知有关同志做好准备，按时参加会议。会议代表的交通及食宿费自理。

一、会议时间：2005年4月10日至20日。

二、会议地点：上海教育国际交流中心（桂林路5号）。总机：021－××××××××。

三、会议报到时间：2005年4月9日，车站码头有接站车。

四、联系人及联系方式：教育部××司王××。电话：010－×××××××××。

附件：成人高等教育法学主要课程教学大纲审定人员名单

（教育部××教育司印）

二〇〇五年×月×日

[简评] 这份会议通知较为规范。全文由开头、主体两部分组成，开头交代会议目的、会议名称、主持单位、会议议题；主体分条列项交代有关事项。

（四）生效标识

正文结束以后，在正文的右下方依照《格式》的要求，用小写汉字书写成文时间，年、月、日写全，并加盖印章。

第六节　通　报

一、通报的概念

通报是表彰先进、批评错误、传达重要精神或者情况时使用的公文。

通报所表彰的好人好事或批评的坏人坏事必须具有典型性，对受文单位有教育意义，传达精神或者情况必须不失时机。

二、通报的分类

通报按其内容和用途可分为表彰性通报、批评性通报、情况通报。

表彰性通报是为表彰在工作、学习、劳动及其他公务活动中作出显著成绩的先进集体或个人而发的通报。

批评性通报主要用于对违反党和国家的方针、政策，违反劳动纪律并造成影响的集体或个人进行处分时发的通报。

情况通报是机关为传达重要精神或者重要情况、重大事故或某种动向，以便下级机关及时了解、统一认识、有效地推进工作而发的通报。

三、通报的写作方法

（一）标题

通报的标题有两种形式：

（1）三项式。发文机关名称＋事由＋文种。如《卫生部关于 2005 年“宣称祛痘、除螨及去皱”等功能的化妆品监督抽检情况的通报》。

（2）两项式。事由＋文种。如《关于近期三起煤矿水害事故的通报》。

（二）主送单位

通报的主送单位应是发文机关的下属单位，可以是一个或多个。

（三）正文

1. 表彰性通报的正文

表彰性通报与嘉奖令、表彰性决定同属表彰性公文。虽然三个文种各有不同的级别和适用范围，并因此决定了它们在选词用语时会稍有不同，但正文内容结构大体相同。

2. 批评性通报的正文

批评性通报的正文一般应写清四项内容：一是单位或个人所犯错误事实；二是根据有关政策，提出处分意见；三是分析错误的性质、危害；四是提出希望和要求。

例文一

××省人民政府关于××市在东周王城文化广场改造建设中违反《文物保护法》问题的通报（摘要）

×政〔2003〕××号

各省辖市人民政府，省人民政府各部门：

2002 年 5 月，××市开始对东周王城文化广场进行改造建设，并相继发现一批东周时期的墓葬区和以“天子驾六”为代表的大型车马坑等重要文物。东周王城文化广场位于省级文物保护单位东周王城保护范围之内，国务院办公厅在××市城市总体规划的批复中对东周王城的保护和探查也提出了明确要求，但××市政府及有关部门在工程实施过程中违反了《文物保护法》和《城市规划法》的有关规定，致使东周王城墓葬区的整体保护受到较大损失。

经建设部、国家文物局和省人民政府组成的联合调查组调查认定，××市东周王城文化广场改造建设中存在的主要问题：

一是（略）

二是（略）

三是（略）

《文物保护法》明确规定："地方各级人民政府负责本行政区域内的文物保护工作。"××市人民政府没有及时发现并制止广场建设中的违法行为，负有不可推卸的领导管理责任。为进一步加强文物保护工作，严肃法纪，省人民政府决定对××市人民政府予以通报批评，并责成××市人民政府对违法施工的有关部门、有关责任人作出严肃处理。

多年来，××市人民政府在保护文物遗存方面做了大量卓有成效的工作。然而，由于×文化广场改造建设过程中的违法施工行为，引起了社会各界的广泛关注和有关部门的高度重视，造成了不良的社会影响。全省各级、各部门特别是××市人民政府要从这一事件中汲取教训，举一反三，切实做好文物保护工作。

一、充分认识文物保护的重要意义。（略）

二、正确处理经济建设、社会发展与文物保护的关系。（略）

三、依法加强文物保护工作。（略）

（××省人民政府印）
二〇〇三年九月三十日

［选自《××省人民政府公报》，2003（11）］

［简评］这是一份规范的批评性通报。第一层先概述××市政府所犯错误，再具体讲述错误事实。第二层依据有关文件，确认××市政府应负的责任，顺理成章提出处理措施。第三层讲了性质危害。第四层写对大家的要求。其中，第一层作为处分的依据，第四层作为文件的一个重要行文目的，写得较为详细。

3. 情况通报的正文

依据通报内容的侧重点不同，情况通报分为一般情况通报和事故通报两种。

一般情况通报的正文通常由导语和主体两部分构成。导语部分交代该项工作的背景并概述工作进展的大体情况；主体部分写明工作进展的具体情况、存在的问题以及下一步的要求。

例文二

××市人民政府办公厅
关于当前植树造林进展情况的通报（摘要）
×政办文〔2005〕71号

各县（市）、区人民政府，市人民政府有关部门，各有关单位：

进入冬季造林以来，特别是市政府11月7日的造林绿化暨森林生态城建设工作会议后，各县（市）、区抓住造林的有利时机，相继召开了动员会，安排部署冬季造林绿化工作。根据市政府领导指示，市林业局成立了8个督查组，对各县（市）、区进行督查。根据各地上报进度和各督查组反馈情况，截至11月28日，全市完成新造林1.49万亩，补植补造1.2万亩，封山育林1万亩，县乡通道18.2公里，育苗0.01万亩。

一、各县（市）、区具体情况

（一）动员会召开情况（略）

（二）造林进展情况（略）

（三）各地推进植树造林工作的主要措施（略）

二、存在问题

（一）整体推进不平衡，个别地方由于乡（镇）机构改革等原因，致使整体造林进度不快。

（二）少数县（市）、区对造林绿化工作重视程度不够。××经济开发区、金水区等地目前尚无造林进度。

（三）个别地方常青树栽植比例不高。

三、下一步工作要求

（一）各地要高度重视，强化措施，迅速掀起冬季造林高潮，确保春节前完成造林任务的70%以上。

（二）各地要抓好2005年度各项任务的扫尾工作，为迎接省检查验收做好准备。

（三）要强化督查，对行动不及时，措施不得力的，要及时通报批评。自即日起，市政府将每周通报一次造林进展情况，并通过市主要新闻媒体向社会公布。

（××市人民政府办公厅印）

二〇〇五年十一月二十九日

[简评] 这份情况通报写得较规范，开头简要交代工作背景并概述工作进展的大体情况，主体部分分条列项写明工作进展的具体情况、存在的问题以及下一步的要求。文章结构清晰、完整。

事故通报的正文一般要写出三项内容：一是事故概况，要写出什么时间、什么地点、发生了什么事故、结果如何、初步处理情况怎样。二是事故原因。三是相关要求，即今后如何预防此类事件的发生。其中，二、三部分是文章的重点内容，通常着重墨。

例文三

国家安全监管总局　国家煤矿安监局关于华晋焦煤有限责任公司王家岭矿“3·28”透水事故的通报

各产煤省、自治区、直辖市及新疆生产建设兵团安全监管局、煤矿安全监管部门和煤炭行业管理部门，各省级煤矿安全监察机构，司法部直属煤矿管理局，有关中央企业：

2010年3月28日，华晋焦煤有限责任公司王家岭矿发生透水事故。事故发生时井下共有261人作业，截至目前已确认108人安全升井，尚有153人被困井下，有关方面正在全力组织抢救。

事故发生后，党中央、国务院高度重视，胡锦涛总书记、温家宝总理和张德江副总理立即作出重要指示，要求采取有力措施，调动一切力量和设备，加大排水力度，千方百计抢救井下人员，严防发生次生事故。受胡锦涛总书记、温家宝总理委派，张德江副总理紧急赶赴事故现场，指导抢险救援工作并作出全面部署。国家安全监管总局、国家煤矿安监局、山西省委、省政府主要负责同志率员及时赶赴现场组织指导抢险救援工作。

位于山西省境内的王家岭矿是中国中煤能源集团公司与山西焦煤集团公司合资组建的华晋焦煤有限责任公司投资开发的基建矿井，设计生产能力 600 万吨/年，于 2006 年 12 月开工建设，计划于 2010 年 10 月建成投产，由中国中煤能源集团公司第一建设公司 63 处碟子沟项目部施工。事故发生在该矿 20101 工作面回风巷掘进头，初步分析是掘进过程中导通老空区而引发透水事故。事故暴露出的主要问题是：该矿施工过程中存在违规违章行为，未严格执行《煤矿防治水规定》（国家安全监管总局令第 28 号），掘进工作面探放水措施不落实；劳动组织管理混乱，为了赶工期、赶进度，当班安排 14 个掘进队同时作业，作业人员过度集中，且领导干部带班制度不落实；施工安全措施不落实，工作面出现透水征兆后，没有按照规定及时撤人和采取有效应对措施；隐患排查治理不力，特别是今年 3 月份以来 20101 工作面回风巷多次发现巷道积水，但一直未能采取有效措施消除隐患。

这起事故是今年以来发生在国有大矿的第二起严重透水事故，也是发生在基建矿井的又一起严重透水事故，再次暴露出部分在建矿井安全生产责任落实不到位、安全管理不严格、隐患排查治理不认真等突出问题。为认真贯彻落实党中央、国务院领导同志重要指示精神，深刻吸取事故教训，切实加强煤矿安全生产工作，切实落实各项安全生产责任和措施，有效防范和坚决遏制煤矿重特大事故，特提出以下要求：

一、统一思想、提高认识，切实增强做好煤矿安全生产工作的责任感和紧迫感

各地区、各部门和煤矿企业要认真学习和贯彻落实中央领导同志关于加强安全生产工作的一系列重要指示精神，充分认识搞好煤矿安全生产工作的极端重要性和当前安全生产形势的严峻性，认真贯彻落实全国安全生产电视电话会议精神和《国务院办公厅关于继续深入开展“安全生产年”活动的通知》（国办发〔2010〕15 号）要求，进一步统一思想和行动，切实抓好煤矿安全生产各项工作。要高度重视基建矿井的安全生产工作，进一步增强做好煤矿防治水工作的紧迫感和责任感，严格落实矿井防治水责任制，切实落实防治水的法规标准和各项措施，坚决防范煤矿重特大水害事故。

二、加强领导、突出重点，立即组织开展在建项目和矿井水害隐患排查专项行动

各地区、各部门和煤矿企业要立即行动起来，周密安排部署，认真开展一次为期 3 个月的煤矿水害隐患排查专项行动。这次专项行动的主要内容为“五查”：一查基建、整合矿井合法性，特别是证照、手续是否齐全有效，施工及监理队伍资质是否符合规定。二查矿井各生产系统是否合理可靠，特别是井巷及主要硐室施工顺序是否合理，供电、通风、瓦斯、防排水等安全工程和设施是否优先建设。三查企业安全生产责任制是否落实到位，特别是防治水机构、制度是否健全，领导干部现场带班制度是否落实。四查矿井水文地质基础资料是否齐全，煤矿周边、采掘作业面附近老空区积水情况是否清楚。五查矿井防治水设施、探放水设备是否齐全到位，矿井防治水措施是否完善并落实到位。煤矿企业要制定专项行动工作方案，开展自查自改，查出的隐患要立即采取有效措施及时治理，5 月底前将本企业隐患排查治理情况报地方有关煤矿安全监管部门和驻地煤矿安全监察机构。各级煤矿安全监管部门和监察机构要制定工作方案，突出工作重点，督促检查煤矿企业水害隐患排查专项行动的落实情况，对逾期未进行排查和隐患未彻底治理的矿井要责令停工、停产整顿直至关闭。

三、按照有关法律法规，严格落实矿井防治水措施

各地区、各部门和煤矿企业必须高度重视煤矿防治水工作，认真落实《煤矿防治水规定》，坚决做到“五严格”：一是严格落实水文地质各项基础工作，做好矿井水文地质调查和水害预测预报工作。凡水文地质情况不清楚的，必须采取措施查明水害情况，在水害情况未查明前，严禁进行采掘活动。二是严格落实探放水有关规定。凡煤矿井田范围内及周边区域存在老空区的，采掘工程施工前必须认真分析水情，要制定探放水措施，坚持有掘必探，否则不得掘进。三是严格执行安全教育培训的相关规定，提高职工对矿井水害的防范意识、灾害辨识知识及自我保安能力，未经培训、考核合格的，不得上岗作业。四是严格落实发现突水征兆后及时撤人的规定。凡发现矿井有滴水、淋水、渗水、煤壁挂汗等突水征兆时，要立即撤出井下所有人员，查明原因，采取措施，消除水患后方可恢复生产或施工。五是严格落实领导干部带班制度和规定。带班领导干部必须与工人同下同上，干部不跟班、作业现场安全状况无保障的，工人有权停止作业。

四、强化安全责任，落实基建矿井防治水安全管理措施

要加强对基建矿井防治水工作的管理，坚决做到“五落实”：一是落实建设单位安全责任。建设单位要全面负起安全管理职责，对项目施工相关单位进行统一协调管理，对防范水害等重大灾害负总责，对施工安全进行严格监督。二是落实施工单位安全责任。施工单位要切实承担起施工过程中的安全生产主体责任，健全和落实各项防治水的规章制度，严格现场安全管理。三是落实监理单位安全责任。监理单位要强化对施工过程中的安全监理责任，对专项施工方案进行严格审查，对存在水害等安全隐患的，必须要求施工单位立即进行整改，并向建设单位通报。四是落实安全生产投入，保证安全设施做到“三同时”，落实灾害的超前防治。五是落实隐患排查治理制度，做到隐患及时发现、及时得到治理。

五、中央企业、国有大矿要切实加强煤矿安全生产管理

各煤矿企业特别是中央企业、国有大矿要认真贯彻落实党的安全生产方针，正确处理好安全与生产、安全与效益、安全与发展的关系，切实做到“五加强”：一要加强对安全生产工作的领导，健全机构、明确责任，全面抓好所属单位的安全生产管理。二要加强对矿井基本建设项目的管理，进一步明确项目建设、施工、生产过程中的各项安全生产责任，对建设项目安全生产实施全过程有效控制。三要加强基建施工队伍的管理，强化岗位培训，全面提高职工队伍素质。四要加强安全生产现场管理和技术管理，及时发现和处理作业现场的安全生产隐患，完善各项安全技术措施。五要加强应急管理体系建设，进一步完善应急预案并定期演练，提高企业有效应对各类生产安全事故的应急处置能力。

六、进一步加强煤矿安全监管监察工作

各级煤炭行业管理、煤矿安全监管部门和煤矿安全监察机构要按照有关法律法规的规定，切实履行职责，加强对煤矿的安全监管监察，对非法违法建设行为要依法严厉打击，对基建矿井存在边设计、边报批、边建设、边生产和不按设计施工的，要坚决予以制止，并依法查处。对发生事故的要按照“四不放过”和“依法依规、实事求是、注重实效”的原则，严肃追究有关人员责任。要重点加强对基建矿井防治水工作的监管监察，当前要将矿井水害隐患排查专项行动落实情况作为监管监察工作的重点内容，进而全面推进煤矿安全生产工作。

请各级煤矿安全监管部门迅速将本通报转发到辖区内所有煤矿企业，并督促抓好落实。

国家安全生产监督管理总局（印）　国家煤矿安全监察局（印）

二〇一〇年三月三十日

（选自安全监管总局网站，http：//www.chinasafety.gov.cn/newpage/Contents/Channel_6492/2010/0331/131979/content_131979.htm。引用时略有改动。）

[简评] 这是一份写作规范的事故通报：正文第一、二自然段简要交代事故概况；第三自然段认真分析事故原因；第四自然段承上启下，针对事故原因引出下面的“相关要求”，过渡平滑自然；第五自然段及其后内容均为“相关要求”，着墨较重。

（四）生效标识

正文结束以后，在正文的右下方依照《格式》的要求，用小写汉字书写成文时间，年、月、日写全，并加盖印章。

第七节　批　复

一、批复的概念

批复是答复下级机关请示事项的公文。批复具有针对性、及时性、指示性的特点。

二、批复的分类

因批复和请示是相对应的两种公文，有请示就必有批复。所以，按其和请示的对应关系，可分为批示阐释性批复和批准性批复两种。

三、批复的写作方法

批复由标题、主送机关、正文、生效标识组成。

（一）标题

批复的标题有以下三种写法：

（1）两项式。如《关于职称改革和专业技术职务聘任严格执行国家规定的批复》。

（2）三项式。如《××市人民政府关于房舍问题给市房地产管理局的批复》。

(3) 多项式。由批复机关名称＋批复意见＋事由＋受文机关名称＋文种组成。如：《民政部关于同意四川省设立峨眉市给四川省人民政府的批复》。

(二) 主送机关

主送机关只有一个，即原请示机关。

(三) 正文

批复的正文由三部分组成，即引语、主体和结语。

引语，应先引用请示的标题，后引用请示的发文字号，表明请示“收悉”，再用“批复如下”引出批复的具体内容。

主体部分针对请示中提出的问题予以具体的回答，紧扣请示事项，明确表态。如果同意，就写出肯定的意见，还可针对事项的有关问题提出一些指示性的意见；如果不同意，不予批准，应明确写出不同意的理由。

结语一般用“此复”或“特此批复”。

例文一

国务院关于渭河流域重点治理规划的批复（摘要）

国函〔2005〕99号

陕西省、甘肃省、宁夏回族自治区人民政府，发展改革委、财政部、国土资源部、建设部、水利部、农业部、环保总局、林业局：

水利部等有关部门报送的《关于审批渭河流域重点治理规划的请示》(×发〔2005〕5号) 收悉。现批复如下：

一、原则同意《渭河流域重点治理规划》(以下简称《规划》)，请你们认真组织实施。通过重点治理，用10年左右时间初步建成渭河流域防洪减淤体系，确保重点河段和地区的防洪安全，缓解水资源短缺状况，改善渭河干流及支流水质，遏制人为造成新的水土流失。

二、《规划》的实施，要立足当前，着眼长远，突出重点，合理安排，加强管理。近期要……

(略)

五、渭河流域重点治理是一项十分迫切和艰巨的任务，对加快渭河流域及其相关地区经济社会发展，促进西部开发战略顺利实施，具有十分重要的意义。各有关地区和部门要高度重视，加强协作，密切配合，共同努力，确保《规划》顺利实施，如期实现治理目标。

(国务院印)

二〇〇五年十二月十六日

(选自中国政府网，http：//www.gov.cn/gongbao/content/2006/content_185223.htm。引用时略有改动)

[简评] 这是一份肯定性批复，引语、过渡、批复意见要件齐全，行文态度明确，并对有关问题提出了明确具体的指示性意见。

例文二

关于职称改革和专业技术职务聘任
要严格执行国家规定的批复
××〔19××〕××号

××省职称改革办公室：

你省××〔19××〕5号文收悉。经研究，批复如下：

根据中共中央、国务院办公厅通知，凡属有关职称改革和专业技术职务聘任问题，必须按劳人部《关于专业技术职称实施办法》实施。你省制定的《关于农民技术人员职称评定意见》文件不符合上级有关规定，还可能会给其他部门的职称工作带来混乱和不利因素。经人事部研究，暂不同意请示事项。

此复

（人事部印）
一九××年×月×日

[简评] 这是一份否定性批复。文章不仅要件齐全，态度明确，而且清楚具体地写出了不同意的理由，能够以理服人。

（四）生效标识

正文结束以后，在正文的右下方依照《格式》的要求，用小写汉字书写成文时间，年、月、日写全，并加盖印章。

【思考与训练】

（一）思考题

1. 填空题

命令（令）是国家法定机关领导人________，宣布施行重大强制性行政措施，________时使用的公文。命令按其内容与作用分，有________、________、________、________四种。

2. 简答题

（1）什么是决定？决定有哪些特点？

（2）什么是通知？通知依照功用可分几类？

3. 问答题

（1）公告和通告有哪些共同点？有哪些不同点？

（2）通报有什么功用？通报依照功用可分为哪些类别？

（二）写作训练题

1. 根据武汉市汽车公司四场票务员周玉娟、刘燕兰同志的事迹，武汉市政法委员会于1999年3月4日决定授予她们“勇斗歹徒治安英雄”的光荣称号，并分别颁发荣誉证书，各发奖金二万元。请你根据以下所提供的材料拟写一份表彰性决定。

记为保卫国家财产而献身的周玉娟刘燕兰

二月十三日上午。

武昌殡仪馆追悼厅。

哀乐声、抽泣声盖过厅外的风雨声。

市汽车公司四场的职工们深情地悼念票务员周玉娟。

披着黑纱的镜框里，嵌着照片，端庄美丽的脸上漾着微笑——多么熟悉的微笑啊！

“娟娟，帮我顶个夜班吧”，她点点头，微微一笑；“娟娟，帮我做件衣服吧”，她点点头，甜甜一笑……

然而，这笑脸今天显得凄凉、惨淡。人们知道，娟娟身上有三十六道刀痕，万恶的刽子手扼杀了她的青春，断送了她仅仅二十七岁的生命。

两天后，十五日上午。

在同一大厅，公汽四场的职工又为乘务员刘燕兰举行追悼会。

这位参加工作只有六个月零九天的二十一岁女青年，带着稚气的娃娃脸上充满着对未来生活的向往。然而那把杀害周玉娟的罪恶屠刀，也同时在刘燕兰身上留下了二十六处创伤。这位像鲜花刚刚开放的青春少女停止了呼吸。

周玉娟、刘燕兰为保护国家财产，赤手空拳同持刀歹徒唐华卿拼死搏斗，流尽了最后一滴血……

一九九八年十二月十一日上午，在市公汽四场女工集体宿舍，人们发现，票务员周玉娟和乘务员刘燕兰被害身亡。

公安干警通过深入调查取得的大量证据，公安部门周密的技术鉴定，法医的验证以及罪犯的口供，为我们展现了一九九八年十二月九日晚十一时至次日一时之间发生的惊心动魄的事件。

市公汽四场票务室掌管着武昌地区二十九条公共汽车线路每天营运收入的现金。犯罪分子——这个场的炊事员唐华卿对此早已垂涎三尺，准备伺机抢劫。

十二月九日晚上十一时许，票务员周玉娟和同伴们清点完当天的营运票款，将三十万八千三百五十元现金锁入票务室保险柜内，背上随身带的挎包向场女工集体宿舍走去。

一双贪婪的眼睛注视着周玉娟的一举一动。唐华卿为劫取票款，带着杀猪刀、手套等作案工具窜进场内，潜伏在女工宿舍附近，窥伺作案时机。他早已摸清周玉娟上下班的情况：她上完中班时，公共汽车已经收班，不能回到远在华中农业大学的家里去，只好在场女工集体宿舍休息。唐华卿打定主意趁周玉娟孤身一人时下手。

周玉娟的宿舍在201室，宿舍里的灯光明晃晃的。同室的刘燕兰已经入睡，小刘的床头放着一本《爱情语言艺术》。

这本书是一个多钟头之前，她的恋人送她回场，临别时递给她的。他说：“我看了，很有意思，给你看一看。”姑娘回到宿舍便读了起来。但是，第二天凌晨三点多钟她得起床出早班车，只好合上书本睡了，带着初恋的温馨进入了梦乡。

二十分钟过去了。黑暗中的唐华卿估计周玉娟已经睡熟，便顺着贴墙的管道上了二楼，翻窗入室。

室内多了一个人！这是唐华卿始料不及的，他立即拉灭电灯，借着窗外射进的微弱亮光，持刀扑向熟睡的刘燕兰。

他左手捂着刘燕兰的嘴，右手高举闪着寒光的尖刀，对着她的颈部连续猛刺、猛割。刘燕兰来不及呼喊，便昏厥过去。

罪犯转身窜到周玉娟床前，用右手捂住她的嘴，右膝跪压在她身上，把带血的尖刀对准她的咽喉。

"不要动，把保险柜的钥匙交出来!"罪犯狠狠地说。

"没有!"周玉娟一口咬定。

罪恶的尖刀，在周玉娟白皙的颈部和丰满的胸脯上左一刀、右一刀割划，留下深浅不一、方向不同的刀痕。浅处血流如注，深处皮开肉绽……

钥匙，保险柜的钥匙！只要周玉娟交出来，也许这非人的折磨就能结束，但是，她不能交，不能！这不是一把普通的钥匙，这是一道保护国家财产的防线。为了保护这道防线，她早已做了准备。她没有把保险柜的钥匙带在身边，而是悄悄地锁进了票务室办公桌的抽屉里，票务室有人值夜班，放在那里安全些。

唐华卿不甘心失败。他用枕巾堵住周玉娟的嘴，用尼龙裤将她的双手死死地捆了两道，系在床架上，并拉来一条长裤牢牢地捆住她的双膝，然后从周玉娟挂在床头的挎包内翻出一串钥匙。

"这是哪里来的钥匙?"他稍微放松堵在周玉娟嘴里的枕巾问道。

周玉娟机警地推说："是我家里的。"其实，这串钥匙中有一把是开票务室大门的，绝不能让它落入罪犯之手呀!

"当当!"铁椅的倒地声，使罪犯丧魂失魄。此时刘燕兰从昏厥中苏醒过来，她挣扎着，朝周玉娟的床边扑来，绊倒了床边的椅子。

唐华卿急忙堵住周玉娟的嘴，反扑过去，挥刀朝刘燕兰的头部、颈部乱砍乱刺。生命垂危的刘燕兰，艰难地用双手抵抗。纤细的手，又怎能挡住利刃呢？袖口的扣子挣脱了，右手无名指被砍断了，双手伤痕累累，颅顶、面部创口道道。但是这有力的反抗，使犯罪分子的左手掌部留下了刀伤，留下了唐华卿作案的罪证，也留下了刘燕兰英勇搏斗的记录。

伤势过重，刘燕兰倒在血泊之中。

穷凶极恶的唐华卿企图最后挣扎。他用一条棉花裤再次捆绑周玉娟已被捆在床架上的双手，继续威逼她交出钥匙。

时间一秒一秒地过去了，犯罪分子仍然一无所获，他丧心病狂地举起了罪恶之刀，野蛮地杀害了周玉娟……

周玉娟、刘燕兰，像两块坚硬的磐石，组成了犯罪分子不可逾越的防线。虽然她们壮烈牺牲了，但是保险柜的钥匙始终未交出，三十万余元的巨款分文未动，在票务室值夜班的女工也免遭毒手。

2. 请以某市公安局的名义，用下列材料，拟定一份通告。

最近，我市枪支弹药使用混乱，单位和个人非法制造、运输、买卖、存放、使用枪支弹药、爆炸物品的现象严重。为此，×市公安机关根据我国《刑法》和《治安管理处罚法》及有关法规的规定，做出如下规定：

要求凡非法持有上述危险物品的，必须将这些危险品送交当地公安机关或所在单位保卫部门。凡主动交出非法持有的上述危险物品，如实说明情况并保证不再犯的，不予追究；拒不交出或继续违法制造、运输、买卖、存放、使用、携带上述危险物品的，依法从严惩处。各厂矿、企业、事业单位、机关、学校、街道和农村乡镇的保卫部门，要积极宣传、动员有上述行为的人员主动交出危险物品，并发动群众进行检举揭发，监督执行。

【课后阅读与研讨】

（一）课后阅读

1. 马增芳．写出公文的文气 创造公文的气势美．应用写作，2004（2）

2. 马正平．第二章：通知、通报的写作．高等文体写作训练教程（下）：实用文体写作．北京：中国人民大学出版社，2002

（二）研讨题

1. 你对法定公文的气势美有何看法？

2. 谈一谈通知、通报两个文种的写作思维意向有何不同？

第五章 上行文的写作

【教学提示】

本章通过讲授三种上行文（议案、报告、请示）的基本知识，分析研究各种例文，以及进行文种训练，使学生了解各上行文之间的区别与联系，掌握上行文的制作方法和技巧，提高上行文的写作能力。

第一节 议　案

一、议案的概念

议案有广义和狭义之分。广义的议案是指由法定机关或人大代表按照法定程序提请本级人民代表大会会议或者人大常委会会议进行审议并做出决定的议事原案。狭义的议案专指各级人民政府按照法律程序向同级人民代表大会或人民代表大会常务委员会提请审议事项的公文。本书所指的议案是指狭义的议案。

程序的法定性是议案的显著特点。议案的运行程序必须在法律规定的框架内进行，这是议案文种的一个显著特征。根据我国《全国人民代表大会组织法》和《地方各级人民代表大会和地方各级人民政府组织法》的有关规定，议案提出后，列入大会议程，经议案审查委员会审查通过后，报大会主席团并经代表大会审查通过，方可作为大会的决定或决议，产生法律效力。

事项的重大性是议案的又一特点。议案中提出的审议事项不是一般的事项，而是行政区内的重大事项。如全局性的重要举措，行政区域的划分调整，重大项目的设立或更改、设立纪念性的建筑物、纪念日等。

提议案人及人数的规定性是其第三个特点。《全国人民代表大会组织法》第九条规定：全国人民代表大会主席团、全国人大常委会、全国人大各专门委员会、国务院、中央军委、最高人民法院、最高人民检察院可以向全国人民代表大会提出属于全国人民代表大会职权范围内的议案。该法第十条规定，一个代表团或三十名以上的代表可提出议案。《地方各级人民代表大会和地方各级人民政府组织法》第十八条规定，地方各级人民代表大会举行会议的时候，主席团、常务委员会、各专门委员会、本级人民政府可以向本级人民代表大会提出属于本级人民代表大会职权范围内的议案。县级以上的地方各级人民代表大会代表十人以上联名，乡、民族乡、镇的人大代表五人以上联名，可以向本级人民代表大会提出属于本级人民代表大会职权范围内的议案。

二、议案的分类

依据议案的内容性质，议案大致可分为立法议案、决策议案、任免议案三大类。

（一）立法议案

即建议设立或修改某一法律、法规的议案。如《国务院关于提请审议〈中华人民共和国外商投资企业和外国企业所得税法（草案）〉的议案》。

（二）决策议案

即用来建议编制有关计划、预算或决算，解决人民群众急需解决的重要问题，设立某一机构等的议案。如《国务院关于提请审议设立重庆直辖市的议案》。

（三）任免议案

即建议任免某人某职务的议案。如《国务院关于提请审议吴仪、张文康职务任免的议案》。

三、议案的写作方法

（一）标题

议案的标题有三种写法：

（1）会议名称＋文种。如《全国人民代表大会议案》。

（2）提议案单位名称＋事由＋文种。如《国务院关于提请审议〈中华人民共和国著作权法〉（草案）的议案》。

（3）事由＋文种。如《关于提请审议修改〈××××法〉的议案》。

（二）主送机关

议案的主送机关非常固定，即提出议案的人民政府的同级人民代表大会或人民代表大会常务委员会的全称。

（三）正文

议案的正文一般由导语、案由和结语组成。导语，简要写出提请审议事项的目的、意义或根据。议案的案由是正文的主体，应着力写好。如建议修改某一法律、法规或法令，应简要叙述该法律、法规、法令的实施情况，有何欠妥或不够完善之处，以说明对其修改的必要性及所提建议的合理性；如对某一事项作出重大决定，则要简单写明该事项的基本情况，目前现状如何，并说明对其作出决定的重要性和必要性；如有关机构设置、经济计划与财政核算、预算等，对其理由均应简要阐述。结语是议案送审请求，表明提出议案者的实施意见或态度，供大会参考，并提请审议。

写议案应注意：一事一案，直陈其事。

例文

国务院关于提请审议
《中华人民共和国经济合同法修正案（草案）》的议案
国函〔1993〕81号

全国人民代表大会常务委员会：

《中华人民共和国经济合同法》是一九八一年十二月十三日第五届全国人民代表大会第四次会议通过、一九八二年七月一日起施行的。十多年来，经济合同法在保护经济合同当事人的合法权益，维护社会经济秩序，促进社会主义商品经济的发展等方面，起了重要的作用。但是，这部法律毕竟是在改革初期制定的，随着改革的不断发展和深化，有些规定与现实经济生活已经不相适应；在一些重要问题上，同后来制定的民法通则、民事诉讼法、涉外经济合同法、技术合同法不相协调，特别是同今年第八届全国人民代表大会第一次会议通过的宪法修正案也存在着不一致的情况。为了适应建立社会主义市场经济体制的迫切要求，需要尽快对经济合同法中急需修改的内容进行修改。国务院法制局在调查研究、广泛征求意见的基础上，经与有关部门共同研究，拟订了《中华人民共和国经济合同法修正案（草案）》。这个修正案（草案）已经国务院常务会议讨论通过，现提请审议。

国务院总理　李鹏
一九九三年六月十日

［选自《中华人民共和国国务院公报》，1993（21）］

［简评］这份立法议案，缘由、事项、送审请求要件齐备，理由特别充分。作为一份要求修改现行法律的议案，先肯定其执行以来的成就，然后着重写其在新形势下的不适应，为后边提出修改建议提供了充足的理由。其“修正案（草案）”的提出过程也无可挑剔。

（四）生效标识

议案的生效标识由签署和成文时间构成。签署，要求写清发文机关行政首长的职务及姓名。成文时间，要求用小写汉字把年、月、日写全。

第二节　报　告

一、报告的概念

报告是下级机关向上级机关汇报工作、反映情况、答复上级机关的有关询问时使用的公文。

报告作为呈报性公文，所用材料必须完全真实、确凿、具体。它可以在工作进行之中或之后行文。报告中不得夹带请示事项。

二、报告的分类

报告按其性质可以分为以下两种：(1) 综合报告。它将某一时期各项工作中取得的成绩、经验或存在的问题、应吸取的教训以及对下一步工作的打算等向上级作出全面的报告。(2) 专题报告。为反映某一项工作、某一个问题或某一活动情况向上级写的报告。

按报告的内容又可将其分为：(1) 工作报告。将某项工作或某一时期各项工作中取得的成绩、经验或存在的问题、应吸取的教训以及对下一步工作的打算等向上级做出的报告。(2) 情况报告。就某行业、领域存在或出现的情况、问题向上级作出的报告。(3) 答复性报告。为答复上级机关询问而制作的报告。(4) 送文送物报告。为向上级机关报送文、物而写作的报告。

三、报告的写作方法

报告由标题、主送机关、正文、生效标识四部分组成。

(一) 标题

报告的标题有两种写法：

(1) 三项式：发文机关名称＋事由＋文种。如《国家税务总局关于税收征管专项审计调查落实情况的报告》。

(2) 两项式：事由＋文种。如《关于××市税务代理违规问题处理情况的报告》。

(二) 主送机关

报告只能主送一个机关，必要时可抄报有关上级机关。

(三) 正文

无论综合性报告还是专题报告，正文内容结构基本相同，包括导语、主体、结语三部分。

（1）导语。概述整体情况，或说明报告的背景、缘由、目的，然后用过渡性的语言“现将有关工作情况报告如下”或采取自然过渡的方法过渡到主体部分。

（2）主体。主体部分要求准确、清晰地阐述有关工作或事件的情况。其中，工作报告应先写明工作的基本情况；然后着重写主要的做法和成绩，包括所采取的办法、措施；最后写尚存在的问题及今后的打算。情况和问题报告一般应当在导语写明情况或问题的基本概况的前提下，着重分析主客观原因，并提出处理问题的意见、办法。答复性报告应在导语扼要交代上级机关交办事项之后，着重写明处理的大致过程及结果，并征询上级机关对处理结果的意见。送文送物报告一般较简短，在导语部分写明所送文、物的来历之后，主体部分写明“报送”的意思，通常采取篇段合一的结构方式。

（3）结语。常用“特此报告”、“以上报告请审议”结束。

例文一

最高人民法院 2005 年工作报告（摘要）

××〔2005〕××号

各位代表：

现在，我代表最高人民法院向大会报告工作，请予审议，并请全国政协各位委员提出意见。

2004 年，最高人民法院在以胡锦涛同志为总书记的党中央正确领导下，坚持以邓小平理论和“三个代表”重要思想为指导，认真落实十届全国人大二次会议提出的要求，切实履行宪法和法律赋予的职责，审判和其他各项工作取得新进展。

一、加强审判和执行工作

2004 年，最高人民法院共审结、办结二审、死刑复核、再审、执行等各类案件 2923 件。地方各级人民法院在最高人民法院的监督指导下，依靠同级党委的领导、人大的监督和政府的支持，共审结、办结一审、二审、再审、执行等各类案件 7873745 件。

第一，依法严惩严重刑事犯罪，维护国家安全和社会安定。（略）

第二，依法审理民事案件，平等保护当事人的合法权益。（略）

第三，依法审理行政案件和国家赔偿案件，促进行政权和司法权的依法行使。（略）

第四，加大执行工作力度，努力解决“执行难”问题。（略）

二、加强审判监督和指导（略）

三、加强人民法院基层基础建设（略）

四、加强人民法院队伍建设（略）

最高人民法院 2004 年的工作取得了一定成绩，这是党中央正确领导，全国人大及其常委会依法监督，国务院大力支持，全国政协关心帮助的结果。（略）

但是，我们也清醒地认识到，人民法院工作还存在许多问题，有的问题还相当严重：一是少数案件庭审不够规范，适用法律不够准确，致使裁判不公；二是少数法官办关系案、人情案，甚至贪赃枉法，特别严重的是个别地方发生了高级法院院长严重违法违纪行为，玷污了法官声誉，损害了法院形象；三是少数法官缺乏职业道德，审判作风差，对当事人摆架子、抖威风，相互推诿，偏听偏信，草率定论；四是少数案件存在执行失范问题，有的中止执行或终结执行不当，超标的执行，甚至错误执行案外人财产。对上述问题，我院负有审判监督不力，工作指导不及时，队伍协管不到位的责任。对此，我们将在抓好自身建设的同时，在人大代表、政协委员和社会各界的大力支持帮助下，同地方各级人民法院一道，共同努力解决影响司法公正的问题，推动人民法院工作不断取得新进展。

五、做好 2005 年人民法院工作

2005 年，最高人民法院将继续坚持“公正与效率”的法院工作主题，落实“司法为民”的要求，不断增强依法惩罚刑事犯罪的能力，依法调节经济关系的能力，依法处理矛盾纠纷的能力，维护群众合法权益、支持和促进依法行政的能力，在司法活动中保障人权的能力以及正确适用法律的能力，维护司法公正，促进社会和谐。

第一，全面加强审判和执行工作，维护社会稳定，促进经济发展。（略）

第二，积极稳妥推进司法体制改革，维护司法公正。（略）

第三，继续加强队伍建设，提高法官素质。（略）

第四，继续加强基层基础工作，着力解决基层法院的突出问题和困难。（略）

（最高人民法院印）

二〇〇五年三月九日

（本文转引自中国人大网，http：//www. npc. gov. cn/wxzl/gongbao/2005 - 05/08/content_5341738. htm。引用时略有改动）

［简评］这是一份规范的综合性报告。开头简要交代工作背景及大体情况，主体部分具体、清晰地讲述做过的工作、取得的成绩、存在的问题以及下一步的打算。内容之间的过渡平滑自然。讲工作成绩时，材料具体、数据确凿。

例文二

关于《国务院办公厅转发国家税务总局关于全面推广应用增值税防伪税控系统意见的通知》执行情况的报告

××〔2005〕××号

××省国家税务局：

按照上级工作要求，我局对《国务院办公厅转发国家税务总局关于全面推广应用增值税防伪税控系统意见的通知》执行情况进行了自查，现将自查情况汇报如下：

一、××公司为我市防伪税控技术服务单位（以下简称服务单位），长期以来对我市防伪税控企业和税务机关做了大量的技术服务和技术指导工作，服务水平较高。通过调查，该服务单位存在向企业销售通用设备现象，但未发现借服务之便向企业强行销售的现象。我局已将上级要求及时传达给服务单位，同时继续加强对其服务情况进行监管。

二、我局未有违反上级规定借防伪税控系统工作之便从事相关商业性经营活动等现象，各区县局也未发现，目前对各区县局的调查工作仍在进行中，发现问题将及时报告。

（××市国家税务局印）

二〇〇五年一月三十一日

［简评］这是一份较好的答复性报告，属专题报告。全文清晰地分为两部分：导语简要交代上级有关要求，作为行文依据；主体部分严格围绕上级提问作答，答案清晰明确周全，不支不蔓。

（四）生效标识

正文结束以后，在正文的右下方依照《格式》的要求，用小写汉字书写成文时间，年、月、日写全，并加盖印章。

第三节 请 示

一、请示的概念

请示是下级机关向上级机关请求指示、批准的公文。

请示是一种上行性公文，具有以下写作要求：不得在平级机关或不相隶属的机关之间使用；必须在事前向上级行文；不能越级请示；一份请示只能请示一个问题（一文一事）；只有一个主送机关。

二、请示的分类

请示可分为两类：

（一）政策性请示

这是涉及方针、政策界限不明，工作中遇到新情况新问题而无章可循，请求给予指示时使用的请示，如例文一。

（二）工作性请示

这是因本单位情况特殊，对上级的有关规定难以执行，需要变通处理的或对于超出本单位职权、能力范围的问题，如机构设置、人事变动、资金使用或上级要求必须请示的有关事项，请求上级批准时使用的请示，如例文二。

三、请示的写作方法

请示由标题、主送机关、正文、生效标识、联系人及联系方式组成。

（一）标题

请示的标题有两种写法：

（1）三项式：发文单位＋事由＋文种。如《××省测绘局关于测绘资质管理工作中有关问题的请示》。

（2）两项式：事由＋文种。如《关于××市电业局纳税地点问题的请示》。

（二）主送机关

请示只写一个主送机关，即负责受理和答复请示问题的上级机关。

（三）正文

正文一般由开头、主体、结语组成。

（1）开头。开头要说明请示的理由，可以从客观的必要性和主观的可能性两个方面说明。请示理由要充分，以便引起重视予以批准。

（2）主体。主体即请示事项。请示事项要单一；必须符合政策、法规；提出请示事项要详细、清楚，阐述说明道理要具体充分。

（3）结语。请示的结尾常用语有："当否，请批示"、"当否，请批复"。结语语言要谦和，另起一段书写。

例文一

关于粕类饲料产品适用增值税政策的请示

××〔2003〕××号

国家税务总局：

按照《财政部、国家税务总局关于饲料产品免征增值税问题的通知》（财税〔2001〕121号）规定，属于免税范围的粕类产品是指"除豆粕以外的菜籽粕、棉籽粕、向日葵粕、花生粕等粕类产品"。目前我省存在有以水果渣（如苹果渣等）为原料生产的粕类产品（如苹果粕等），用于动物饲养。但上述粕类产品（如苹果粕等）在财税〔2001〕121号文件中没有列举说明。

我们的意见是，以水果渣为原料生产的粕类产品（如苹果粕等），经质检部门检验合格，可比照列举的菜籽粕等粕类产品免征增值税。

妥否，请批复。

（××省国税局印）

二〇〇三年十二月十日

（联系人：×× 电话：×××××××）

［简评］这是一份较好的政策性请示。用简练的语言把存在的问题以及处理意见交代得十分清楚，结语庄重、得体。

例文二

××省人民政府

关于请求帮助解决××半岛严重干旱缺水问题的请示

××政发〔2000〕××号

国务院：

自1998年9月份以来，我省降雨明显偏少，旱情持续发展，给全省的工农业生产和城乡人民生活造成严重困难。特别是××半岛的××、××两市旱情尤为严重。20多个月的时间内，××、××两市累计平均降雨分别只有443毫米、448毫米，××市受旱面积一度达到470万亩，占农作物播种面积的80%，××市280万亩农作物全部受旱。同时由于长时间无有效降雨，河道断流、干枯，水利工程蓄水不断减少，尽管多数大中型水库停止了农业灌溉用水，仍有12个县（市、区）出现用水紧张的情况。据分析，此次两市气象干旱近五百年一遇。

进入今年汛期后，尽管全省先后有几次较大的降雨过程，大部分地区旱情解除，但××、××两市降雨明显偏少，旱情仍持续发展，城乡供水紧张的局面进一步加剧。目前，××市主要水源××水库（××库容1.3亿立方米）可利用水量只有1 000万立方米，在日正常供水22万立方米压缩到17万立方米的情况下，也只能再维持两个月。××市区主要水源××等4座水库目前蓄量只有867万立方米，其中死库容360万立方米，包括抽取死库容在内，可供水只有700万立方米，只能维持到8月底。××市所属的××、××、××3市城区目前的水源也只能维持到9月下旬。目前××市有110万人，××市有94万人饮水困难。

面对持续干旱，两市提前加强现有水源调度，强化节约用水，寻找新的水源，采取综合措施，力争度过水荒。目前两市已基本放弃农业供水，有限的水源只能重点保证城市饮用水，并实施限量供水措施。两市区分别于6月初和4月初开始控制居民用水量，每人每月限量2立方米，每超用1立方水，××市加收10元，××市加收40元。对发电厂等大部分企业及宾馆、餐饮业等也严格实行限量供水。下一步两市将冒着海水倒灌的危险，准备着手启用已封多年的备用水源井和增打深水井，迫不得已开采地下水以保生活用水。

××半岛本身属严重资源性缺水地区，区内基本无客水资源，年平均水资源总量为98亿立方米，人均占有量412立方米，仅相当于全国平均占有量的15.4%，在全国也属少数几个水资源最贫乏的地区之一。自1980年以来，××连年干旱，半岛地区尤为严重，大部分地区近10年平均降水量较多年平均值偏少30%以上，半岛北部偏少50%以上，几乎所有的河道常年干涸。近年来，半岛地区国民经济发展迅速，万吨水工业产值××市达到667万元，××市更是达到了1 250万元，位于全国前列。与此同时，各方面需水量大增，水资源供需矛盾更加突出，按现状水平测算，一般年份缺水30亿立方米，严重干旱年份缺水高达70亿立方米。从目前情况看，当地水资源贫乏和没有客水接济是半岛地区现有供水量不足的主要矛盾。半岛地区是我省节水工作开展最普遍的地区，下一步节水潜力不大。要从根本上解决半岛地区水资源严重短缺的问题，除了搞好当地水资源的开源与节流、兴建区域间水源调配工程等措施外，最主要的是尽早兴建跨流域骨干调水工程。

鉴于当前半岛地区面临的供水危机以及长远的水资源紧缺局面，恳请国家帮助解决以下问题：一是应急供水问题。目前两市都已制定了应急供水计划，并正在逐步实施。鉴于半岛地区在长期抗旱中人、财、物力消耗巨大，恳请国家支援我省特大抗旱经费5 000万元，以解决××、××等地的应急供水问题。二是应急调水工程。在短期内将黄河水尽快调入××半岛，工程量土石方2 681万方，泵站、涵闸、公路桥等主要建筑物56座，总投资26.8亿元，请国家给予支持。三是尽快实施南水北调东线工程，进一步缓解××半岛地区的水资源紧缺局面。

当否，请批复。

（××省人民政府印）
二〇〇〇年七月二十八日

（联系人：×× 电话：××××××）

[转引自《应用写作》，2004（4）]

[简评] 这是一份很好的工作性请示。文章最显著的特点是理由充分，事项具体。文中作者运用大量、翔实的数据说明××半岛缺水问题的严重程度及解决问题的困难程度和紧迫性，从而顺理成章地提出解决问题措施，说服力极强。措施部分，分条列项，由急到缓提出 3 项措施，每一项措施的内容也都写得较为具体。

（四）生效标识

写明请示单位名称和时间及联系人。《国家行政机关公文处理办法》第十条第五款规定，请示应当在附注处注明联系人的姓名和电话，便于联系。

【思考与训练】

（一）思考题

1. 填空题

（1）狭义的议案是各级人民政府按照法律程序向________或________提请审议事项的公文。

（2）一个代表团或________人以上的全国人大代表联名可向全国人民代表大会提出属于全国人民代表大会职权范围内的议案。一个代表团或________人以上的代表联名可向县级以上的地方各级人民代表大会提出议案。县级以下的乡、民族乡、镇的人大代表可由________人以上联名提出议案。

2. 简答题

（1）试举例说明议案正文的案由部分应写出哪些内容？

（2）什么是报告？依据性质和作用分别可以把报告分为哪几类？

3. 问答题

（1）议案、报告、请示三个文种有哪些异同之处？

（2）什么是请示？请示有哪些写作要求？

（二）写作训练题

1. 这是一份写得较规范的议案，请评析它的结构内容。

关于提请审议
《××市城镇房地产纠纷仲裁条例（草案）》的议案

市人民代表大会常务委员会：

为了妥善处理房地产纠纷，保护当事人的合法权益，维护正常的生产、工作、生活和社会秩序，根据国家有关法律、法规的规定，市政府法制办公室在调查研究、修改讨论的基础上，拟订了《××市城镇房地产纠纷仲裁条例（草案）》。这个草案已经市政府同意，现提请审议。

××市人民政府市长　××
一九九三年×月×日

2. 请指出下列请示存在的问题，并对原文加以修改后写出修改稿。

关于增拨办税大厅基建经费的请示

××市人民政府，××省地税局：

2009年10月，我局派考察组到××省××市国税局考察其办税大厅建设情况。考察组认为，办税大厅功能齐全，适应税收征收管理模式改革的需要，方便纳税人缴纳税款及办理各项税收业务。为此，我局于2010年决定建办税大厅，并得到市人民政府的支持，在×府〔2010〕10号“关于拨款修建办税大厅的批复”中，拨给我局600万元，此项资金已专款专用。

但由于各种建材普遍涨价，原预算资金出现较大缺口，因此，恳请市政府拨给不足部分，否则将严重影响办税大厅如期竣工及我市税收任务的完成。

特此请示报告。

（××市地税局印）
二〇一一年×月×日

【课后阅读与研讨】

（一）课后阅读

1. 方玉军．浅谈请示的说理艺术．应用写作，2005（4）

2. 曾锐．浅论请示的三个角度．应用写作，2005（7）。

3. 岳海翔．六十三：怎样撰写报告．最新公务文书写作：技法要领与最新范文．北京：中国言实出版社，2004

（二）研讨题

1. 谈谈怎样写好请示？

2. 谈谈如何写工作报告？

第六章 平行文的写作

【教学提示】

本章通过讲授函、会议纪要、意见三个平行文种的写作基本知识与要求，分析研究各种例文，以及进行多种样式的训练，使学生了解平行文种之间的区别与联系，掌握平行文的写作方法和技巧，提高平行文的写作能力。

平行文是指平级机关或不相隶属机关之间相互往来的公文，包括函、会议纪要和意见三种。

第一节 函

一、函的概念

函是适用于不相隶属机关之间商洽工作、询问和答复问题、请求批准和答复审批事项的公文。

函的行文方式较为灵活，可以上行、下行、平行，属于多行文，因此使用频率较高。

二、函的种类

依据不同的标准，可以把函分为不同的种类。

（一）依照功用可以分为五种

（1）商洽函，即用于商洽工作的函。

（2）询问函，即用于询问情况、征询意见、核查问题的函。

（3）请求批准函，即用于不相隶属机关之间请求批准某事项的函。

（4）答复函，即用于答复对方询问或商洽的问题、事项的函。

（5）答复审批事项函，即用于答复请求批准事项的答复函。

（二）依照发文机关的发文目的可以分为两种

（1）问函。问函是发文机关为了提出公务事项而主动发出的函。包括商洽函、询问函和请求批准函三种。

（2）复函。复函是发文机关为答复问题、事项而被动发出的函。包括答复函和答复审批事项函两种。

三、函的写作方法

函一般由标题、主送机关、正文、生效标识四部分组成。

（一）标题

问函和复函标题的写法稍有不同。

1. 问函的标题

问函的标题通常有两种写法：

（1）三项式，即发函机关名称＋事由＋文种，如《××省人民政府关于商请协办2008年全国乡镇企业东西合作经贸洽谈暨农产品加工贸易博览会的函》。

（2）两项式，即事由＋文种，如《关于审核推荐农业部定点市场候选单位的函》。

2. 复函的标题

复函的标题大体上也有两种写法，即三项式和两项式。不同的是，复函的标题中必须标明“复函”字样。如《关于同意与××省人民政府共同组建中国中原毕业生人才市场的复函》。

（二）主送机关

函的主送机关依照不同的写作内容和行文对象，可以是发文机关的上级机关、下级机关、平级机关或不相隶属机关。

（三）正文

1. 问函的正文

问函的正文包括开头、主体和结语三部分。

开头。交代发函的缘由，一般涉及背景、目的、意义、依据等内容。要求开门见山，直截了当，直接入题，忌客套、绕弯子。

主体。写函要询问的问题或者要商洽、请求批准的事项。事项要求写得具体、准确、简洁、条理清晰。这部分的结构形式视内容的繁简情况可分条列项，也可篇段合一。

结语。问函常用的结语有“专此致函，请予函复”、“请研究函复”、“盼予复函”、“请复函告知”等，要求诚恳、谦和、委婉。

2. 复函的正文

复函正文也包括三部分：开头引述来文，即说明收到对方的来文，这是复函的行文依据，要求先引标题后引发文字号。主体部分针对来文中提及的问题或事项进行答复，依据内容的繁简情况，可分条列项，也可篇段合一。结语一般用“此复”或“专此函复”，有时没有结语。

（四）生效标识

在正文的右下方依照《格式》的要求，用小写汉字书写成文时间，年、月、日写全，并加盖印章。

四、函的写作要求

函的撰写原则大体是重简短忌冗长，重直叙忌曲转，重明快忌客套，重单一忌混杂。

例文一

××省人民政府
关于商请协办2008年全国乡镇民营企业东西合作经贸洽谈暨农产品加工贸易博览会的函
×政函〔2008〕××号

中华全国工商业联合会：

由农业部和我省联合主办的全国乡镇民营企业东西合作经贸洽谈暨农产品加工贸易博览会（以下简称东西合作经洽会）已在我省A市连续举办了九届，对开展东西合作，促进地区间的优势互补和协调发展起到了较强的推动作用，取得了良好效果。为进一步巩固和扩大前九届东西合作经洽会的成果，促进东西部更加深入的合作，农业部和我省拟于今年8月9日～15日在A市举办第十届东西合作经洽会。贵会是联系全国民营企业的纽带，在促进民营经济发展方面发挥了巨大的推动作用，具有很强的影响力。为了使第十届东西合作经洽会办出更高水平，取得更好成效，特邀请贵会作为第十届东西合作经洽会的协办单位，并诚挚邀请贵会有关领导届时莅会指导。

专此致函，请予函复。

（××省人民政府印）
二〇〇八年七月八日

［简评］这是一份很好的问函。主体部分采用篇段合一的方式，首先开门见山用极简练的语言把发文的背景、缘由交代得十分清楚，然后直截了当提出商请事项，理由充分，

用语简洁、得体，态度诚恳、谦和、恰到好处。

例文二

国务院办公厅
关于同意福州出入境检验检疫局升格为副厅级机构的复函
国办函〔2005〕95号

福建省人民政府：

你省《关于福州出入境检验检疫局机构升格的请示》（闽政文〔2004〕315号）收悉。经国务院领导同志同意，现函复如下：

同意中华人民共和国福州出入境检验检疫局升格为副厅级机构，隶属于福建出入境检验检疫局，不增加人员编制。

其他有关事宜，请你们与有关方面协商办理。

（国务院办公厅印）
二○○五年十一月十六日

［选自《中华人民共和国国务院公报》，2006（1）］

［简评］这是一份规范的复函。除了文面格式极为规范之外，正文的写作也很规范，“引述来文＋答复意见”，干净利落，不枝不蔓。“引述来文”严格依照《国家行政机关公文处理办法》的有关规定，先引标题，后引发文字号。“答复意见”态度明确，用语简练，表达清楚、完整、严密。

第二节　会议纪要

一、会议纪要的概念

会议纪要是用于记载、传达会议情况和议定事项的公文。

会议纪要具有纪实性、纪要性、条理性的特点。它在会议记录的基础上，经过整理加工，如实、概括、有条理地将会议情况及议定事项准确地反映出来。

会议纪要既可以上呈，向上级机关反映情况；也可以下达，指导下级机关单位执行会议决议事项；还可以抄送平行机关，以沟通情况或知照事项。

二、会议纪要的分类

依照内容性质，会议纪要大致可以分为办公例会纪要、专题工作会议纪要和座谈会纪要三类。

（一）办公例会纪要

办公例会是指机关单位为研究和处理行政事务或某些现实问题而召开的常规性会议。记录和反映办公例会情况和议定事项的纪要就是办公例会纪要。如《××学院行政工作会议纪要》、《××县人民政府第×次常务会议纪要》。

（二）专题工作会议纪要

专题工作会议是指机关单位为解决当前工作中某一理论或实际问题而召开的专门性的工作会议。记录和反映专题工作会议情况和议定事项的纪要就是专题工作会议纪要。如《国务院全国中等专业教育工作会议纪要》、《全国民政系统审计工作会议纪要》。

（三）座谈会纪要

座谈会是指会议主办方为解决某个主要问题而召集某些有代表性的人员参加的座谈讨论式的会议。会议通过座谈讨论了解情况、听取意见、研究对策。记录和反映座谈会情况和议定事项的纪要就是座谈会纪要。如《全国经济审判工作座谈会纪要》、《2007 年全国抗震办公室主任座谈会会议纪要》。

三、会议纪要的写作方法

会议纪要由标题、正文、生效标识三部分组成。

（一）标题

会议纪要常用的标题方式是两项式，即“会议名称＋文种”。如《××大学 2008 年第五次行政会议纪要》、《全国政法工作会议纪要》、《2008 年全国仲裁工作座谈会纪要》。

（二）正文

会议纪要的正文一般包括开头、主体和结尾三部分。

（1）开头。会议纪要的开头部分一般应简要交代会议概况，包括召开会议的时间、地点、组织者、主持人、与会人员、会议主要内容以及对会议的总体评价。有的还要交代会议的目的、意义和作用等。

（2）主体。主体部分是会议纪要的核心内容，要求准确简明地写出会议讨论的问题及结果、会议议定的事项等。这部分常见的写法有以下三种：

其一，概述法。概述法是指会议纪要把会议讨论的问题、发言的情况等综合到一起，概括地表述出来。这种写法适用于讨论的问题较为单一、集中，意见又相对统一的小型会议。写出来的会议纪要通常篇幅短小。如果会议的议题较多，可分条列述。

其二，归纳法。归纳法是指把会议讨论的议题及意见按照内在逻辑归纳成几个大的问题或方面，然后分别系统完整地写出来。这种写法文面上常常采用序码式或小标题式。归纳法适用于讨论问题较专业、较复杂的大中型会议纪要的写作。

其三，发言摘要法。发言摘要法即按会议发言的顺序，分别将每个主要发言的内容要点和精神实质归纳整理出来，以反映会议讨论的过程和会议结论的产生过程的写作方法。这种写法不仅能如实反映与会人员的意见及会议情况，而且通常按照时间顺序自然体现会议进程，写起来容易操作，所以也是较为常见的一种写法。

（3）结尾。会议纪要有时会在结尾处提出希望、号召，要求有关单位认真贯彻会议精神，努力完成会议提出的各项任务。但很多时候它并没有单独的结尾，主体内容写完，全文自然结束。

（三）生效标识

依照《国家行政机关公文处理办法》规定，会议纪要不加盖印章。

会议纪要的作者是会议主持机关，可以署机关名称和成文日期，也可以只在正文中写出主持机关，不另外署名。有专门版头的纪要不用落款和成文时间。

四、会议纪要的写作要求

（1）开头部分要求简明扼要，点到为止。

（2）主体部分必须很好地体现出“纪要”的特征，即必须有条理地反映会议的主要成果。

（3）主体部分要正确反映会议意见，没有取得一致意见的，一般不写入纪要。

（4）会议纪要叙述过程中常用“会议认为”、“会议强调指出”等惯用语作为过渡语连接上下文。

例文

广东省　教育部　科技部　工业和信息化部　中国工程院
产学研结合协调领导小组工作会议纪要

2010年7月26日下午，广东省、教育部、科技部、工业和信息化部、中国工程院（以下简称三部一院一省）产学研结合协调领导小组（以下简称领导小组）在广州召开了工作会议。领导小组组长、广东省省长黄华华，副组长、教育部副部长陈希，副组长、科技部副部长杜占元，副组长、工业和信息化部副部长娄勤俭，副组长、中国工程院原副院长、秘书长邬贺铨出席会议并讲话。会议由领导小组副组长、广东省副省长宋海主持。会议审议了《广东省 教育部 科技部 工业和信息化部 中国工程院产学研合作“十二五”发展规划（送审稿）》（以下简称《规划》），并对下一阶段工作进行了部署。会议纪要如下：

一、会议指出，省部院产学研合作作为“三部一院一省”全面贯彻落实党的十七大精神、坚持走中国特色自主创新道路、建设创新型国家的重要举措，是推进科技体制改革、促进高等教育改革和发展、坚持走中国特色新型工业化道路的有益探索和实践。从2008年底国务院批准的《珠江三角洲地区改革发展规划纲要（2008—2020）》到今年启动实施的国家技术创新工程广东试点工作，再到广东省委、省政府印发的《关于加快经济发展方式转变的若干意见》，都明确把加强省部院产学研结合合作为提升自主创新能力和产业竞争力、加快经济发展方式转变的一项重大战略部署。

会议认为，五年来省部产学研合作各项工作进展顺利，成效显著，全国大批优质创新资源集聚广东，显著完善了广东的区域创新体系，极大提升了广东企业的自主创新能力和产业竞争力，促进了广东产业结构的调整升级，成功探索出一条科技人才服务经济社会发展、解决科技与经济“两张皮”的有效途径，推动了高校学科建设和人才培养模式的创新，促进了全国产学研结合工作的快速发展，为建设创新型国家提供了有益经验。

会议要求，领导小组各成员单位、各部门、各地市要以科学发展观为统领，以争当全国自主创新排头兵、构建国家科技创新的新高地为目标，把深化省部院产学研合作摆上重要议事日程，加强沟通协调，形成合力，不断开拓创新，推动省部院产学研合作取得新成效。

二、教育部、科技部和广东省相关领导对工业和信息化部、中国工程院加入省部院产学研合作，给予了高度评价。“三部一院一省”相关领导同意共同组建“广东省、教育部、科技部、工业和信息化部、中国工程院产学研结合协调领导小组”，合力推进省部院产学研合作。

三、“三部一院”相关领导表示继续加大对省部院产学研合作的支持力度，进一步深化省部院产学研结合的各项工作。教育部将在今后的工作中继续推动更多的高校与广东开展产学研合作，支持更多的高校科研人员到广东开展成果转化和创新工作。科技部将大力支持和指导广东的自主创新和科技工作，推动更多的国家重大科技项目和重大创新平台到广东落户，全力支持创新型广东建设。工业和信息化部将大力推动直属高校和科研院所与广东产业界加强产学研用合作，积极协助广东参与制定重点产业发展规划和相关行业标准，支持广东创建新型工业化产业示范基地，加快广东现代化工业体系建设等。中国工程院将积极参与广东省经济社会发展中重大工程建设和战略研究，推动在广东共建形式多样的院士工作站，支持与广东中大型科技企业共建高水平的企业研究院，促进重大创新成果在广东产业化，帮助广东引进和培养创新领军人才。广东省将为“三部一院”各直属高校、科研院所、院士及其团队入粤开展产学研合作创造良好条件，统筹安排专项资金。

四、会议听取了领导小组办公室主任、广东省科技厅厅长李兴华同志关于《规划》编制说明的汇报。领导小组成员审议并原则通过了《规划》。

五、会议对省部院产学研合作下一阶段的工作进行了部署：

（一）省部产学研办要认真梳理、吸纳会议提出的意见建议，抓紧充实、修改和完善《规划》。要科学确定合理的分阶段定性定量目标，认真组织《规划》实施工作，确保《规划》实施取得实效。

（二）要紧紧围绕广东产业发展需求，把省部院产学研结合作为国家技术创新工程广东试点工作的重要内容，推动省部院产学研合作服务广东重点产业发展，促进广东传统产业的改造升级，促进高新技术产业向产业链的高端发展，加快形成一系列战略性新兴产业集群。

（三）要按照重点突破、带动全局的原则，选准核心技术和关键共性技术，集中力量组织实施一批重大产学研合作科技项目。要积极争取一批国家重大科技专项和国家级创新平台落户广东。

（四）在推动省部院产学研合作过程中，要结合广东各经济区域自身要素禀赋特点及广东主体功能区规划要求，对广东中心城市、珠三角地区、东西两翼和粤北山区三个层次实行分类指导，推动区域自主创新和产学研结合的协调发展。

（五）要加强顶层设计，整合优势资源，新建一批高层次产学研创新联盟和创新平台，完善组织模式和运行机制，提升联盟和平台攻克重大共性技术、制定重大技术标准、研发重大创新产品的能力。

（六）要加快实施产学研国际化战略，面向全球配置创新资源，吸引更多的国内外优秀创新人才参与省部院产学研合作，建立大开放、大合作、国际化特色鲜明的产学研合作创新网络。

（七）要加快探索省部院更紧密合作的体制机制，加快建立多元化的产学研合作创新投入机制，积极探索更有利于产学研紧密合作的新做法和新模式，完善知识产权、技术交易、科技金融等服务保障体系，用足用好促进自主创新的各项政策，加强创新型科技人才队伍建设，进一步释放产学研合作的活力。

（八）广东各有关部门要进一步加强与教育部、科技部、工业和信息化部、中国工程院等部门的沟通联系，定期汇报工作思路和进展，积极争取指导和支持。

参加会议人员：教育部××、××、××，科技部××、××、××，工业和信息化部××、××、××、××，中国工程院××、××，广东省政府××，广东省发展改革委××，广东省经济和信息化委××，广东省教育厅××，广东省科技厅××，广东省农业厅××，广东省财政厅××，广东省人力资源和社会保障厅××，广东省卫生厅××，广东省地税局××，广东省知识产权局×××，广东省国资委×××。

（选自广东省教育部科技部产学研合作信息网，http：//cxy.gdstc.gov.cn/HTML/tzgg/1283765583526328910214421772 4727.html。引用时略有改动。）

［简评］这是一份写作规范的会议纪要。正文由开头、主体两部分构成。开头用简洁的语言交代了会议基本情况——时间、地点、与会人员、主持人、会议议题。主体部分采用概述法，用高度概括的语言分条列项把会议的议定事项交代出来，条理十分清晰。

第三节 意 见

一、意见的概念

意见是对重要问题提出见解和处理办法时使用的公文。

意见具有针对性、可行性、可商讨性以及行文方向的多向性、内容和表现方式的灵活性等特点。

意见的使用有利于发扬民主、集思广益，有利于寻求解决问题、搞好工作的最佳方案。

二、意见的分类

按照行文方向，意见可以分为上行意见、下行意见、平行意见。

按照性质和功用，意见可以分为指导性意见、建议性意见和评估性意见。指导性意见，即上级机关就某问题向下级机关提出指导性的见解和处理办法时使用的意见。建议性意见，即某机关就某一重要问题向有关上级、平级或不相隶属的主管机关提出建议性的见解和处理办法时使用的意见。评估性意见，即业务职能部门或专业机构就某项业务或专业工作经过调查研究或鉴定、评审后，写出来的鉴定、评估意见，它虽可上行、下行，但主要是不相隶属机关之间的平行文。

三、意见的写作方法

意见由标题、主送机关、正文、生效标识四部分组成。

（一）标题

意见的标题有两种形式：第一种是三项式，如《××市人民政府关于促进民办教育发展的意见》；第二种是两项式，如《关于实施〈义务教育法〉若干问题的意见》。

（二）主送机关

根据行文方向的不同，意见的主送机关可以是上级机关、平行机关或下级机关。除一些评估性以及主送范围较为宽泛的意见之外，大多数意见都要写明主送机关。

（三）正文

意见的正文一般由前言、主体、结尾三部分组成。

（1）前言。前言部分简要交代行文的缘由，包括撰文的背景、原因、目的、依据，或者概述意见的中心意思或指导思想。

（2）主体。写出对所提问题的具体意见，主要是提出解决问题的主张、办法、措施。

（3）结尾。写明对“意见”应附带说明的问题或对受文者的希望和要求。意见有时采用也自然结尾的方式。

（四）生效标识

正文结束以后，在正文的右下方依照《国家行政机关公文格式》的要求，用小写汉字书写成文时间，年、月、日写全，并加盖印章。

四、意见的写作要求

作为使用频率极高的一个多行文种，“意见”在上行、下行、平行时都有一些特殊的要求。作为上行的建议性公文，它可以要求批转或转发，写作时类似于请示，要求提出的见解、措施要具体可行；作为下行的指导性公文，它虽然同其他的下行文一样要求下级机关贯彻执行，但写作风格上要求体现出一定的理论性、原则性、灵活性；作为平行的评估性公文，在写作时要求既要充分体现专业性、权威性特点，又要体现平行文的谦和、委婉、诚恳的特点。

例文一

国务院
关于促进生猪生产发展稳定市场供应的意见（摘要）
国发〔2007〕22号

各省、自治区、直辖市人民政府，国务院各部委、各直属机构：

受前几年生猪价格过低、去年以来饲养成本上升和部分地区发生猪蓝耳病疫情等因素的影响，我国生猪生产出现下滑，造成近几个月猪肉供应偏紧，价格出现较大幅度上涨。生猪生产是农业的重要组成部分，猪肉是大多数城乡居民的主要副食品。抓好生猪生产，保持合理的价格水平，对稳定市场供应、满足消费需求、增加农民收入、促进经济发展具有重要意义。各地区、各有关部门必须立足当前，着眼长远，在切实搞好市场供应的同时，建立保障生猪生产稳定发展的长效机制，调动养殖户（场）的养猪积极性，从根本上解决生猪生产、流通、消费和市场调控方面存在的矛盾和问题。现就促进生猪生产发展和稳定市场供应工作提出以下意见：

一、加大对生猪生产的扶持力度

发展生产是稳定市场供应的基础，要立足国内，采取综合有效的政策措施，促进生猪生产尽快恢复，满足人民群众的生活需要。

（一）建立能繁母猪补贴制度。为了保护能繁母猪生产能力，国家按每头50元的补贴标准，对饲养能繁母猪的养殖户（场）给予补贴。各地要抓紧制定具体方案，尽快将中央财政下拨和地方配套的补贴资金发放到能繁母猪饲养者手中。有条件的地方可适当提高补贴标准。

（二）积极推进能繁母猪保险工作。为有效降低养殖能繁母猪的风险，鼓励能繁母猪生产，国家建立能繁母猪保险制度，保费由政府负担80%，养殖户（场）负担20%。中央财政对中西部地区给予差别补助。各地要积极支持保险机构开展能繁母猪保险业务，鼓励养殖户（场）投保，防范疫病等风险。今后要在总结能繁母猪保险工作的基础上，逐步开展生猪保险，并建立保险与补贴相结合的制度。

（三）完善生猪良种繁育体系。各地要增加投入，加快原良种猪场建设，提高良种覆盖率。国家对重点原良种猪场、扩繁场、省级生猪改良繁育中心给予适当支持。在生猪主产区推广良种猪人工授精技术，促进生猪品种改良。国家对购买良种猪精液给予补助。

（四）建立对生猪调出大县（农场）的奖励政策。为充分调动地方发展规模化生猪生产的积极性，国家对生猪调出大县（农场）给予适当奖励。奖励资金要专项用于改善生猪生产条件，加强防疫服务和贷款风险、保费的补助等方面。

（五）扶持生猪标准化规模饲养。实行标准化规模饲养是生猪生产的发展方向。地方各级人民政府要采取措施，鼓励大型标准化生猪养殖场的建设，引导农民建立养殖小区，降低养殖成本，改善防疫条件，提高生猪生产能力。国家对标准化规模养猪场（小区）的粪污处理和沼气池等基础设施建设给予适当支持。

（六）加快农村信用担保体系建设。要鼓励信用担保和保险机构扩大业务范围，采取联户担保、专业合作社担保等多种方式，为规模养殖场和养殖户贷款提供信用担保和保险服务，解决养猪“贷款难”问题。银行业金融机构要对标准化规模养殖场的贷款给予重点支持。地方财政要对担保机构的生猪贷款风险给予必要的补助。

二、建立和完善生猪的公共防疫服务体系（略）

三、加强市场调节和监管工作（略）

四、妥善安排低收入群体和大中专院校学生的生活（略）

五、完善猪肉储备体系（略）

六、改进生猪等畜禽产品生产消费统计工作（略）

七、正确引导社会舆论（略）

八、加强对生猪生产供应工作的领导

发展生猪生产、稳定市场供应的主要责任在地方人民政府。各地区要提高对生猪生产重要性的认识，全面落实“菜篮子”市长（行政领导）负责制的各项要求，抓紧实施促进生猪生产的各项政策措施，妥善解决生猪生产基地建设、品种改良、母猪猪群保护、疫病防治、保险体系建设、贷款担保、屠宰加工、市场供应、质量价格监管、储备制度、应急机制等方面的矛盾和问题，尽快促进生猪生产的恢复。各城市要在郊区县建立大型生猪养殖场，保持必要的养猪规模和猪肉自给率。任何地方不得以新农村建设或整治环境为由禁止和限制生猪饲养。发展改革、财政、农业、商务、工商、质检、统计、银监、保监等国务院相关部门要各负其责，根据本意见明确的各项政策措施，抓紧制定相应的配套文件，尽快将政策落到实处。同时，各有关部门要密切配合，加强信息沟通和监督检查，指导地方切实抓好生猪生产、供应和价格稳定工作。

各地区、各有关部门要在8月31日前，将贯彻落实本意见的情况报告国务院。

（国务院印）

二〇〇七年七月三十日

［选自《中华人民共和国国务院公报》，2007（25）］

［简评］这是一份规范的下行指导性意见，不仅文面格式、层次序码规范，而且用语也极为规范，语言不仅准确简练，而且体现出来的态度既果断、严肃，又不盛气凌人。全文三部分，开头简要交代行文的背景、意义、要求，主体部分分条列项提出具体意见，结尾提出执行要求，结构清晰完整。作为下行指导性意见，本文还很好地体现出“意见”文种特有的政策性、原则性及适度的灵活性特点。

例文二

关于加快关停小火电机组的若干意见（摘要）

××〔2007〕××号

国务院：

为实现“十一五”规划纲要提出的单位国内生产总值能源消耗降低和主要污染物排放

总量减少目标，推进电力工业结构调整，根据《国务院关于加强节能工作的决定》（国发〔2006〕28号）、《国务院关于落实科学发展观加强环境保护的决定》（国发〔2005〕39号）、《国务院关于发布实施〈促进产业结构调整暂行规定〉的决定》（国发〔2005〕40号）和《产业结构调整指导目录（2005年本）》，现就加快关停小火电机组工作提出以下意见：

一、“十一五”期间，在大电网覆盖范围内逐步关停以下燃煤（油）机组（含企业自备电厂机组和趸售电网机组）：单机容量5万千瓦以下的常规火电机组；运行满20年、单机10万千瓦级以下的常规火电机组；按照设计寿命服役期满、单机20万千瓦以下的各类机组；供电标准煤耗高出2005年本省（区、市）平均水平10%或全国平均水平15%的各类燃煤机组；未达到环保排放标准的各类机组；按照有关法律、法规应予关停或国务院有关部门明确要求关停的机组。

二、对在役的热电联产和资源综合利用机组，要实施在线监测，由省级人民政府组织对其开展认定和定期复核工作。不符合国家规定的，责令其限期整改；逾期不改或整改后仍达不到要求的，予以关停。

三、热电联产机组供电标准煤耗高出第一条中煤耗要求的，要结合热电联产规划，以“上大压小”或在役机组供热改造，按“先建设后关停”或“先改造后关停”的原则予以关停。在大中型城市优先安排建设大中型热电联产机组，在中小型城镇鼓励建设背压型热电机组或生物质能热电机组。鼓励运行未满15年的在役大中型发电机组改造为热电联产机组。新建机组或在役机组改造要与原供热机组的关停做好衔接。

热电联产机组原则上要执行“以热定电”，非供热期供电煤耗高出上年本省（区、市）火电机组平均水平10%或全国火电机组平均水平15%的热电联产机组，在非供热期应停止运行或限制发电。

四、属于上述关停范围，但承担当地主要供热任务且其所在地10公里以内没有其他热源点或其性能优于该范围内其他热源点的热电联产机组，处于电网末端或独立电网内、承担当地主要供电任务或对当地电网安全具有支撑作用的机组，以及《国务院办公厅转发国家经贸委关于关停小火电机组有关问题意见的通知》（国办发〔1999〕44号）下发前依法批准且合同约定中外合作或合资期限未满的机组，企业可提出申请，由省级人民政府有关部门委托发展改革委认可的中介机构进行评估，情况属实的，可暂缓关停，但须每年评估一次。

五、支持按照生物质能开发利用规划和城镇集中供热规划，已落实生物质能来源、同步建设热网并落实热负荷的地区，将运行未满15年、具备改造条件的应关停机组改造为符合国家有关规定要求的生物质能发电或热电联产机组。

拟实施改造的应关停机组，由省级人民政府有关部门委托发展改革委认可的中介机构进行评估，符合条件的，按照有关规定办理核准手续。

六、到期应实施关停的机组，电力监管机构要及时撤销其电力业务许可证，电网企业及相关单位应将其解网，不得再收购其发电，电力调度机构不得调度其发电，银行等金融机构要停止对其发放贷款；机组关停后应就地报废，不得转供电或解列运行，不得易地建设。

七、鼓励各地区和企业关停小机组，集中建设大机组，实施“上大压小”。鼓励通过兼并、重组或收购小火电机组，并将其关停后实施“上大压小”建设大型电源项目。

发展改革委根据各省（区、市）关停机组的容量，相应增加该省（区、市）的电源建设规模。跨省（区、市）进行“上大压小”的，关停小机组容量可保留在当地，并相应调减新项目建设地区的电源建设规模。

八、新建电源项目替代的关停机组容量作为衡量其可否纳入规划的重要指标。替代关停机组容量较多并能够妥善安置关停电厂职工的电源建设项目，优先纳入国家电力发展规划。

企业建设单机30万千瓦、替代关停机组的容量达到自身容量80%的项目，单机60万千瓦、替代关停机组的容量达到自身容量70%的项目，单机100万千瓦、替代关停机组的容量达到自身容量60%的项目，可直接纳入国家电力发展规划，优先安排建设。

企业建设单机20万千瓦以上的热电联产项目，替代关停机组的容量达到自身容量50%，并按所替代关停机组和关停拆除的供热锅炉蒸发量计算可减少当地燃煤总量的，可直接纳入国家电力规划，优先安排建设。“上大压小”建设的大中型火电项目，扩建项目可建设单台机组，新建项目原则上按两台机组以上考虑。

实施“上大压小”的新建机组，原则上应在所替代的关停机组拆除后实施建设。

（略）

二十三、发电企业是小火电机组关停工作的直接责任人，应按照各省（区、市）人民政府制订的小火电机组关停方案和年度关停计划，对本企业所属机组实施关停，并妥善处理善后事宜。

二十四、各省（区、市）人民政府要将本地区小火电机组关停情况定期向发展改革委和电监会报告。

（发展改革委印）（能源办印）
二〇〇七年一月×日

[选自《中华人民共和国国务院公报》，2007（7）。引用时略有改动。]

[简评] 这是一份较为规范的上行建议性意见。全文两部分，开头简要交代行文的目的、依据，主体部分分条列项提出具体意见，思路、结构清晰完整。同“例文一”相比，本文较好地体现了建议性意见的特征——意见较为具体、可行，可操作性较强。

例文三

关于对宁夏回族自治区银川市创建国家卫生城市工作的考核鉴定意见

××〔2007〕××号

根据宁夏回族自治区爱卫会的推荐和银川市人民政府的申请，在暗访调研和技术评估的基础上，全国爱卫办组织有关专家于2007年8月21日至23日，对宁夏回族自治区银川市创建国家卫生城市工作进行了考核鉴定。

对照《国家卫生城市标准》，考核组采取听取汇报、现场抽查、查阅资料和走访群众等方式，对银川市创建国家卫生城市工作进行了全面认真细致的检查，并对今年6月全国爱卫办技术评估组所提出问题的整改情况进行了复核。考核鉴定意见如下：

一、创建国家卫生城市工作主要指标完成情况

银川市建成区清扫保洁制度落实，街路整洁有序，主干道和窗口地段12小时保洁，城市生活垃圾日产日清，道路机械化清扫率达到20%，垃圾、粪便收集运输基本做到密闭化，生活垃圾无害化处理率85.1%，粪便无害化处理率大于85%，生活垃圾中转站、公共厕所等环卫设施符合要求，布局合理，数量足够，管理规范；城市生活污水集中处理率达77.19%；建成区绿化覆盖率达36.02%，绿地率36.05%，人均公共绿地面积8平方米……市民对城市卫生状况满意率达92%。

二、银川市创卫工作取得的主要成效和总体评价

考核组认为，银川市市委、市政府高度重视卫生创建工作，十几年来，坚持把创建国家卫生城市工作作为全市重要工作和民心工程摆上议事日程，把创卫工作作为加快城市建设、改善城市形象、提升城市品位、提高居民素质、促进经济社会健康和谐发展的一项系统工程来抓。通过广泛深入的创卫宣传，大力普及卫生知识，培育健康文明的社会风气，积极引导广大群众了解创卫、理解创卫、支持创卫、参与创卫和监督创卫，营造了全社会“想创卫、知创卫、干创卫、为创卫”的浓厚舆论氛围，形成了“人人关心创卫、个个参与创卫”的良好创建局面，有力推动了创卫工作的深入开展。通过各部门的密切配合、基层街道社区干部的艰辛努力和广大群众的积极参与，通过扎扎实实的创建活动和认真细致的工作，城市面貌发生了巨大变化，城市基础设施日趋完善，城市容貌整洁有序，城市环境舒适卫生，人民群众生活质量大幅度提升，居民的卫生意识显著增强，博得城市居民群众的称赞，为有效预防和控制各类疾病的发生与流行奠定了坚实的基础，有力地促进了当地的社会经济健康和谐发展，创建国家卫生城市工作取得了显著成绩。

综上所述，考核组一致认为，在自治区爱卫会的帮助指导下，通过银川市委、市政府的高度重视和不懈努力，各级、各有关部门的齐抓共管和广大群众的积极参与，银川市整体卫生水平达到了《国家卫生城市标准》的基本要求。考核组将报请全国爱卫会命名银川市为“国家卫生城市”。

作为宁夏回族自治区的首府，希望银川市再接再厉，继续发扬“创卫”精神，进一步加快城区基础设施建设的步伐，提高环卫设施水平，加强危险固体废物的管理能力建设，继续加大全民健康教育和除害经费的投入，强化病媒生物防控工作，进一步提升全民城市意识和文明卫生意识，进一步加强爱卫会办事机构建设和经费投入，强化专业技术队伍的自身建设，建立健全长效管理机制，做到人员队伍不散，创建力度不减，工作力求新发展，成为“国家卫生城市”中的精品，为宁夏乃至全国创卫工作探索新途径，发挥好典型示范作用，为银川市经济社会发展做出新的贡献。

（全国爱卫办国家卫生城市考核鉴定组印）
二〇〇七年八月二十三日

（选自中国广播网宁夏分网，http：//nx.cnr.cn/xwzx/xw/200708/t20070823_504549438.html。引用时略有改动。）

［简评］这是一份规范的评估性意见，属平行意见。全文三部分，开头简要交代发文

的依据和背景，主体部分采用“分—总”式结构，极具说服力地提出权威性意见，结尾提出希望要求，结构清晰完整。

【思考与训练】

（一）思考题

1. 填空题

（1）函是______之间商洽工作，______，______和______时使用的公文。

（2）会议纪要是记载、传达______和______的公文。

（3）意见是适用于对______提出______和______的公文。

2. 简答题

（1）函具有哪些功用？请求批准函和请示有什么区别？

（2）函的写作有哪些注意事项？

（3）会议纪要的正文包括哪几部分？主体部分常见的有哪几种写法？

（4）为什么说意见是多行文？

（5）意见依照性质和功用可以分为哪几类？

（二）写作训练题

1. 某政法学院在最近的连续 10 年之中每年都有 30～50 名不等的毕业生到××市中级人民法院实习，今年 4 月份，该学院希望能继续派遣学生到该法院实习。请你代表该学院写一封公函发给该法院，商洽有关实习事宜。

2. 请根据“函”一节的例文一，以中华全国工商业联合会的名义写一份同意参会的复函。

3. 请以班为单位组织一次专题讨论会，认真做会议记录，然后根据会议记录写一份会议纪要。

【课后阅读与研讨】

（一）课后阅读

1. 马正平．第四章第 2 节：意见的写作思维与能力训练，第五章：函、会议纪要的写作．高等文体写作训练教程（下）：实用文体写作．北京：中国人民大学出版社，2002

2. 岳海翔．六十六：怎样撰写意见，六十七：怎样撰写函，六十八：怎样撰写会议纪要．最新公务文书写作．北京：中国言实出版社，2004

（二）研讨题

1. 请你谈一谈“函”与“函的形式”有什么不同？

2. 请谈谈你对新增行政公文文种“意见”的看法。

第三编
工作事务文书写作与训练

第七章
工作事务文书的写作

【教学提示】

本章讲授在机关日常工作事务中经常使用的几种主要文体，如工作计划、总结、讲话稿、调查报告、述职报告、典型材料等的写作知识和写作方法，使学生能够掌握这些文体的写作格式和写作要领。

第一节 工作事务文书概述

一、工作事务文书的概念及功用

工作事务文书是党政机关、企事业单位以及社会团体在日常事务活动中形成的、具有惯用格式的应用文体。它是法定公文以外的机关应用文体的总称。它虽不属于法定的正式公文，但因种类多、使用范围广、使用频率高，被称为准公文，是公务活动中不可缺少的辅助性和参考性文书。

工作事务文书在日常工作中表现出如下明显的功用：

（一）宣传教育功用

为推动各项工作的开展，各级党政机关、企事业单位要根据中共中央、国务院的有关政策、法规或文件精神安排部署工作，经常要以讲话、调查报告、典型材料等文件树立典型、表彰先进、推广经验、宣传政策。这些文件常常起到明显的教育作用。

（二）交流、传递信息功用

工作事务文书中的简报、调查报告以及典型材料在机关与机关之间交流或通过媒体登载刊发，起到了传递信息的作用。

（三）凭证和借鉴功用

工作事务文书中的会议记录是会议的凭证和会议纪要的依据；计划是做好工作的保证，又是工作总结的依据；典型材料、简报等在各单位之间交流，可以起到借鉴作用。

二、工作事务文书的特点及分类

工作事务文书具有以下特点：

（一）政策性

常用的工作事务文书和行政公文一样，要以国家的方针、政策、法律、法规，上级规定为行文依据，具有传达党和国家政策的重要作用，本身具有鲜明的政策性。

（二）具体性

工作事务文书与法定行政公文相比，一般篇幅较长，且更注重用具体详尽的事实说话，多用典型的具体的材料及统计数据来说明问题。

（三）灵活性

工作事务文书不像公文那样有国家规定的统一格式、版型，虽然也有相对稳定的惯用格式，但其规范程度相对较弱，结构也因文而异。作者也相对灵活，可以是法定作者，也可以是个人作者。

工作事务文书种类繁多，一般包括计划、总结、会议记录、简报、规章制度、调查报告、讲话稿、述职报告、组织鉴定、典型材料等。本章主要讲授工作计划、总结、讲话稿、调查报告、述职报告、典型材料等六种主要文体。

第二节　工作计划

一、工作计划的概念和特点

工作计划是党政机关、企事业单位、社会团体在一定时期内，为了实现某种工作目标或完成某项工作任务而预先制定的具体行动方案和规划。

通常所说的“规划”、“纲要”、“要点”、“方案”、“安排”、“设想”、“打算”等，都属于计划的范畴，只是它们的内涵略有不同。

规划是长远计划，适用的时间较长，范围较广，内容较全面、概括，它展示出对发展远景和总目标的设想及实施设想的阶段与步骤。如《建立健全惩治和预防腐败体系2008—2012年工作规划》。

纲要是关于工作方向、目标的计划。它的内容原则性、概括性更强。如《国民经济和社会发展第十一个五年规划纲要》、《公民道德建设实施纲要》。

要点是上级机关对一定时期内的全局工作或某项重大任务作出的简要的安排。它偏重于实用性，只列出主要工作目标、任务和主要措施。如《国务院2008年工作要点》、《2006年国土资源管理工作要点》。

方案专业性较强，是比较周密的具体计划。如《××局人事制度改革方案》、《××市市政工程施工方案》等。

安排适用于时间较短、范围较小、内容单一、要求具体的短期行为，偏重于工作步骤和方法。如《本周文体活动安排》、《今日政治学习安排》。

设想是对某项工作初步的预备性的想法，是未成熟的计划。它偏重于方向性、原则性的指导，适用于时间较长、范围略大、内容概括的中期计划。如《××市关于发展旅游业的初步设想》。

打算是针对近期内某项工作所作的初步预想。它适用于时间短、范围小、内容单纯的短期行为。如《××社区2008年上半年工作打算》、《××学院总务处工作打算》。

“凡事预则立，不预则废。”“预”就是打算。有了计划，目标明确，行动有序，才能高效率地完成预定任务。计划可以促进决策的科学化，克服盲目性，取得工作的主动权。工作计划是执行、检查、监督、总结工作的依据，它是工作的起始，是预定工作的蓝图。明确的目的性、极强的预见性、具体可行性、严格的约束力是其突出特点。

二、工作计划的分类

工作计划应用范围广，种类繁多，可以从不同角度分类：

（一）按名称分

有规划、纲要、计划、设想、安排、打算、要点、方案等。

（二）按内容分

有生产计划、工作计划、学习计划、科研计划、作战计划、教学计划等。

（三）按性质分

有综合计划、专题计划（或单项计划）。

（四）按范围分

有国家计划、地区计划、部门计划、单位计划、科室计划、班组计划等。

（五）按期限分

有长远计划、年度计划、季度计划、月计划、周计划等。

三、工作计划的写作方法

工作计划一般由标题、正文、落款三部分组成。

（一）标题

标题有三种写法：

（1）四项式。由单位名称、计划时限、计划内容和文种组成。如《××市 2008 年招商引资工作要点》、《温州市 2006 年中学招生工作实施方案》。

（2）三项式。可根据具体情况省略某些内容。一种是由计划时限、计划内容和文种组成，如《2007 年国土资源管理工作要点》；一种是由单位名称、计划内容和文种组成，如《××公司廉政建设工作计划》。

（3）两项式。由计划时限和文种组成，如《2008 年工作计划》，也可以由内容和文种组成，如《中学生课外阅读计划》。

（二）正文

正文的写作一般有条文式、表格式和综合式三种。

（1）条文式。这是写计划常用的格式，即把计划分成若干条款，逐条逐项地写明计划的目标、措施、步骤等。比较复杂的计划，大多把有关内容按性质不同分成若干部分，每部分用小标题概括重点、提示范围。

（2）表格式，即用表格的方式来表达计划的内容。表内栏目通常包括任务项目、执行部门、完成时间、具体措施等。时间较短、内容单一的计划，可以使用这种方式。

（3）综合式。综合式既有文字叙述，又有表格显示。有的以表格为主，加以文字说明；有的以文字为主，附以表格。

正文的内容可分三部分，即前言、主体和结尾。

（1）前言。前言主要是用简洁的语言对基本情况进行概括的说明，说明制定计划的根据、指导思想、目的、主要任务等，常用"根据……制定本计划"或"为了……要做好以下工作"等习惯用语过渡到主体。

（2）主体。应写出以下几项内容：

第一，各项具体任务的目标和要求（做什么）。有的计划要明确规定数量、质量要求。

第二，完成任务的措施、办法和步骤（怎么做）；执行任务的有关部门和人员（由谁做）。

第三，完成各项具体任务的时间（何时完成）。

第四，实施计划的有关事项。如对计划执行情况的检查、评比、奖惩办法等。

其中，目标、措施、步骤称为计划的三要素。

（3）结尾。结尾是主体的辅助和补充，可简要指出任务的重点，强调工作的主要环节；可说明注意事项，提出实施计划中可能出现的问题，防患于未然；可展望计划实施的前景，发出号召和希望，或表示完成任务的决心，激励大家为实现计划而努力。

（三）落款

落款包括署名和日期。如果标题中已有机关名称，可只写日期。

四、工作计划的写作要求

（一）要“吃透两头”，从实际出发

任何单位制订计划，都要根据上级精神，再结合本单位的情况，从实际出发，抓住需要解决的主要问题，明确目标、步骤和责任分工。因此，在制订计划时，要广泛听取各方面的意见，使计划制订得更完善可靠。切忌盲目地、无根据地制订计划。

（二）要切实可行，便于实施和检查

制订计划的最终目的是完成计划。计划如果写得含糊不清、模棱两可，无法执行、无法检查，就会流于形式，失去意义。因此，计划的内容要具体明确，责任清晰，便于实施和检查。

（三）要量力而行，留有余地

在撰写计划时，不应把话说得太满，要充分考虑到完成的可能性，科学地预设出一定的目标空间和步骤空间。同时，还要以发展的眼光看问题，及时修改、补充，使之不断完善。

例文

××学院2008年行政工作要点

2008年，学院行政工作的总体要求是：认真学习贯彻党的十七大精神，以科学发展观统领学院工作全局，紧紧围绕学院发展和教育教学评估两件大事，以深化内涵建设和改善办学条件为重点，更新观念，规范管理，狠抓落实，实现教学质量、学术水平和办学实力的全面提升。

一、学院改革发展

1. 积极努力，克服困难，全力以赴推动学院发展。

2. 进一步深化学院内涵式发展，以教学质量、师资队伍、学科专业、科研水平、校园文化等内涵建设带动外延拓展，提升学院办学实力和对外形象，扩大学院在省内外的影响力和知名度。

二、教育教学管理

3. 精心组织，缜密部署，做好高职高专教育教学水平评估的自评和迎接省级评估的各项准备工作。

4. 以“教学质量管理年”为主题，进一步完善教学督导和监控体系，使教学质量稳步提高。

5. 组织开展教学内容、方式方法与模式的改革活动，推进现代先进教育技术的掌握；倡导建构“研讨式学习、启发式教学、创新性科研”的教改新模式。

6. 开展教学竞赛，做好教学成果评定工作，评定出学院第三届教学成果奖。

7. 继续抓好“专升本”选拔推荐和教学与辅导工作，再创“专升本”工作佳绩。

8. 加强政治理论课教学，做好党的十七大精神“进教材、进课堂、进学生头脑”的工作。安排好大学生心理课的教学，促进学生心理健康。

9. 积极组织开展招生宣传和咨询活动，做好年度普教与成教的招生工作。力争增加招生计划，提高生源质量。

10. 抓好成人教育工作，努力扩大成人本科招生规模。

11. 进一步做好省委组织部交办的全省县处级政法干部培训工作。

三、学科专业建设

12. 加快知识产权法学、环境资源能源法学、律师学、法律文书学4个研究中心的建设和规范管理工作，力求将研究中心建设成为在省内外有较大影响的优势学科。

13. 合理配置学科资源，构筑学科基地。凝聚学术队伍，凝练学科方向，适时成立新的研究中心。

14. 启动学院精品课程建设，评选出学院首届精品课程，并给予资助和奖励。

15. 推动学院重点支持学科向重点学科的发展，评选出学院第二批重点学科，形成合理的学科结构和学科梯队。

16. 拓展专业领域，规范专业设置，做好商务英语和计算机网络技术两个新专业的招生准备和课程设置工作。

四、师资队伍建设

17. 进一步加强师德建设，把立德树人工作落到实处，培育教师的学术魅力和人格魅力，弘扬“学为人师、行为世范”的职业道德。

18. 进一步修订有关制度，加大人才引进力度。继续做好博士、教授等高端人才引进工作，做到引得进、留得下、稳得住。

19. 认真抓好职称申报、推荐、评审工作，为晋升职称人员创造良好宽松的评审环境，进一步优化师资队伍结构，提高高级职称人员比例。

20. 加大专业技术人员尤其是青年教师的培养力度，实行以老带新的导师制。加强教师的平时考核，不合格者要走下讲台，接受培训，进一步提高教师队伍的整体素质。

五、科研外事工作

21. 紧密联系实际，加强调研，及时出台有关政策，进一步加强科研工作。树立科研精品意识，推动科研成果向高档次和高水平方向发展；认真组织省、国家级社科项目的申报，了解课题申报形势，确定适宜的申报策略，争取有所突破；逐步建立以教授和学术带头人为科研项目导师、以教师为基本队伍的科研团队；尽快完成对近年来科研成果的整理汇编工作。

22. 加强多方位、多层次的对外教育合作交流，鼓励和支持专业技术人员参加全国性的学术研讨会议，开拓视野，扩大影响。

23. 继续办好名师讲坛，加强“走出去、请进来”，活跃学术气氛，浓厚学术氛围。

六、学报图书馆工作

24. 继续办好学报，进一步加强学报与法学名家的沟通和联系，保持学报在全国的影响力和知名度。

25. 进一步加强图书馆建设，及时补充缺额人员，积极增加馆藏图书资料，加快电子文献建设步伐，更好地为教学、科研和专业建设服务。

七、行政管理工作

26. 强化行政管理，完善制度，促进管理工作进一步规范化、科学化、制度化。

27. 坚持依法治校、民主管理，开展创建“依法治校”示范校活动。

28. 进一步加强行风建设，提高工作效率，改进工作作风，办社会满意的学校。

29. 继续加强校园管理，巩固校园综合整治成果，为学院改革发展提供良好的环境。

30. 切实加强校园安全稳定管理。进一步健全安全制度和应急机制，增加人防、物防、技防投入，提高师生安全意识和自防自救能力，确保校园和谐稳定。

31. 抓好学院人事制度改革。按照上级要求，积极推进全员聘任制和岗位管理制，实施定编定岗，推动人事管理由身份管理向岗位管理的转变。

32. 做好计划生育、案件处理、信访等工作。

八、后勤保障工作

33. 抓好水电暖等后勤保障工作，树立“以人为本”理念，增强服务意识，提高服务质量。

34. 积极筹措资金，提供经费保障。切实做好费用收缴工作，加大资金筹措力度，想方设法争取财政追加资金，为教学、科研和学院建设发展提供有力的资金保障。

35. 加强财务管理，严格预算、决算。严把开支关，合理使用经费，提高资金使用效率，确保节约型校园建设工作取得实效。

36. 强化审计监督，保证资金使用的合法性、合理性和有效性。做好10号楼的决算及年度审计工作。

37. 加强伙食管理，努力降低成本、提高质量、稳定价格，确保食品安全。

38. 进一步抓好固定资产管理工作。在去年清产核资的基础上，进一步完善制度、抓好落实，使固定资产管理逐步走向规范化、制度化。

39. 积极开展爱国卫生运动，搞好疾病预防的宣传教育工作，加强校园环境和学生宿舍卫生整治。

40. 抓紧做好市场调研，改革家属区物业管理方式，逐步与市场接轨。

2008年是全面落实党的十七大提出的各项任务的第一年，也是学院改革、发展的关键年。我们要在院党委的领导下，统一思想，坚定信心，积极推进和谐校园、学术校园、人文校园建设，努力实现学院的跨越式发展。

［简评］本工作要点采用了条文式写法，行文规范，条理清晰，语言简洁，用小标题提示内容范围，措施具体，一目了然，便于落实和对照检查。

第三节　总　结

一、总结的概念、功用和特点

总结是通过对已经完成的工作进行全面回顾，具体分析，认真研究，总结出经验、教训和规律性的认识，用以指导以后工作的事务文书。

总结是对某项工作实施结果的总鉴定、总评价。它有着非常重要的作用：第一，通过总结，可以寻找工作中的规律。遵循客观规律办事就能顺利达到预期目的，否则就会导致工作失败。第二，通过系统地总结工作，能够认识到工作过程中哪些是经验，哪些是教训，有利于今后工作的开展，提高工作能力和效率。第三，总结能为制定正确的决策提供可靠的依据。第四，总结本身是一种信息，通过上传下达，可以起到信息交流作用。第五，总结还是订立计划的基础和重要参考。

总结具有客观性、过程性、理论性、指导性的特点。总结通过对过去实践的回顾和反思达到认识事物的目的，所以，总结要客观反映前期工作的过程。在此基础上，要透过现象剖析事物，寻求其内在联系，因此，一份好的总结，都具有较强的理论性。它对本单位、本地区、本系统的未来实践活动，具有指导意义。

二、总结的分类

总结的种类繁多，按不同的标准，可以分为不同类型。

（一）按时间分

有月份总结、季度总结、学期总结、年度总结、阶段总结等。

（二）按内容分

有工作总结、生产总结、学习总结、思想总结等。

（三）按范围分

有单位总结、部门总结、科室总结、班组总结、个人总结等。

（四）按功用分

有经验总结、成绩总结、问题总结等。

（五）按性质分

有全面总结、专题总结等。

在写作实践中，最常用的是全面总结和专题总结。

全面总结，又称综合性总结。这类总结是比较全面地总结一个地区、一个单位、一个部门在一定时期内的各方面工作情况。它包括对工作的回顾，对经验、教训的分析，今后的打算等内容，多用于对工作进行全面总结或向上级汇报工作。

专题总结，又称单项总结，是对过去某一项工作或某项工作中的某个问题所做的专门总结。这类总结内容比较单一，针对性强，往往侧重于对典型经验的分析介绍，以便树立典型，交流经验。

三、总结的写作方法

总结通常由标题、正文和落款三部分组成。

（一）标题

标题的写法通常有以下几种形式：

（1）分项式。四项式是由单位名称、时限、内容、文种四项内容组成，如《××公司2007年财务工作总结》；三项式，如《2007年党务工作总结》、《××局党风廉政建设情况总结》；两项式，如《学习总结》、《教学经验总结》。

（2）主题式。即用一句话概括全文中心。如《实现“五个一”　创造安定的校园环境》、《求真务实开拓创新　扎实推进基础教育课程改革》。

（3）正副式。用正标题和副标题。如《知名教授上讲台　教书育人放异彩——××大学德育工作总结》、《精心浇灌国防花　军民共建结硕果——××学校军民共建活动总结》。

（二）正文

一篇总结的正文由开头、主体和结尾三部分构成。

其一，开头。也称导言、导语。开头的写法可采用以下几种方式：

（1）概述式。概述工作的全貌、背景、基本情况。这是工作总结开头最常用的方式。

（2）结论式。先明确提出结论，使人了解经验教训的核心所在。

（3）提示式。将工作中的主要内容、成绩、经验、问题等扼要提出，先给人以总的印象，为下文作铺垫。

（4）提问式。开头以提出问题的方式点明总结的重点，以引起人们的注意。

（5）对比式。将有关方面的情况进行对比，显示优劣，说明成绩。

前言与主体之间常用习惯性过渡语，如用“现将……工作总结如下”、“我们的具体做法是”、“采取了以下措施”等过渡到主体部分。

其二，主体。主体是总结的主要内容，这一部分要写明以下几个方面的问题：

第一，工作情况。实事求是地写出进行了哪些工作，采取了哪些措施、方法和步骤，有什么效果，取得了哪些成绩。

第二，经验和体会。用分析的方法写出工作中哪些做法是成功的，取得成绩的主、客观原因是什么。这部分是总结的重点，在全文中占主导地位。这一部分要从大量的事实材料中概括出观点，把感性认识上升到理性认识，用经验性的观点统帅典型事例，做到理论与实践相结合。

第三，问题和教训。认真找出工作中的缺点和不足，说明给工作带来了哪些损失和影响。教训也就是反面经验，能发现问题、接受教训，总结才有意义。和前两项内容相比，它的分量较轻，一般只简单概括，点到为止，不能展开。如果是着重查找、反映问题的总结，应把这一部分当作重点。

总结的正文内容比较复杂，因此，一定要安排好层次结构。总结的正文部分常用以下结构形式：

（1）四段式。按照“工作情况、成绩经验、问题教训、努力方向”四大部分，依次写出。这是写总结长期沿用的一种方法。它的好处是容量较大、眉目清楚、内容集中，一般机关的综合性工作总结，大都采用这种形式。

（2）阶段式。按时间顺序或事物发展的自然顺序安排结构，强调各部分之间的纵向关系。这种结构方式便于看出工作的发展过程和每个阶段的特点。总结周期较长、阶段性又很明显的工作，大都采用这种写法。

（3）小标题式。按内容的逻辑关系，即问题或工作的性质分成几个部分，每一部分设一小标题，表明本部分的主要内容。各部分有相对的独立性，又有密切的联系，都同时为中心内容服务。按这种逻辑关系安排结构时，也可以用序码一、二、三表示。这种结构方式适用于专题性经验总结。

其三，结尾。这部分主要写出今后的打算和努力方向，即针对工作中存在的问题提出切实可行的改进措施，表明今后的努力方向，或提出新的奋斗目标，表明决心，展望前景，鼓舞斗志。一般来说，“今后努力方向”只能粗线条地提一下，不能写成计划。

（三）落款

总结的落款包括署名和日期。如果标题中已有单位名称，落款处只写日期。

四、总结的写作要求

（一）实事求是，不夸大其词

总结的内容必须真实、全面，不能报喜不报忧，必须反映成绩不夸大，总结经验不拔高，提出问题不敷衍，申明教训不空泛，引用的事实、数据要准确无误。

（二）观点正确，内容充实

正确把握党和国家的方针政策，全面掌握情况，是总结观点正确的首要前提。还要注意恰当地选取典型的实例来说明问题，这样才能保证总结的中心突出，内容充实具体。尤其是在经验总结中常采用“向心式”结构，围绕一个观点，用论据向外辐射。

（三）要总结出事物的内在联系、本质规律

对大量材料、各种类型的矛盾，要反复分析研究，抓住其中的主要矛盾、本质特点、来龙去脉来论证其发展趋势，探究出规律。或总结出一种做法，或提炼出一种作风，或归纳出一种精神，这样才能在更广的范围内发挥更大的指导意义。

（四）文字力求准确、简练、生动、活泼

总结是概括实践、反映客观事物的，因此，用词要确切、简明、精当，要尽可能地多用群众喜闻乐见、形象生动的语言，忌用陈旧、呆板、僵化的语言。

例文

挂职工作小结

平凡而又紧张、收获颇多而又略带遗憾的2005年一晃过去了，为了总结经验、发扬成绩，更好地做好新一年的工作，现将2005年全年工作小结如下：

一、挂职心定，不来则已，来了就“既来则安”

根据组织安排，2004年12月3日，我从××水利水务局局长岗位上离开去××市委上班，挂职担任市委副书记，分工负责全市招商引资工作，并兼任省级××经济开发区党工委书记。组织上发文时间是10月8日，我到××市上班的时间是12月3日，前后相差了近2个月。其原因是接任局长组织上没有及时安排到位。当然还有我对水利水务事业的热爱，和同事们七年风雨工作中结下的深厚感情。七年来，在我和同事们的共同努力下，××水利水务局从原来的经济困难重重、人心不稳，发展成现在的经济繁荣、事业蒸蒸日上的先进单位，我一朝离去，真的从感情上难以割舍；何况我年龄也50岁了，打拼的资本越来越少，所以，我对组织上安排我到××市来工作思想上有矛盾，甚至就不想来。但是，个人服从组织是党内一项非常严肃的纪律。到了××市以后，我迅速对自己确定了三条基本工作原则：第一，服从安排的原则。组织上安排我在××市干三年，我就实实在在干三年。这三年期间，无论工作多累，无论困难多大，我决不轻言放弃，决不三心二意。第二，忘掉挂职身份的原则。别人当我是挂职，工作轻松自在，我管不着，但我不当作是挂职。在分工职责范围以内，只要是工作需要、组织交办，我就大胆而泼辣地开展工作，尽最大可能多做点事，尽最大努力打开工作局面。第三，主动融入××市的原则。把××市当做"第二故乡"，用欣赏的眼光去寻找和发现××市的美丽和可爱，从内心深处激发对××市的工作感情，焕发创业的"二春"。

二、自滚钉板，不是巧妇，煮成"无米之炊"

接手招商引资这项号称"天下第一难"的工作以后，我陷入了"巧妇难为无米之炊"的窘境：窘境之一，××市招商引资工作步入低谷。……窘境之二，××市干群关系复杂。……窘境之三，缺钱少粮手脚被捆。……针对上述情况，我争取组织支持，果断采取了三条措施：第一，高压启动，强行入轨。……第二，高效调度，营造合力。……第三，高难动作，取得突破。……通过上述措施，克服了重重艰险，××市的招商引资工作"拨开乌云见丽日"，形势青云直上。2005年，全市招商引资工作第一次全面完成××市目标任务，实现了××市招商引资工作的历史性突破。全年协议利用外资16914.3万美元，完成年计划的112.1%。；实际利用外资8 972.2万美元，完成年计划的112.1%。

三、借权作为，不思后果，涉足"分外之事"

招商引资工作是一项"处处求人"的工作，在服务投资者的过程中，牵涉到众多的权力部门，按照党内实行的"分工负责制"，我不能跨领域指挥不是我分管的部门，可从实际上讲，仅凭外经贸局和开发区，我很难协调解决企业碰到的问题，有板有眼地走程序，工作效率难以保证，所以，我时不时地跨越"雷池"，向有关部门借权做事。……

四、芒刺在背，不辱使命，当好"形象大使"

作为一名从苏南到苏中挂职的干部，作为江苏省"十佳优秀公务员"，我始终牢记自己是苏南人，是党的优秀干部，是受组织的信任到苏中工作的。我的身后，有着组织的殷切希望，有着苏南百姓期待的目光，在××市工作，我必须要时时刻刻树好苏南干部的应有形象：一是吃苦耐劳的形象。苏南经济条件好，苏南干部娇生惯养，这是其他地方的干部对苏南干部的想象。到××市以后，市委领导特地关照，让我可以不按照××市干部的工作要求加班加点。我一方面感谢领导关心，另一方面更加严格要求自己。一年来，110多个节假日，我只休息了不到20天，全年几乎天天晚上加班。……我用实际行动表示，苏南干部是肯吃苦的，是能吃苦的。二是亲民爱兵的形象。我是农民的儿子，我在农村长大，我多年从事农村工作，亲民爱兵是我的一贯作风，到××后，我继续保持和发扬了亲民的朴素作风。与下属平等相处，与群众打成一片，不拿“官架子”，不打“官腔”，不摆“官谱”，坚持从群众中来，到群众中去，真心倾听群众意见，热心为群众排忧解难。在市经济开发区两次“下访”工作会上，我对上访的群众热情接待，会后加强协调沟通，确保问题全面顺利解决。三是洁身自好的形象。在招商引资工作中，陪客商吃饭是人之常情，工作需要，除此之外，我是一概不去，做到“常在河边走，就是不湿鞋”。我积极而主动地投身共产党员先进性教育活动，用吴仁宝、张云泉等优秀共产党员的先进事迹来教育和激励自己，追求更加美好的人生境界。

总之，一年来自己通过努力，克服了一些困难，取得了一些成绩，使自己得到一次全面的锻炼。但是，我的所作所为、所思所想与党组织和人民群众的要求还有一定差距，还没有将苏南先进的观念全面融入××市，大胆泼辣开展工作的作风还不够鲜明，还需要在工作中不断加强学习和磨练。今后，我将牢记组织重托，按照中共××市委的工作部署和要求努力工作，全力发挥自己的聪明才智，为推进××市“两个率先”进程、早日将××市建成“和谐社会”贡献自己的力量。

[选自周伟忠：《挂职工作小结》，载《应用写作》，2006（5）]

[简评] 这份总结详略得当，中心突出，个性鲜明，文采斐然，尤其是小标题，概括得准确精练、生动形象。

第四节　讲话稿

一、讲话稿的概念和特点

讲话稿是指把准备在特定的会议或公众场合的发言事先写出来的一种应用性文字材料。

讲话稿有其突出的特点：第一，务实性。讲话稿是发言人讲话的蓝本，以解决实际问题、推动工作为目的，因此，讲话稿一定要联系实际，体现出政策水平和理论水平，不能玩文字游戏，进行空洞的说教。第二，可听性。讲话稿是通过讲话者的“说”与听众的“听”来完成的，因此，要选用响亮的字眼，把书面语改成口头语，化专业语汇为通俗语汇，使听众容易听、愿意听。第三，鼓动性。讲话是一种面对面的交流，需要有一定的号召力和感染力，能使讲话者把思想、观点和感情传达给听众，并使听众在情感上引起共鸣，在理智上能心悦诚服地接受。

二、讲话稿的分类

讲话稿内容丰富，应用范围很广，表现形式灵活，可作如下分类：

（一）按讲话稿的内容分

有政治讲话稿、学术讲话稿、法庭辩论讲话稿、社会工作讲话稿等。

（二）按其适用范围和表现形式分

有工作性讲话稿、礼仪性讲话稿、演说性讲话稿等。

1. 工作性讲话稿

工作性讲话稿包括两类：一类是指领导为在大型会议或重要场合作有关政治、经济、文化和学术、局势等报告及重要讲话而事先撰写的文稿，如开幕词、闭幕词、工作报告、动员报告等；另一类是普通会议代表的发言稿，如经验介绍、讨论发言等。

2. 礼仪性讲话稿

礼仪性讲话稿主要是指领导或有特殊身份的人在纪念性、祝贺性会议或群众集会上的讲话稿。如祝贺词、欢迎词、欢送词、答谢词、主持词等。

3. 演说性讲话稿

演说性讲话稿是在竞选大会、就职大会、群众集会或主题演讲会上的演讲稿，内容具有强烈的鼓动性和感染力。

三、讲话稿的写作方法

讲话稿由标题、署名、称谓、正文等部分组成。

（一）标题

（1）直述式标题（简式标题）。一般由讲话人姓名（职务或“同志”）、事由和文种构成，如《××省长在全省教育工作会议上的讲话》。如《胡锦涛在全国政协新年茶话会上的讲话》。有的直接由事由和文种构成，如《在“三讲”教育动员会上的讲话》、《第××届党员大会开幕词》。有的则在标题中直接标明讲话内容要点，如《发展我县旅游业的几个问题》。

（2）正副式标题，如《与时俱进 继往开来 构筑亚非新型战略伙伴关系——在亚非峰会上的讲话》

（3）文章式标题，如《将解决人类的不平等视为己任》。

（二）时间和署名

一般在标题之下居中直署姓名，也可以用括号注明讲话人、讲话时间，也可以不标注讲话人姓名，在标题下用括号注明发表讲话的时间。

（三）称谓

称谓，即讲话人对与会者的称呼。称呼要礼貌、亲切、得体，应针对不同的听众，选用不同的称呼用语。称谓可分为两类：一类是泛称，如“各位代表”、“同志们”、“同学们”等，它适用于代表大会或同类型人员的重大集会；另一类是类称，即将与会者分为几类，分别称呼，如“主席团、诸位代表、来宾们”或“各位领导、老师们、同学们、朋友们”等，它适用于听众成分复杂、场合隆重的集会，可以照顾到各方面人士。

对社会制度、政治见解不同和身份特殊的人士，一般不称同志，可称“先生”、“女士”或“朋友”。

有时为了使称呼语更富感情，称呼前可冠以适当的修饰语，如“尊敬的××先生”、“亲爱的老师们、同学们”等。

（四）正文

正文包括开头、主体、结尾三部分。

（1）开头，也称开场白。写好开场白要注意做到三点：一要观点鲜明。以肯定的语气表明讲话的要点，以达到制造气氛、争取听众的目的。二要新颖独特。力求选用新颖的语言形式，如提问式、悬念式、引语式抓住听众。三要充满激情。用自己的情绪激发听众的热情，切忌空话、套话。

（2）主体。这是讲话的核心。围绕主题展开论述，注意重点处要铺陈展开，次要处一言带过。要做到主次分明，切忌语言拖沓、词不达意。由于讲话稿的类别很多，不同的讲话稿，主体的内容、展开方法各不相同，可根据实际需要安排结构。

（3）结尾。讲话稿常用的结尾方法有：号召式、誓言式、总结式、幽默式。不论采取哪种方式，要能使听众产生过耳不忘的效果。

四、讲话稿的写作要求

（一）要了解会议性质，考虑听众对象和讲话人的身份

讲稿要根据会议的性质、特点确定要表达的气氛、情绪，还要考虑听众的身份和接受能力，听众乐于接受什么、能够接受什么、接受到什么程度，据此决定讲稿内容的主次详略。如果是为领导写讲话稿，还必须准确把握领导意图，运用越位思维，想领导所想，考虑领导在这个问题上的看法，了解领导的讲话特点，否则，讲话稿就有可能写得不伦不类。

（二）语言通俗，符合听觉习惯

讲话稿与其他的事务文书不同，它要通过语言作用于听觉，因此，要尽量增强语言的通俗性和亲切感，把单调、枯燥、乏味的语言用活泼、生动、形象的形式说出来。因此，写好讲话稿后要反复诵读，把晦涩、拗口、不顺畅的语言删掉，把长句改成短句，言语的搭配要符合“说话”的习惯。

例文一

在四川召开的抗震救灾工作会议上的讲话

（2008年5月17日）

胡锦涛

这次到四川来，主要是实地考察地震灾情和抗震救灾工作的进展情况。

这次发生在四川汶川等地的特大地震灾害，其破坏之严重、人员伤亡之多、救灾难度之大都是历史罕见的，抗震救灾工作面临着十分严峻的困难局面。几天来，在党中央、国务院和中央军委坚强领导下，在国务院抗震救灾总指挥部直接指挥下，四川等受灾省份各级党委、政府和中央各有关部门紧急行动、全力以赴，奋力抗震救灾，抢险救援、医疗卫生、群众生活安置、基础设施抢修、资金物资保障、信息发布等各项工作都取得了重要进展，抗震救灾正在有力有序有效进行。人民解放军指战员、武警部队官兵、民兵预备役人员和公安民警以最快速度奔赴抗震救灾第一线，临危不惧，顽强奋战，争分夺秒解救被困群众，发挥了主力军和突击队的重大作用。全国各地区各部门和社会各界大力发扬“一方有难、八方支援”的精神，调集大批人力、物力、财力支援灾区抗震救灾，向灾区人民送温暖、献爱心，充分体现了万众一心、同舟共济的伟大民族精神。在这里，我代表党中央、国务院和中央军委，向英勇顽强的灾区干部群众，向为抗震救灾作出突出贡献的人民解放军指战员、武警部队官兵、民兵预备役人员和公安民警，向全力救死扶伤的广大医疗救护人员，向不畏艰险深入抗震救灾第一线采访报道的新闻工作者，向无私援助灾区的各地区各部门和全国各族人民，表示崇高的敬意！向支援我国抗震救灾的外国政府和国际友人，表示衷心的感谢！

目前，抗震救灾斗争形势依然严峻，任务艰巨，时间紧迫，正处在刻不容缓的紧要关头。灾区各级党委、政府和中央各有关部门务必坚决贯彻执行中央的决策部署，把抗震救灾作为当前最重要最紧迫的任务，以更加顽强的精神、更加迅速的行动、更加密切的配合，克服一切艰难险阻，坚决打胜抗震救灾这场硬仗。

当前，要着力抓好以下工作。

第一，要继续争分夺秒地搜救被困群众。抗震救灾工作必须坚持以人为本。抢救人民群众生命是首要任务，必须继续作为当前抗震救灾工作的重中之重。现在虽然已经过了震后 72 小时的“黄金救援”时间，但抢救被困群众的行动丝毫不能放松。只要有一线希望，只要有一点生还可能，我们就要作出百倍努力。要充分发挥人民解放军、武警部队和公安消防特警突击队作用，在救援队伍进入所有乡镇的基础上，尽快进入所有村庄，排查每一处倒塌房屋，竭尽全力搜救被困群众。要充分发挥专业救援队伍的优势，实行科学救援，尽最大努力抢救被困群众的生命。

第二，要全力救治受伤人员。这次地震后，截止目前，仅四川省收治的伤员就已达 11 万 2 千 900 多人，其中不少人伤势十分严重，救治伤员的任务十分繁重。要加强对本地和从各地及部队调集来的医疗救护队伍的组织协调，尽最大努力抢救伤员生命、医治群众病痛。要切实保障灾区医疗急救物资供应，切实满足救治工作需要。现在，灾区医疗机构的负荷很重，为了保证伤员救治，要统筹安排，及时将部分能够安全转移的伤员送往外省市条件较好的医疗机构救治。目前，灾区防疫力量不足，应采取对口支援的办法，充实防疫专业力量，切实做好灾区卫生防疫工作，尤其要重视饮水和食品安全，严防灾区传染病流行，确保大灾之后无大疫。

第三，要想方设法安排好受灾群众基本生活。现在，灾区群众基本生活面临不少困难。要加强组织调运，继续筹措受灾群众急需的生活必需物资，想尽一切办法把粮食、食品、饮用水、药品、衣被等物资运往灾区。当前，灾区急需帐篷，要采取挖掘库存、抓紧调运、扩大生产、争取外援等办法加以解决，尤其要尽快把已经筹集到的帐篷送到灾区群众手中，确保灾区群众有饭吃、有衣穿、有干净水喝、有临时住处。要深入灾区群众特别是遇难者家属，耐心细致地做好思想工作，注重做好心理安抚，维护好特殊情况下的社会秩序，确保灾区社会安定、人心稳定。

第四，要抓紧抢修因灾毁坏的基础设施。尽快实现灾区通路、通电、通水、通信息，直接关系到整个抗震救灾工作的进展。当务之急是要组织精兵强将，克服各种困难，在最短时间内恢复通往重灾区的道路交通，确保抢险救援人员、设备和受灾群众急需的生活物资能够及时运进去，确保受伤群众能够及时得到救治。要采取应急措施，尽快解决灾区用电，解决灾区和救援人员的通信联络问题；抓紧修复供水设施，努力保证居民正常供水。当前，四川灾区仍然余震不断，我们必须保持高度警惕。要严密关注震情，深入开展防震知识的宣传普及，加强对余震的防范，避免造成新的损失。此外，还要加强对已通道路和现有基础设施的管理和维护，加强对塌方、泥石流等地质灾害的监测和预防，确保水库大坝等重点设施安全运行，防止发生次生灾害。

第五，要做好恢复重建准备工作。这次灾害之后，恢复重建任务十分艰巨。要在做好当前抗震救灾工作的同时，及早谋划恢复生产、灾后重建工作。要抓紧调查了解群众房屋倒塌、财产损失情况，尽快研究制定扶助措施。要在搞好规划的基础上，适时组织相关力量，帮助受灾群众重建家园。要及时调查了解工农业生产受灾情况，研究制定促进恢复生产的政策措施。这次灾情十分严重，倒塌的房屋数量巨大，临时安置的群众为数众多，帮助群众重建家园、恢复正常生活需要一定时间。因此，在部署恢复重建工作时，首先要对受灾群众的临时住处和生活作出妥善安排。对这次因灾害造成的孤儿、孤老和残疾人的安置，也要早作安排。

第六，要切实加强对抗震救灾工作的领导。越是危急时刻，越要加强领导。要建立强有力的指挥系统，加强协调，科学调度，强化责任，严明纪律。地方、部队及各方面救援力量要实行统一领导、统一指挥，特别是要加强军地协调，尽快形成大力协同、密切合作的机制，有序推进救灾工作。要充分发挥各级党委和政府的作用，建立健全强有力的市县乡村抗震救灾领导体制，确保中央抗震救灾决策部署落到实处。要充分发挥各级党组织的战斗堡垒作用、各级领导干部的模范带头作用和广大共产党员的先锋模范作用。这场特大地震灾害，是对党员干部最现实最直接的考验。现在是关键时刻、危难关头，所有党员干部都要豁得出来、冲得上去。各级领导干部一定要把人民利益放在高于一切的位置，挺身而出，身先士卒，靠前指挥，到灾情最重的地方去，到困难最大的地方去，成为群众的主心骨。要大力宣传这次抗震救灾斗争中涌现出来的模范集体和先进人物，广泛宣传他们的先进事迹和崇高精神，激励广大干部群众振奋精神、坚定信心、自强不息、顽强拼搏、友爱互助，团结一心同地震灾害作斗争。对各方面自发前来参加抗震救灾的人员，要加强引导和管理，既发挥好他们的作用，又使各项工作有序进行。要加强对中央抗震救灾决策部署落实情况的监督检查，搞好救灾资金和物资的管理。

同志们，中华民族历来具有在艰难困苦面前不屈不挠、团结奋斗的光荣传统。只要全党全军全国各族人民众志成城、顽强拼搏，我们就一定能够克服各种困难，夺取这场抗震救灾斗争的全面胜利！

（选自《光明日报》，2008-05-18）

［简评］胡锦涛总书记此次讲话的重点是部署抗震救灾工作，按照轻重缓急，有条不

紊地、周密地部署各项任务，工作衔接严密，要求具体，语气坚决，表明了一定要打赢抗震救灾这场硬仗的决心与信心。

例文二

成功要从做人始

年轻的朋友们：

近些年，“成功学”逐渐热了起来，讲“成功”的书籍、文章和演讲不少，但在我看来，弘扬社会主义核心价值体系、具有学术和实用价值的不多，迎合急于追求成功的浮躁心理、教人以“术”的浅薄之作却不少，甚至有的宣扬什么“成功”秘诀，教人投机取巧不择手段地追名逐利。对于这些所谓的“成功之学”，我实在不敢恭维！

谈论成功，必从立志说起。追求成功，需要有个目标，并立下实现这个目标的志向。当下谈论成功的文章和演讲，却多是引导人们立志追求头衔显赫、待遇丰厚的什么“长”、什么“家”以及老板、高级白领之类，给年轻人以误导。而事实上，社会是有分工的，社会需要教授，社会也需要木工，大多数只能是普通人。把成功的“胃口”吊得高高的，年轻人难免好高骛远，到头来，空有大志却难以实现，就难免产生失望、气馁、抱怨情绪。

怎样看待成功？如今成功的人是多数还是少数？百业俱兴的昌盛国运，安定有序的社会环境，给人们创造了更多实现个人价值的机会，人们的“成功率”越来越高了。什么叫成功？词典解释为“获得预期的结果”。发明家是成功者，技术能手是不是成功者？身价亿万的企业家是成功者，一个农民学了技艺，挣了钱，发了家过上小康日子，对于他来说，难道就不是成功？要正确地宣传成功，使大多数人有成功感，这样，社会才能稳定、和谐。不要只是盯着名人、名流、大成功者。不要一味鼓吹人们都去做“人上人”，要关注平凡人生，鼓励人人争取成功，进而去演绎人生价值。

自古以来就提倡人要立大志向。这方面的格言、警句多的是，如“志当存高远”啊，“将相本无种，男儿当自强”啊。刘邦年轻时偶然间看到秦始皇出行的威仪，便立志取而代之：“嗟乎，大丈夫当如此也！”陈涉佣耕于垄上之时，就想着将来要荣华富贵，平庸者笑他，他反唇相讥，说：“燕雀安知鸿鹄之志哉！”这些千古传扬的故事，我们要加以分析，汲取其“宁有种乎”的自强、敢闯精神，而他那立志做“治人者”的思想，明显带有封建烙印，显然是与当今社会和时代精神相违背的，我们必须弃其糟粕！

要树立一个与自己境遇、条件相应的目标，才容易“获得预期的结果”，即成功。

成功是一步一个脚印走出来的，要认真干好眼前的事情。“行远必自迩，登高必自卑。”志向，是一种乐观、豁达、坚韧的奋斗精神；成功，赐予永不灰心的执著追求者。我赞赏诗人食指那首《相信未来》中的诗句：

当蛛网无情地查封了我的炉台
当灰烬的余烟叹息着贫困的悲哀
我依然固执地铺平失望的灰烬

用美丽的雪花写下：相信未来

成功的机遇经常会有，但它只青睐肯于日积月累、有充分准备的人。

人，要有远大的志向，这便是理想。它是人的精神支柱、奋斗动力和前进坐标。个人的前途命运，总是与国家、民族的前途命运紧紧联系在一起的。生活在当今的中国人，认准了实现中国特色的社会主义是我们共同的理想，共同的志向。有了这个志向，就会爱祖国，爱人民，爱自己的父母弟兄姊妹，爱周围的人们，在为他们服务、为社会服务中去实现自己的人生价值；有了这个志向，就会树立行行可建功、处处能立业、劳动最光荣的正确观念，实事求是地做出自己的职业定位、事业定位、成功定位；有了这个志向，就会面对现实，正确认识自我，正视环境和机遇，脚踏实地，立足本岗位去艰苦奋斗，发挥自己的聪明才智，知进退，明得失，从容自如地一步一步走向成功。

国家的兴旺为每个人创造了成功的机遇，每个人的努力奋斗在改变自己命运的同时，也推动着社会的进步。

我认为，成功，主要是“道”的问题，“术”是次要的。成功与否，从根本上说取决于人的素质，尤其是思想道德素质。还是那句老话，要树立正确的人生价值观，提高思想觉悟和全面素质，立志成才。人们往往艳羡成功者的名与利，却较少注意从“做人”、做个“好人”这一基础做起。成人——成才——成功，是规律。说得形象一点儿，我们可以说，成人是根，成才是花，成功是果。两千多年前，孔老夫子的人生轨迹是——“格物、致知、修身、齐家、治国、平天下”，他最强调的是修身，如把“格物、致知、修身”抛在脑后，只想“治国平天下”，怎么会成功？

总之，成功要从做人始！谢谢大家！

［选自谷长春：《成功要从做人始》，载《演讲与口才》，2008（3）］

［简评］演讲者首先纠正了社会价值体系中关于“成功”的错误认识，而后说明什么是真正意义上的成功，追根溯源地探究成功与做人的关系。论点突出，旗帜鲜明，论据充分，论证有力。

第五节　调查报告

一、调查报告的概念、功用和特点

调查报告是对社会上某一问题或事件进行专门调查研究后，把所得的材料和结论加以整理写成的书面报告。它是调查研究报告的简称。

调查报告在实际工作中的作用主要有：为领导机关制定政策、措施提供依据；为扶植新生事物，推广先进经验制造舆论；是揭露事实真相、宣传政策、指导工作的手段。

调查报告的主要特点是：尊重事实、凭借大量的数字说明问题；力求揭示出事物的本质规律；调查对象具有典型性；采用第三人称、夹叙夹议的表述方法。

二、调查报告的类型

调查报告内容丰富，种类繁多，按不同的角度可将其分为不同的种类。

（一）按调查报告的内容范围分

可分为两类：

（1）专题性调查报告。它是对某项工作、某一问题、某个事件进行深入细致的调查研究后写成的。它内容单一，范围较小。这类调查报告针对性强，对工作具有极强的指导作用，如《中学生上网情况调查报告》、《关于医生收入情况的调查》等。

（2）综合性调查报告。它涉及面广泛，一般是围绕一个中心，组织多方面的力量进行普遍的调查，在获得大量材料的基础上进行分析、归纳和综合之后写出的，如《中国国情报告（2008—2009）》和毛泽东同志的《湖南农民运动考察报告》。

（二）按调查报告的功能作用分

可分为三类：

（1）指导型调查报告。此类调查报告以社会生活中值得和应该推广的先进经验、优秀典型为调查对象，通过对这些对象的调查研究，提出若干值得人们借鉴和思考的问题。

（2）定性型调查报告。此类调查报告通过对某件或某几件相关的事件或者某个引起争议的人物进行调查，站在政策的高度作出某种定性，以引起有关方面的重视。

（3）建议型调查报告。此类调查报告针对某个事关全局的问题和国情、民情进行调查，通过分析、对比、评述，向上级机关和决策者提供意见、建议和方案。

（三）按调查报告的写作内容分

可分为五类：其一，基本情况的调查报告；其二，新生事物的调查报告；其三，典型经验的调查报告；其四，揭露问题的调查报告；其五，历史事实的调查报告。

三、调查报告的写作方法

调查报告一般由标题、正文和落款三部分组成。

（一）标题

调查报告的标题形式有以下几种：

（1）公文式。由“调查机关＋事由＋文种”或“事由＋文种”构成。如《西安市粮食局关于全市粮油食品消费情况的调查报告》、《××局关于职工思想状况的调查》，或《关于我市工业经济发展情况的调查报告》、《关于农村教育问题的调查报告》。也可以省略“关于”，如《工薪族私家车情况调查》、《农民负担情况调查》。

（2）主题式。点明调查课题或表述文章观点。如《家庭暴力犯罪不容忽视》、《股份制改造是国有大中型企业的根本出路》。

（3）正副式。如《贫富中国——中国城乡收入差距调查》、《千金散尽还复来？——大学生求职成本调查》。

（4）提问式。即标题提出问题或者以设问的形式提示调查报告基本内容，以吸引读者注意力。如《何种原因引起大学生心理障碍》、《民办高校毕业生为什么走俏》。

（二）正文

正文包括导语、主体、结尾三部分。

其一，导语，即前言，是调查报告的开头部分。一般单独成段，写法上灵活多样。常见的有以下几种形式：

（1）交代式。直接交代调查的目的、时间、地点以及调查的对象、范围和方式。

（2）提要式。将被调查对象的主要情况、调查后的结论用概要的文字叙述清楚。

（3）设问式。抓住关键提出问题，引发思考，让读者循着作者的思路，明了问题的实质。

其二，主体。主体是调查报告的主干部分。这部分主要通过典型生动的事例和具体确凿的数据介绍调查对象，叙述事物发生、发展的过程，揭示矛盾，分析原因，总结成绩、经验和教训，或提出问题和具体建议。

主体从行文结构上看，大致可分为横式、纵式、纵横结合式三种。

第一种，横式结构，是按事物的逻辑关系从不同的方面或角度来组织材料，即把调查材料或要突出的问题按性质分成几个部分，每个部分可加序号或小标题。这种写法适用于综合性调查报告。写作时要注意各个部分之间的关系，各部分既要有相对的独立性，又要有密切的内在联系。

第二种，纵式结构，是按事件发生、发展、变化的过程或时间的先后顺序安排材料。这种写法适用于专题性调查报告。写作时，可把主体部分分成几个阶段，各部分的安排呈递进状，前后顺序一般不能颠倒。

第三种，纵横结合式结构，也称综合式结构，即总体为纵式，局部为横式；或总体为横式，局部为纵式，兼用纵横两种方式，互相穿插配合，组织安排材料。一般在叙述事实发展过程时用纵式结构；在写收获、认识和经验、教训时采用横式结构。

其三，结尾。调查报告的结尾是全文主题的自然升华和内容的收束，其具体写法要根据主体部分的内容和结构方式而定。常见的写法有以下三种形式：

（1）总结式。根据全文内容在结尾处得出结论，借以强化主题，加深读者印象。

（2）提问式。从调查报告所关注的社会问题、社会现象或事件中提出问题，启发读者思考。

（3）建议式。针对调查内容提出一些建议，以引起有关方面的关注，敦促问题的解决。

此外，结尾也可以展望前景、指明方向、提出希望，或采取自然结尾的方法。

（三）落款

写明调查报告的作者，即调查单位名称或调查组名称或调查人员姓名。如果已在标题下署名，结尾处只写成文日期。

四、调查报告的写作要求

（一）必须掌握大量的第一手、第二手材料

要深入群众，通过各种方法获得第一手材料、第二手材料，了解调查对象各方面的情况，包括正面的、反面的，直接的、间接的，历史的、现实的，为分析研究提供大量可靠的事实依据和理论依据。

（二）揭示出事物的内在联系、本质规律

调查报告不是调查资料和研究结论的照抄、缩写或摘要，而是需要作者对那些表面的、零散的材料进行全面深入的分析，有所取舍，并将调查对象的特殊性上升到普遍性，反映出事物的内在联系和本质规律。

（三）观点和材料要统一

调查报告所揭示的结论，必须是通过对具体情况、具体事实的客观叙述和分析很自然地得出的。要注意选取精确、充足的材料来说明观点，不能脱离材料空发议论，也不能只摆一大堆材料，不提观点和结论。观点和材料要做到有机统一。

（四）处理好叙述和议论的关系

要注意把叙述和议论有机地结合起来。用精练的叙述交代调查对象的基本情况，介绍调查的经过，述说调查的典型事实。用简要的议论说明政策，总结经验，阐明规律。

例文

感兴趣，但整体科学素质有待提高

——对吉林省部分高校本科生科学素质状况的调查与分析

为了解本科生的科学素质现状及其教育培养状况，吉林大学“创业教育与大学生创新素质培养”研究项目组从2006年3月开始，历时3个学期，选取吉林大学、东北师范大学等6所具有代表性的高校，分为文史专业组、理工专业组、农医（生物）专业组、畜牧专业组等，采取发放问卷的方式进行了抽样调查。共发出调查问卷1418份，回收1409份，回收率为99.3%。

调查主要从本科生对科学技术信息的感兴趣程度、对科学技术影响人们生活的看法、对科学术语的了解情况、对科学基本知识的掌握情况、对科学理论和科学问题的了解情况5个方面进行提问和评定。

大学生科学素质总体状况如何

1. 对技术信息的感兴趣程度：

问卷涉及本科生参与科学活动的状况，对自然生物、社会时政方面信息的感兴趣程度。

在参与科学活动方面，调查显示：本科生在高校期间对于“购买非教材的科学图书、刊物，在互联网上专题检索科学信息，参加专题科学讲座和科学报告，自己选择题目进行科学研究，质疑课程中的知识并刨根问底，参加体育文娱书画等才艺表演，参加知识演讲辩论创作等竞赛，收听广播电台的科学技术节目，观看电视中的科学技术节目，阅读科普书刊和观看科普画廊，参观自然、生物、历史博物馆，参观专题科技馆或发明展览”等科学活动（调查时分项统计，下同），参加过的人占60%—80%，比例较大，而没有参加过的占20%—40%，比例相对较小。

在自然生物等科技信息方面，调查显示：本科生对调查中列举的“黑洞演化理论、中国登月工程、冰川加速融化、海啸地震事件、新型避孕药物、生物种群灭绝、克隆人的动态、精子和卵子库、转基因新食品”等自然生物方面的信息，感兴趣和很感兴趣的人占50%—80%，比例较大，而无兴趣、反感的占20%—50%，比例相对较小。

在社会时政等方面，调查显示：本科生对“安理会新决议、恐怖主义事件、体育彩票活动、物价税费改革、人事制度改革、宣传安全套用法、就业与招聘信息、反腐倡廉新举措、军事与国防事业，妇女的解放运动”等社会时政方面的问题，感兴趣和很感兴趣的人占60%，比例较大，无兴趣、反感的占40%。

2. 对科学技术影响人们生活的看法：

调查显示，本科生认为科学技术对人们生活水平、公民道德水准、一般工作条件、个人生活情趣、公众身心健康、世界和平状态、人口年龄结构、生态环境保护，有积极影响的占40%—70%，比例较大，认为有消极影响和两者差不多的占20%—50%，比例也很大，认为没有影响和说不清楚的占10%，比例很小。

3. 对科学术语的了解情况：

调查罗列了19个科学术语（DNA、克隆、转基因、原子、电磁波、纳米、太空棉、绿党、全球化、恩格尔系数、潜意识、灵感、创新、悖论、数字化、模糊、价值、范畴、普遍规律），涉及自然术语、生物术语、思维术语、数学术语、社会术语、哲学术语6个方面。调查显示，本科生50%左右对科学术语的含义不了解或不能进行正确解释；50%左右对科学术语的含义了解，但只停留在十分浅显的、“熟知而非真知”的程度。对科学术语没听说过的约占10%，比例很小。

4. 对科学理论、科学问题的了解情况：

对于科学理论，调查列5个问题（葛里克做马德堡半球实验表演、爱因斯坦否定绝对时空观、制止核武器扩散条约、哥白尼发表日心说、我爱我师但我更爱真理），调查显示，对科学活动说不清楚的人占73%—85%，比例较大，真正能了解其中蕴含的科学精神的仅占15%—27%。

调查列举了5个科学问题（长江有可能成为第二条黄河、汽车释放大量尾气会加剧温室效应、青藏高原上空出现臭氧层空洞、精美的家具装饰材料可能产生放射性污染、转基因动植物有可能改变物种进化方向），调查显示，对于生态环境、转基因等方面涉及子孙后代生存、繁衍的重大问题，比较关心和非常关心的人占65%—85%，不太关心和没听说过的占15%—35%，比例较小。

影响大学生科学素质的因素有哪些

科学素质是现代人综合素质的一个重要方面，是一个人的科学认知水平、认知能力、科学实践能力和科学创新能力的综合体现。21世纪的本科生只有具备较好的科学素质，才能有较高的综合素质、较强的创新能力，才能适应科技、经济及社会的发展需要。

从列表问卷的结果看，本科生是崇尚科学、崇尚科学家的知识分子群体，对一些科学活动和事件是关心的，但由于科学知识缺乏，没有形成基本的科学精神和科学意识，还不具备分辨科学与伪科学的能力，还不具备用科学方法思考、解决社会生活中的各种问题的能力，总体上体现出科学素质水平不高的状况。

造成这种状况的原因是错综复杂的，究其主要原因，与我国经济、政治、文化和科学技术相对落后有关。但就我国高校的教育机制、培养路径来看，其主要原因在于：一是本科生获得科学知识的公共设施缺失；二是本科生获得科技信息的渠道过窄，绝大部分人依靠网络和报刊获得信息；三是本科生接收科学技能的思维方式陈旧；四是本科生参与科普活动、科普工作的理论和实践研究缺少组织保证。

提高大学生科学素质的途径何在

针对本科生科学素质培养方面存在的问题，应该采取多渠道、多形式、全方位、优化组合、统筹安排、全面推广的培养路径，提高本科生的科学素质。

1. 加大科普教育的投入。高校作为科学素质培养的重要基地，应在现有条件下，建立科技交流场馆或在图书馆中另辟科技交流场所，扩充阅览室，尤其是电子阅览室，在寝室安装定时播放的电视等公共设施，以满足本科生科学素质教育的需要。

高校因其环境和资源的合理组合，在科学素质培养方面具有得天独厚的优势。一方面，高校固有的先天特征，即具有学术自由的传统、宽松的文化环境、深厚的人文精神积淀、学科的综合性等，非常有利于科学素质培养；另一方面，高校正在逐渐走进社会发展的中心，国家对它寄予厚望，为其提供了一定的资源，它拥有的丰富的物质和人力资源，在科学素质培养教育方面具有优势，可为本科生的成长和发展提供宽广的平台和强有力的保障。

2. 扩展网络化建设。互联网是本科生（上网的主要群体）拓宽信息的重要渠道。有条件的高校可按 4 个学生拥有一台电脑的比例设置电脑的数量，并加强人机管理，避免部分学生痴迷于游戏或聊天，不能正确利用网络资源的现象。

3. 强化校园环境文化建设。高校要在加强校园精神文化建设、制度文化建设的同时，强化环境文化建设。清洁、优雅、整齐、有序的环境，不仅可以激发师生的自豪感和凝聚力，而且可以提高工作、学习效率，促进师生的行为和人格的发展。校园作为先进文化的生长点和传播地，要扩大科学文化传播的范围，广泛传播科学思想、科学精神，营造浓厚的学术环境和健康的文化环境。

4. 改变本科生的惯常思维定式。本科生受应试教育的影响，一般在上大学以前就形成了重专业知识学习、轻科学知识博览的惯常思维定式。目前的大学本科阶段仍然注重专业教育，学生的知识面比较狭窄，高校提供的通识教育又差强人意；高校对学生的精神世界关注不够，在学生批判意识和个性的培养方面不能充分满足学生的需要。因此，科普工作者包括教师、科学家要转变教育方式，在教学过程中既要注重传播知识，又要注重传播科学方法和科学思维方式，努力改变本科生的思维方式，拓宽其知识面，培养他们用科学的思维方式看待生活和工作中的各种问题及分析解决问题的能力。

5. 参与科普工作的理论和实践研究。要组织本科生参与科普活动、科普工作的理论和实践研究，包括对世界科普和公众理解科学的历史、中国科普历史、科普机制、科普创作方法、传播学、外国公众理解科学的理论及实践、科学与艺术、科学与宗教、科学与文化、科学与教育、科学与伪科学、科学与迷信、国内外重要的科普人物、科幻文学、国内外重要的科普机构和组织，以及科学技术对社会的影响等问题的研究。扭转其不参与或参与甚少的状况，组织他们成立各种各样的学生社团组织，大力开展“科技节”或以科技为主要内容的活动，等等。建立科普激励机制，设立以科普为主要内容的奖励或将科普成就与奖学金联系起来。建立公平公正的价值激励机制，激发本科生学科学、用科学的积极性和主动性。

（选自徐奉臻、王跃新、王天兵：《感兴趣，但整体科学素质有待提高》，载《中国教育报》，2008-06-05）

［简评］此调查报告通过对回收问卷的统计分析从五个方面概括出本科生整体科学素质的状况，并依据现状分析了原因，提出了对策，内容集中，层次清晰，逻辑严密。

第六节　述职报告

一、述职报告的概念、功用和特点

述职报告是指任职者根据制度规定或工作需要，定期或不定期向选举或任命机构、上级领导机关、主管部门以及本单位的干部职工，陈述本人在一定时间内履行岗位职责情况的书面报告。

述职报告在实际工作中具有重要作用：它是组织、人事部门、领导机关及群众了解、评议、监督干部的重要依据；是考核、推荐和任用干部的重要参考；是提高干部自身素质的重要渠道。

述职报告既不同于工作总结、工作汇报和思想汇报，又不同于行政公文中的“报告”，也不同于施政演讲，它有其自身的特点：

其一是作者的特定性。作者必须是某职位的任职者。

其二是内容的限定性。述职报告的内容必须是领导者本人在任职期间对自己分管的工作在德、能、勤、绩等方面的自我回顾和评价。不是自己职权范围的事，即使做了些工作，也不必写入。

其三是时间的限制性。述职报告的时限性表现在两个方面：一是述职的起止时间限制，必须是在自己任职期限内的工作；二是必须是在考核期所规定的时间写出，并向有关人员宣读。

其四是语言朴实、庄重、准确、恰当。叙述语言要求平实、庄重，少华丽、轻浮。判断推理及评价成绩要准确、恰当、合乎事实和逻辑。

二、述职报告的分类

述职报告一般可作如下分类：

（一）按单位性质分

可分为：其一，党政机关各级领导人的述职报告；其二，企业、事业单位各级领导人的述职报告。

（二）按述职时间要求分

可分为：其一，年度述职报告（也叫例行述职报告），就是一年一度定期作的述职报告；其二，任期述职报告，就是干部在任期届满时所作的述职报告；其三，阶段性述职报告，即领导在年度、任职期间，被要求述职时所作的述职报告。

三、述职报告的写作方法

述职报告一般包括标题、署名、称谓、正文四部分。

（一）标题

述职报告常用的标题方法是直述式，如《述职报告》、《我的述职报告》。如果是某年度的述职报告可写作《2005 年度述职报告》，如果是阶段性述职报告可写作《2003—2004 年述职报告》。

（二）署名

在标题之下写出述职者的姓名。

（三）称谓

因领导述职的对象不同而称谓各不相同。如果是向组织、人事部门或上级领导述职应写作“组织部”、“人事部”或“各位领导”；如果是对下属职工、群众述职可写作“同志们”。

（四）正文

正文包括引言、主体、结尾三部分。

其一，引言。应写出何时开始什么职务，分管什么工作；也可用极简洁、概括的语言对工作进行总评。引言部分与主体部分可用“现将××的工作报告如下，请予评议”或“在任职期间主要做了以下几方面的工作”作过渡语。

其二，主体。主体是述职报告的主要内容，是述职者向考核者具体、详细地报告任职期间本人在德、能、勤、绩等方面取得的成绩及不足。其内容主要包括以下几方面：

（1）岗位职责。首先要简明扼要地叙述清楚自己的岗位职责和工作目标、工作计划、指标完成情况。

（2）主要做了哪些工作，取得了哪些成绩。叙述工作时，要分项逐一述说，各项内容要适当归类。叙述成绩时要列举出体现成绩的事实和数据，如今昔对比、数字的变化、计划指标和完成指标的比较、群众反映等。

（3）做工作的指导思想。

（4）在自己职权范围内，有哪些开拓性的工作。包括具体工作中自己有哪些创见，为实现自己的主张做了哪些努力及遇到哪些困难，是怎样克服的，取得了哪些成功的经验等。

(5) 存在的主要问题及经验教训。实事求是地指出自己在工作中的缺点或失误，主观上应负什么样的责任，客观原因是什么，从中吸取什么教训等。

述职报告正文的结构形式，应根据内容的需要而定。其基本结构形式有：

(1) 工作项目归类式。这种结构形式是把所做过的工作按性质加以分类，逐条表述。

(2) 时间发展顺序式。就是把工作按时间顺序分成几个阶段，分别写出各阶段的工作情况。

(3) 内容分类集中式。这种方式是把述职报告的内容分类集中，由几个部分构成一个整体，一般分成工作回顾、成绩收效、简要体会、失误和教训等几部分，也可在每部分前加上小标题，又叫小标题式。

以上三种形式各有特点，选择时应根据各自的情况灵活使用。

主体部分是考核及评议的主要依据，也是述职者述职成败的关键，必须着力写好。

其三，结尾。结尾部分表明述职者的愿望与态度，如对今后的工作表态，请求考核者严格审查、评议、批评、帮助等。通常要用结尾标志性用语，如“述职完毕，谢谢大家”，或“我的述职完了，请同志们批评指正”。结尾用语态度要诚恳，语言要中肯，以求得考核者及到会同志的理解和帮助。

四、述职报告的写作要求

(一) 要讲真话，防止弄虚作假

写述职报告要实事求是，论断准确，一分为二，既要突出政绩，又要评价适当，不能故意夸大。缺点和不足也要说够、说充分。要避免讲成绩、优点时，浓墨重彩；讲问题、不足时，轻描淡写，一笔带过或只字不提。

(二) 要突出重点，防止记流水账

述职报告应突出重点和特点，以叙述履职情况为主，尤其要写出自己与别人不同的特点来。因此，述职前必须对那些琐碎、分散、零星的工作材料进行筛选和整理，有所选择，有所侧重。切忌面面俱到，泛泛而谈。

(三) 要围绕职责，防止超越范围

写述职报告不能脱离自己的工作职责范围和工作目标，不要把超出职责范围所做的事情当做述职的内容来凑数，也不要把集体或别人的工作成绩硬往自己身上拉。

例文

我的述职报告

各位领导、同志们：

2007 年 3 月 15 日，我从市委研究室调到市经济环境监察中心工作。5 月 14 日，市经济环境监察中心发出 2007 年 1 号文件《关于市经济环境监察中心领导成员分工的通知》，明确我分管“万人评机关”、和谐机关建设工作和市经济环境监察中心综合文字工作。7

个多月来，围绕分工，按照职责，我尽心尽力开展工作，竭尽所能完成任务，成为科学发展观的积极倡导者和和谐社会的主动建设者。现将有关情况述职如下：

一、关于“万人评机关”工作

2007年的“万人评机关”工作，总体上沿袭了往年的做法，年中和年末各集中测评一次，方式方法基本不变。其目的，就是要稳妥推进机关作风建设，这一目的通过过去一年的努力已基本实现。实事求是地讲，去年的“万人评机关”工作，大量的工作都是在同事们帮助之下完成的。不过我是个闲不住的人，在工作中，我坚持理论联系实际，认真研究和观察“万人评机关”工作的基本规律，主动听取收集社会各界及方方面面的意见，酝酿成熟了新一年“万人评机关”工作的改革方案。这个方案的核心内容是：

（一）规范称呼。将“万人评机关”的名称更改为“社会评议机关”，千人也好，万人也罢，统称“社会评议机关”。

（二）下移重心。2008年，“社会评议机关”要丰富内容、扩大内涵。82个部门的作风建设由市作风建设领导小组组织评议，各个部门的职能科室由部门自己组织评议，重点部门和重点科室由专业部门或社会中介机构组织评议。按照市级机关作风建设长效机制的要求，将“社会评议机关”的范围覆盖至机关每一个角落和每一个人，使之真正成为2008年机关作风建设的三大抓手之一。

（三）改进方式。“社会评议机关”，侧重评议的是机关外部形象，主要通过群众评议来完成；日常考核，侧重考核的是机关内部管理，主要通过明察暗访来完成。2008年，社会评议机关不再与日常工作捆绑式考核，而是两条腿走路，用作风建设来统率。

（四）下放权力。“受群众监督，请人民评判”，充分尊重群众的选择和听取群众的意见，将评判权进一步下放给社会。在权重设计上尽量一致，一人一票，以人为本。

（五）运用结果。在精心组织、确保公正的前提下，“社会评议机关”的结果及时向社会公布，反映的问题及时向机关部门反馈并督促认真办理；相关人员的惩处要到位，特别是提拔任用要与评议结果基本一致。

需要说明的是，这个方案纯粹是个人建议，是我为完善“社会评议机关”工作所尽的绵薄之力。

二、关于和谐机关建设工作

2007年，是全市机关作风建设开展集中整顿的第四个年头。这一年，市委、市政府根据党的十六届六中全会通过的《中共中央关于构建社会主义和谐社会若干重大问题的决定》的文件精神，将和谐机关创建列为今年机关作风建设的主题，在全市82个市级机关部门中组织开展了声势浩大的和谐机关创建工作。作为个人来讲，我主要做了如下工作：

一是构建正确的和谐理念，并尽最大可能推广之。我在反复学习中央和省市委关于构建社会主义和谐社会文件及理论文章的基础上，结合自己这么多年作为一名机关工作人员对机关作风的感受，形成了和谐机关创建的主流理念，概括起来四句话：①领导科学是机关和谐的“润滑剂”；②权力异化是机关不和谐的“始作俑者”；③自我革命是解决机关不和谐因素的“重要通道”；④人民认可是评价机关和谐的“基本尺度”。为了保证这些理念能够为广大机关工作人员特别是部门分管同志所接受，我采取了探讨的方式进行宣传，先后走访调研了59个市级机关部门，在一定范围内进行大力宣传，使和谐机关创建工作从一开始就有正确的理论指导，向着正确的方向前进。一年来，和谐机关创建工作既实实在在又富有成效，就是对上述和谐理念的首肯。

二是瞄准合适的创建抓手，并全力以赴实践之。整个和谐机关创建工作任务，年初用市委2007年12号文件做了明确，我在督促各个部门认真落实的同时，采取突出重点、详略得当的工作方法，重点抓了"和谐机关创建擂台赛"、"和谐机关创建剪影"、"社会评说和谐机关"、"机关服务课题创新"等四大工作，使和谐机关创建工作好戏连台、大戏不断，在和谐姜堰创建9个工作组中起到了"领头羊"的作用。如今回想起来，"百般滋味在心头"：一方面，我为完美的设想不能够快速实现而惋惜；另一方面，我为意想不到的成功而惊喜。在"和谐机关创建擂台赛"组织过程中，总共有50个部门报名参加，每一个部门的材料我都认真阅读，其中把关的一个重要环节就是文风。文风不正，文采再好都不行。我希望所有部门的文章，都要直接回答老百姓最关心的话题，而不是花花肠子绕弯子。（略）为了达到上述目的，我为自己增加了数倍的工作量，做了很多"吃力不讨好"的工作。7月份某个星期日，我在家准备砌房子的材料，接到某个部门的电话要求帮助看一下材料，我二话没说，冒着38.6度的高温从白米赶到姜堰；在"社会评说和谐机关"资料片拍摄过程中，我坚持和记者到一线采访，有好多事情需要晚上回来加班，这样做的目的就是借助这个机会多深入基层，多听听基层的声音，保持清醒的头脑和清晰的思路，绝对不是为了完成任务而完成任务。（略）

三是探索长效的创建机制，并与时俱进谋划之。进入10月份以来，我根据领导的部署，在头脑中思考机关作风建设长效机制的问题，期盼找到一种好的方法，将机关作风建设从集中整治转到日常管理轨道上来，从一年一个主题转到构建长效机制上来，并先后起草了两份文件，名称分别为《关于构建市级机关作风建设长效机制的意见（讨论稿）》、《关于进一步深化行政管理体制改革的意见（讨论稿）》。就机关作风建设，我认为重点抓四条，即平行式教育、人性化管理、民主性监督、透明状考核。其中民主性监督重点抓三点，即社会评议机关、群众投诉受理、明察暗访。这些思路，是工作经验的积累，也是我思考研究的结晶，我有责任、有义务也有决心在新的一年里赢得领导的支持，积极加以应用推广，努力为市级机关作风建设作出新的更大的贡献。

三、关于综合文字工作

市经济环境监察中心是市政府的派出机构，其主要职责就是为经济发展提供良好环境，或者说是与不良行政行为作斗争。近年来，随着我市经济的发展，市经济环境监察中心的任务越来越重，地位和作用得到强化和巩固，相应的文字材料任务也随之加重，对文字材料的要求也越来越高。最为关键的是，这项工作处于改革创新的最前沿，是不良传统习惯的挑战者，起草任何材料都无先例可鉴，必须是政策水平、实践能力和文字水平三者的综合统一，而我在这些方面都有欠缺。今年以来，我执笔起草了三份文件初稿、编排了五期情况简报、撰写了五篇汇报材料和一篇领导讲话初稿、撰写了两篇电视专题片脚本以及多种工作计划、方案及通知等文字材料，只能说基本上适应了工作的需要。

我清醒地知道，一年来，由于种种原因，我起草的文字材料质量不高，指导实践的意义不大，几乎没有向外发稿，没有享受到写文章的快乐，也没有注重发现和培养有写文字材料潜力的人才，这应该是我2007年工作的最大缺陷。需要特别指出的是，由于我2007年刚刚来到新的工作岗位，对经济环境监察中心工作研究不深、介入不多，加上以前在服务招商引资过程中，对姜堰的经济环境有很多的切肤之痛，所以，我始终觉得我手中的笔有千钧之重，我要用更多的时间学习经济知识，研究部门职能，同时深入基层，亲力亲为，这样才能够实现理论高度和实践深度的有机结合，写出一些精品力作。

往事不可改变，未来需要创造，新的一年，我将从头开始，超越自我，创造佳绩！

以上是我的2007年述职报告，请领导和同志们批评指正！

述职人：××

二〇〇八年一月五日

［选自钱俊：《我的述职报告》，载《应用写作》，2008（3）］

［简评］本文结构完整，思路清晰，内容集中，重点突出；既讲出了成绩，也不回避问题；观点和材料严密结合，叙议统一；态度诚恳谦虚，语言简洁流畅。

第七节　典型材料

一、典型材料的概念、功用和特点

典型材料是把先进集体或先进个人的事迹，经过综合整理，用于上报或在一定范围内交流的书面材料。

典型材料运用范围极广，机关、团体、企事业单位乃至广大农村基层单位都可以使用。它的作用十分明显，具体表现在示范引路作用和借鉴启迪作用。

典型材料的突出特点是：真实性、典型性、经验性以及边叙边议的写作方法。

二、典型材料的分类

从不同的角度，可将典型材料作如下分类：

（一）按内容分

可分为工作、学习、生产、企业管理、技术改革、优质服务等典型材料。

（二）按性质分

可分为综合性典型材料和专题性典型材料。

（三）按对象分

可分为个人典型材料和单位（集体）典型材料。

现采用按对象分类法，讲授其写作方法。

三、典型材料的写作方法

个人典型材料和集体典型材料写法基本相同，一般包括标题、正文、落款三个部分。

（一）标题

（1）公文式。如《关于××学院加强素质教育的经验》、《关于评选××处党支部为省直机关先进党支部的材料》。也可以省略“关于”，如《××医院创建文明窗口事迹材料》。

（2）正副式。如《丰富生命内涵 建设精神家园 ——××学校创建绿色校园典型材料》、《超越极限 ——××同学先进事迹纪实》、《心系患者 甘做绿叶 ——××护士长事迹简介》。

（3）引用式。引用诗词、格言、俗语作为标题，还可用比喻、对偶的方法使标题生动形象。如《不待扬鞭自奋蹄 ——许××先进事迹介绍》、《小荷才露尖尖角 ——记青年教师戴××》等。

（二）正文

正文分开头、主体、结尾三部分。

（1）开头。开头的写法较灵活，可先写先进单位或个人的基本情况，也可先写单位或个人最突出的事迹或群众评价。

（2）主体。这一部分要集中、全面、具体地写出先进单位或先进个人的典型事迹或典型经验，可通过一些能够凸显人物形象的具体情节、心理活动、典型语言来表现。具体可采用纵式结构方法或横式结构方法。还可以加小标题，突出某一方面的中心。可将某单位或某个人的思想、作风、品德方面的特点概括的小标题，也可用人物的个性化语言作为小标题。可用序码分层。主体要做到详略得当。

（3）结尾。根据全文的需要，结尾可作总结，可展望远景，可讲体会，可赞颂，可评价。总之，要结得巧，结得有力。

（三）落款

落款要写明写作单位和成文时间。

四、典型材料的写作要求

（一）内容必须真实、准确、可靠

只有绝对真实，才能使典型具有激励人、鼓舞人的作用。因此，凡是材料中反映的先进思想、先进事迹和典型经验，一定要认真核对清楚，不允许有半点虚假或人为拔高，不能把道听途说、未经核实的内容写入材料。

（二）观点和提法要恰当、有分寸

在叙述先进典型的先进事迹和经验时，要注意摆正先进典型和其他群众、集体的关系，切不可讲脱离群众、脱离整体的过头话。否则，先进典型就不能起到应有的带动作用。

（三）文字要朴实、简明、生动、感人

整理先进典型材料，主要是要通过事实说话，这就要求在语言文字的表述上，一定要善于选择那些实在、贴切、简明的词语，不可言过其实，不要讲空话、套话。还要注意做到语言生动形象，能够以情感人，增强典型人物、典型事迹的感染力。

例文

大爱无声铸师魂

——记在汶川地震中护卫学生的英雄教师谭千秋

地动山摇。他弓着身子，张开双臂紧紧地趴在课桌上，伴着雷鸣般的响声，冰雹般的砖瓦、灰尘、树木纷纷坠落到他的头上、手上、背上，热血顿时奔涌而出；他咬着牙，拼命地撑住课桌，如同一只护卫小鸡的母鸡，他的身下蜷伏着四个幸存的学生，而他张开守护翅膀的身躯定格为永恒……5月13日22时12分，当搜救人员从四川省德阳市汉旺镇东汽中学教学楼坍塌的废墟中搬走压在他身上最后一块水泥板时，所有抢险人员都被震撼、落泪。

他叫谭千秋，他用自己51岁的宝贵生命诠释了爱与责任的师德灵魂，被湖南省委书记张春贤誉为“英雄不死，精神千秋！”

村里有名的“大孝子”

1957年8月，谭千秋出生在祁东县步云桥镇岩前村。他的父母老实善良，有5个儿女，他排行老大，由于家境贫寒，每顿饭都是以红薯、豆子等杂粮为主，只有一点点米饭，他总是将米饭让给弟弟妹妹吃，自己和父母吃红薯。

谭千秋深信只有知识才能改变命运，他学习非常刻苦，村民都将他作为“勤学楷模”教育孩子。（略）

1978年夏，谭千秋考上了湖南大学。1982年大学毕业，主动报名到四川东方汽轮厂职工大学当了一名“支边”教师。

谭千秋成家立业后，考虑到三个弟弟都在农村，他一人承担起赡养父母的义务，还花钱为家里装了电话，并竭尽全力帮助弟弟妹妹。

（略）

2006年6月，父亲不幸患上骨髓癌。谭千秋立即回老家召开家庭会，他体谅弟弟都在农村，家境不好，便主动要求负担父亲的医疗费。他怕弟弟和弟媳不同意，便找了个借口：“我在家时间少，平时你们照顾父母很辛苦，就给我一个尽孝的机会吧！”兄弟们拗不过他，只好同意，父亲住院花去医疗费2万多元，他一人承担。

（略）

“到祖国最需要的地方去”

（略）

高中毕业后，村里许多村民不识字，他便向村干部建议，办起了扫盲夜校。他主动当起了教师，白天出工，晚上义务为村民上课，手把手地教村民写字，学文化，他让不少一字不识的村民能看懂报纸，懂得如何科学种田。

（略）

谭千秋经常教育学生："做人最重要的是要有社会责任感。"1982年6月大学毕业后，学校准备让他留校任教。当学校领导征求他的意见时，他主动请缨："我要到祖国最需要的地方去！""学校也需要人才啊。"领导反复做他的工作。当他得知四川东方汽轮厂职工大学急需教师时，便立即申请到那里去，一个月后，他如愿以偿地分配到该校工作，在那里一干就是27年。

1996年，一个朋友准备把谭千秋调回衡阳，待遇从优，被他婉言拒绝。父母见他离家太远太孤单，极力劝说他回来，他便耐心地对父母说："湖南培养了我，四川养育了我，还是在四川多干几年再说吧。"后来，汕头、韶关有关单位高薪聘他去工作，他还是选择留在四川，直到将自己的一切献给了这片热土。

张开守护的翅膀

5月12日，一个黑色的日子！

清晨，天空阴沉沉的。

下午2点多钟，谭千秋在教室上课，他正讲得起劲时，房子突然剧烈地抖动起来。地震！谭千秋意识到情况不妙，立即喊道："大家快跑，什么也不要拿！快……"同学们迅速冲出教室，往操场上跑。房子摇晃得越来越厉害了，并伴随着刺耳的吱吱声，外面阵阵尘埃腾空而起……还有四位同学已没办法冲出去了，谭千秋立即将他们拉到课桌底下，自己弓着背，双手撑在课桌上，用自己的身体盖着四个学生。轰轰轰——砖块、水泥板重重地砸在他的身上，房子塌陷了……

13日22时12分，谭千秋终于被找到。"我们发现他的时候，他双臂张开着趴在课桌上，后脑被楼板砸得深凹下去，血肉模糊，身下死死地护着四个学生，四个学生都还活着！"第一个发现谭老师的救援人员眼含热泪，他说，谭老师誓死护卫学生的形象，是他这一生永远忘不掉的。"地震时，眼看教室要倒，谭老师飞身扑到了我们的身上。"回忆当时的情景，获救的学生神情仍然紧张。

（略）

汶川大地震发生后，谭千秋不少在湖南的老同学都焦急地与他联系。当大家从媒体上得知他救人献身的事迹后，既感到悲痛又为他自豪。同班同学、湖南大学马克思主义学院院长柳礼泉追忆说："1978年，我们一道考进湖南大学。他同我一样来自农村，都是享受国家助学金完成学业的。他经常对我说，没有国家的助学金，我们这些农村的孩子哪能完成学业？毕业后，他主动要求去边远不发达的地区，一干就是27年，直至生命最后一刻。"

中南大学教授张功耀得知他舍己救人的消息后，彻夜难眠："我与谭千秋那代大学生被称为'天之骄子'，单位抢着要。可是，谭千秋却选择了'支边'，是那样的潇洒飘逸，又是那样的恬静从容，他只知道一年一年的柳绿，却从来不奢望什么花红。"

大爱永恒

（略）

5月17日，（谭千秋的妻子）张关蓉怀抱1岁半的小女儿，带着丈夫的遗物回到湖南，三湘大地对英雄的家属给予了最尊贵、最崇高的礼遇。省委书记张春贤深情地称赞谭千秋

是个伟大的英雄，伟大的人民教师，大义无畏，精神千秋；谭千秋的母校——湖南大学约两万名学生手捧烛光，夹道相迎。（略）

湖大马列主义学院的一名同学在湖大校园网上发表感言："我们会永远记住你张开双臂的姿势。流完这滴泪，我决定不再哭了。因为，从这一秒开始，我要像你一样，做一个勇敢的、恪尽职守的、大爱无声的人！像你一样，在危险面前绝不颤抖。"

谭千秋回家了！回到了他魂牵梦萦的故乡祁东县步云桥镇，回到了他牵挂了多年的家中。

乡亲们列队静候，场面庄严肃穆，花圈雪白，哀乐低回，乡亲们神情肃穆，泪流满面，声音哽咽，高举着"大爱千秋浩气长存"、"千秋永远活在我们心中"、"英雄谭千秋永垂不朽"等白底黑字条幅，迎接他们的好儿子。一些中学生拿着自己折的千纸鹤，站立在英雄回家必经的路旁，为英雄默默祈祷。

（略）

为了4个学生的生命，谭千秋义无反顾地献出了自己的生命。他用自己的英雄壮举，诠释了什么是为人之师；他那在突发灾难来临时的瞬间造型，塑造了一座在人们心中永不倒塌的丰碑！

（选自《今晚报》，2008－05－23）

[简评] 本文截取了几个侧面展示先进人物的光辉形象、英雄事迹和精神境界，情节简单，事件具体，语言质朴生动，能够以情动人，有较强的感染力。

【思考与训练】

（一）思考题

1. 工作事务文书为什么被称作"准公文"？

2. 计划和总结有哪些联系与区别？

3. 演讲稿的语言能使用公文语言吗？为什么？

（二）写作训练题

1. 为学校即将举办的某项文体活动（如运动会、校园歌手大赛、演讲比赛、文艺晚会等）写一份计划书。

2. 针对本学期应用写作的学习情况写一份学习小结。

3. 对高校大学生的思想、学习、生活状况进行调查，在下列题目中任选其一写一份调查报告：

（1）当代大学生的消费状况

（2）当代大学生的生存状态

（3）当代大学生的价值观

（4）当前大学生的择业方向与择业观念

【课后阅读与研讨】

(一) 课后阅读

1. 王竹洁．工作总结写作中的材料把握．应用写作，2007 (12)

2. 王淑清．演讲稿材料的选择与使用．应用写作，2008 (1)

3. 杨春雨．创造讲话稿的最佳听讲效果．应用写作，2007 (4)

(二) 研讨题

1. 谈谈如何写好工作总结。

2. 谈谈怎样写好讲话稿。

第四编
专用文体写作与训练

第八章 新闻文体的写作

【教学提示】

本章通过对新闻文体的基本写作知识的讲授，对消息、通讯、特写、报告文学等主要新闻文体的写作训练，培养学生新闻写作的敏感性，使学生具备新闻文体写作的能力。

新闻文体有广义和狭义之分。广义的新闻文体包括消息、通讯、报告文学、特写、新闻评论等。狭义的新闻文体专指消息。我们采用广义的分类方法。本章主要讲授新闻文体中的消息、通讯、特写、报告文学等文种的写作。

第一节 消 息

一、消息的概念、作用、构成要素与特点

消息是报纸、广播、电视等媒体中用来简要、迅速地报道新近发生的新闻事实的一种新闻文体。

消息作为一种最基本的新闻文体，在报纸上是“主角”，占有显著的位置，篇幅和数量最多，拥有最广泛的读者；在广播、电视中，通常占据黄金演播时间，拥有最多的听众和观众。

消息的作用十分重要，突出地表现在以下几方面：

（1）消息能迅速、广泛地宣传党的方针政策，是党和国家宣传政策、教育群众的喉舌。

（2）消息能及时地反映群众的意见和呼声，使党和政府及时地了解民情，有的放矢地指导工作，所以，它是推动各项工作顺利开展的有力武器。

（3）消息是人们交流经验、传播知识、传递信息的手段和工具。有了消息，我们才可以通过看报纸、听广播、看电视了解国内外大事，了解党的方针政策和各种信息。

构成一则消息一般要具有五要素，即何时（时间）、何地（地点）、何人（人物）、何事（事件）、何故（原因）。因为这五要素的英文书写第一个字母都是“W”，所以又称为“五个 W”。随着新闻事业的发展，研究人员又提出应该加上“怎样”（结果）和“意义”（本质或本质意义）两个要素。这两个要素分别强调了事件发展的结果以及所表现出来的意义，对更好地发挥消息的社会作用是十分重要的。因此，又有了消息“七要素”说。

消息的特点可以概括为以下四点：

（1）真实。真实是消息的生命。消息的内容必须完全真实。消息内容的真实性具体表现在以下几个方面：构成消息的五要素要绝对真实，经得起查、访；反映的客观事实，包括环境、条件、过程、细节、原因、结果等必须真实；引用的各种资料、数字准确无误；人物的语言、行动、思想符合人物实际。总之，一定要实事求是，掌握分寸，不能虚构，不能拔高，不能不合理想象，不能添枝加叶、移花接木。毛泽东同志形象地将其概括为“讲真话，不偷、不装、不吹”①。

（2）快捷。就是反应快、构思快、下笔快、报道快。迅速及时，注重时效。

（3）短小。“短”，作者可以写得快，报纸上占的版面小，电台广播占用的时间少；“短”，读者乐于读，听者乐于听，才能保证有好的宣传效果。

（4）新颖，即事实新、角度新、写法新、观念新，体现出最新的时代精神。

二、消息的分类

按报道的对象、范围可将消息分为以下几类：

（一）动态消息

动态消息是指对已经发生或正在发生的具体事实的迅速报道。如国内外重大事件、重要会议、国家领导人重要活动等。报纸上的简讯、花絮、新闻集锦、国际要闻、法制动态、经济信息等栏目所载内容均属此类。它的特点是具有动态性，内容单一，文字简短，

① 《毛泽东文集》，1版，第三卷，349页，北京，人民出版社，1996。

使用频率最高。

例文一

中共中央政治局常务委员会再次召开会议
进一步研究部署抗震救灾工作
只要有一线希望，就要尽一切努力施救

新华社北京 5 月 14 日电　5 月 14 日，中共中央政治局常务委员会再次召开会议，进一步研究部署抗震救灾工作。中共中央总书记胡锦涛主持会议。

会议听取了国务院抗震救灾总指挥部关于当前抗震救灾工作的汇报。会议认为，面对这场特大地震灾害，在党中央、国务院、中央军委的坚强领导下，地方各级党委和政府紧急行动，人民解放军、武警部队冲锋在前，各有关部门大力支持，社会各界无私援助，目前抗震救灾各项工作正在有力有序有效进行，灾区社会秩序总体稳定。

会议指出，这次地震灾害影响范围广，人员伤亡多，抢救难度大，抗震救灾工作面临严峻挑战和困难。中央要求，各地各有关方面务必把抗震救灾工作作为当前最重要最紧迫的任务，不畏艰难，连续作战，团结协作，全力以赴，坚决打胜抗震救灾这场硬仗。

一、要把抢救被困群众放在第一位，只要有一线希望，就要尽一切努力施救。中央决定，增派人民解放军、武警部队、公安消防特警，并配备必要的器械和工具，迅即赶赴灾区一线，全力投入抢险救援。

二、要继续从各地和部队调集医护人员，组成医疗队和专家组，到灾区对受伤群众实施救治，并加强卫生防疫工作，防止灾区疫病流行。

三、要千方百计安排好灾区群众生活，继续筹措和调运灾区急需的食品、饮用水、衣被、帐篷等物资，切实解决好受灾群众的吃饭、饮水、穿衣、住宿等问题。同时，要深入细致地做好灾区群众思想工作，确保灾区社会稳定。

四、要抓紧抢修道路、电力、通信等基础设施，首先要想方设法尽快恢复通往灾区的公路交通，以保证整个抗震救灾工作顺利进行。还要切实防止次生灾害发生，避免造成新的损失。

五、要进一步加强对抗震救灾工作的领导，统一指挥，科学调度，加强协调，分工负责，严明纪律，确保中央抗震救灾决策部署落到实处。

中央号召，全党和全国军民要更加紧密地团结起来，一切为了灾区，全力支援灾区，以实际行动为抗震救灾贡献力量。中央坚信，有灾区干部群众不屈不挠、顽强奋战的大无畏英雄气概，有全国人民万众一心、共克时艰的社会主义协作精神，我们一定能够战胜这场特大地震灾害。

（选自《中国教育报》，2008－05－15）

[简评] 我国政府高度重视抗震救灾工作，面对突发自然灾害，高效有序的部署和实施抗震救灾工作，以上消息对党中央、国务院以人民利益为重，以强有力的组织，举全国之力积极实施救援进行了迅速报道。

（二）综合消息

综合消息是指综合反映不同地区、不同部门所发生的同类性质的新情况、新动向和新事件的报道。

例文二

“刮目相看新河南”成为舆论热点

本报讯　昨日开始，在国内各主要媒体的重要版面、时段上，最醒目、最集中的一句话就是“刮目相看新河南”。

徐光春接受中央主要媒体采访团采访

近期，中宣部组织人民日报、新华社、经济日报、中央电台、中央电视台等中央主要新闻媒体，开展促进中部六省经济社会发展的集中报道，在重要版面和重要时段统一开设“促进中部崛起”专栏，并率先刊播对河南的采访报道。4 月 8 日，河南省委书记徐光春在河南会见了中央主要新闻媒体“促进中部崛起”采访团成员，并愉快地接受了采访。

《人民日报》刊发报道，充分肯定河南成就

4 月 11 日，中央各主要新闻媒体都在重要版面和重要时段上，以较大篇幅对我省经济社会发展成就进行了集中报道。《人民日报》在头版头题刊发了《奋力谱写中部崛起新篇章》的评论员文章，并刊发报道《中原崛起——河南“十五”以来经济社会发展综述》。报道从“‘牵住’发展工业这个‘牛鼻子’”、“实施中心城市带动战略”、“破解‘三农’难题，推出新农村建设新举措”三个方面，对河南省委、省政府以科学发展观为指导，围绕“农业先进、工业发达、文化繁荣、环境优美、社会和谐、人民富裕”的目标，带领 9 700 万人民投身中原崛起这一伟大实践中所取得的成就给予了充分肯定。

新华社播发通讯，热情展望河南在中部崛起中的重要地位

4 月 10 日，新华社向全国播发了题为《刮目相看新河南》的通讯，提纲挈领地记述了河南向能源大省、工业大省、经济大省和文化大省迈进的步伐，并对我省在中部崛起中的重要地位给予了热情的展望。文中说：“被人们称为中国缩影的河南，改革开放以来经济总量连续多年居中部六省首位。目前，这个省正抓住难得的历史机遇，力图在中部地区继续领跑……有近亿人口的河南能不能崛起，直接关系到中部地区的崛起。”

“中原崛起”成了国内各主要媒体的舆论焦点

4 月 11 日，《经济日报》、《光明日报》、《工人日报》、《中国青年报》等中央各大报纸，纷纷在重要版面转发了新华社的这篇通讯，《经济日报》还配发了题为《大力促进中部地区崛起》的评论员文章；人民网、新华网、搜狐网等国内各大网站也纷纷转载了这篇通讯。一时间，“中原崛起”成了国内各主要媒体的舆论焦点。

（略）

（选自轩轶：《“刮目相看新河南”成为舆论热点》，载《河南日报》，2006-04-12。引用时有改动。）

［简评］重塑河南形象是河南人民共同努力的目标，本文从不同角度综合报道了河南近年来的新成就，是一篇较好的综合消息。

（三）经验消息

经验消息又叫典型报道。它是对某一地区、部门或单位在贯彻执行党和国家的方针政策中所做的开拓性工作或积累的先进经验进行的报道。

例文三

烟少了　云白了　天蓝了

我市居民一年有八成天数可享受到清新空气

本报讯（记者　刘春兰　通讯员　白建伟）蓝蓝的天上白云飘。这样的美景屡屡出现在入冬的××，让市民们赞叹不已。从××市环保监测中心站传出的消息更是令人欣喜：我市城区的空气质量大大改善，就连空气质量较差的冬季采暖季节也在连创新纪录。最新的监测数据显示，在去年 12 月份总共 31 天中，市民们享受到的蓝天白云达到 28 天，比 2000 年同期的 16 天净增 12 天。

就在几年前，××市市区空气质量一直处于中度偏上污染水平，1998 年总悬浮颗粒物超过国家标准 1.12 倍，××市也因此一度名列全国“十大污染城市”。

针对××市大气污染状况，市环保局以推行清洁能源，关停、治理燃煤锅炉和机动车尾气污染为重要措施，同时相关部门在市区大力推广集中供热和绿化、硬化“双覆盖”，开始综合整治。3 年来共取缔各类炉 1 954 台；取缔饭店、食堂的燃煤大灶 13 228 眼；取缔街头露天烧烤 5 982 摊次。机动车尾气治理路检、年检双管齐下，机动车尾气达标率已由 1998 年的 60%提高到 80%以上；每年的“三夏”、“三秋”期间，严禁焚烧作物秸秆，推广秸秆还田，有效地控制了市区空气污染。宾馆饭店的油烟治理也逐步展开。同时还严禁市区焚烧落叶、垃圾，城市城建区实施绿化、硬化“双覆盖”，城外加快环城防护林带建设，对施工工地、运输车辆加强管理，主干道加大洒水频次，也都促进了城区空气的改善。

（选自《郑州晚报》，2002-01-16）

[简评] 这篇经验消息集中报道了××市在空气污染治理方面所取得的工作业绩，对××市环保局采取的开拓性的工作情况和治理经验进行了报道，是一篇典型的经验消息。

（四）人物消息

人物消息是对各条战线上涌现出来的先进人物或后进典型的报道，要求抓住新闻人物最富有特征的典型事例或某个生活侧面，用最简洁的语言表现出来。

例文四

做“儿子”当“老师”播撒爱心

在天津求学的一名河南贫困学子敬老爱幼，义举感动津门

（记者常佰军　实习生李娟）在天津师范大学，来自河南鄢陵县一个贫困农村家庭的大学生宋会涛一方面当“儿子”，义务照顾空巢老人；一方面又当“老师”，义务辅导贫困家庭的孩子学习。宋会涛的义举感动了很多人，他也因此获得了 2005 年“天津市优秀青年志愿者”的称号。“虽然贫穷，但能尽微薄之力帮助他人，我感到十分快乐。”昨天，在接受本报记者电话采访时，宋会涛如是说。

没有血缘关系的奇特母子

每天中午，天津师范大学体育学院的大三学生宋会涛都会走进天津市河西区杨桂芳老人的家，给杨桂芳老人做午饭。

“我是从报纸上知道杨姨的遭遇的。”宋会涛告诉记者，67岁的杨桂芳已经在轮椅上度过了近20年岁月。6年前，相濡以沫的老伴儿去世后，她的生活陷入了困境。2005年，宋会涛从报纸上看到杨桂芳的遭遇后，便走进了老人的生活：白天帮老人做饭、收拾家务，晚上陪老人聊天、到公园散心。

去年夏天的一个晚上，宋会涛推着杨桂芳到天津市银河广场散心时，杨桂芳想给宋会涛买支冰棍儿解暑。卖冰棍儿的阿姨看两人争着付钱感到奇怪，便问他们是什么关系，宋会涛随口说了句“母子关系”，然后就乐呵呵地推着杨桂芳走了。

回去的路上，宋会涛发现平时爱说爱笑的杨桂芳在悄悄地流泪。迟疑了很久，老人才开了口：“你能叫我一声妈妈吗？”宋会涛一点儿没犹豫：“妈！儿子叫您了！”一句话让杨桂芳像小孩子一样趴在宋会涛肩膀上放声大哭。这是宋会涛第一次叫杨桂芳“妈妈”，从此他们就成了没有血缘关系的母子。

如今，在宋会涛和其他同学的照顾下，杨桂芳的身体越来越结实，周围的邻居都羡慕地说：“看杨桂芳多有福气！”

宋会涛说，他知道长辈们的不易，对老人有一种特殊的感情。

出身贫寒家庭的爱心学子

宋会涛告诉记者，他出生在许昌市鄢陵县马坊乡胡庄村一个贫困家庭。12岁那年，他父亲因病去世。因为家庭贫困，当他以全校第一的成绩考入鄢陵一中时，他的姐姐只好离开鄢陵一中辍学回家。

宋会涛说，到天津上大学后，他申请了助学贷款，学校又帮他申请了肯德基“曙光基金”，还为他提供了在餐厅打工的机会。自进入大学后，他就没向家里要过一分钱，还把自己节余的钱寄给母亲治病。

（选自《大河报》，2006-04-10）

[简评] 这篇人物消息报道了河南学子宋会涛天津求学时期敬老爱幼的义举，通过人物典型事迹的报道，塑造了宋会涛这位当代优秀青年大学生的先进形象。

（五）问题消息

问题消息是指以报道社会生活和工作中出现的问题为主要内容，供人们关注和思考的消息。

例文五

就业不难路在何方？

（记者　傅剑锋　沈颖）今年2月，记者在广东汕头采访时发现，峡山镇的织带厂奇缺熟练技工和高级技工，老板开出的价码常在3 000元/月—10 000元/月之间。当地工人介绍，把自己训练成一个高级技工一般需三五年，小学文化都可做到。技工奇缺和身价的走高，已成为长三角与珠三角的共同现象。

但也在该月，广东的招聘会被省内外应届毕业生挤爆。尤其是2月5日这天，雨大风冷，招聘会现场依然人山人海。为了给用人单位递一份简历，不少学生排着长队，衣衫尽湿。许多本科生已把身价降到了1 000元/月。

结构性就业难题

劳动和社会保障部的一项调查让很多人惊讶地认清了大学生和民工的“差距”。调查结果显示：2006年，进城务工农民的月薪平均预期是1 100多元，而应届大学毕业生对月薪的平均预期仅为1 000元。

从一定意义上说，这如实地反映了扩招带来的短期的大学生供过于求。市场用月薪这枚小小的砝码，称量着天之骄子们的自我估价。

“市场更需要财富的直接创造者。”中国社会科学院人口与劳动经济研究所副所长张车伟说。

“企业对大学应届毕业生的评价普遍不太高，他们觉得这些应届生们要求多，但不能吃苦，缺乏动手能力和团队精神，所以很多企业就更青睐有工作经验的人才。而另一方面，学生则抱怨企业开的薪水低，要求苛刻，他们当中的许多人就盲目地去考证，以增加择业的砝码。”在走访了不少企业和学生后，中山大学高教所张明强教授这样总结两者之间的分歧。

“2005年私营企业比前两年增加了450万个就业机会，而教育、科技、国家机关增加的岗位比较少。教育行业新增岗位24万个，金融业新增2.7万个，而科技领域只招了3 000人，电、水、煤这些行业就更少了。”岳昌君说，“大学生喜欢去的地方恰恰吸纳能力小。”

岳昌君将其称为“供求结构矛盾”。国家发改委则称之为“结构性就业难题”。实际上，这种“结构性就业难题”不仅体现在不同行业间，也体现在不同地域间。“宁要北京一张床，不要西部、基层一套房”就是这种多地域差的表征。

（略）

（选自《南方周末》，2006-04-06）

［简评］这是一篇问题消息。目前，就业问题困扰着大学毕业生，引起了全社会的关注。提出并分析这个问题，能引起人们进一步关注和思考。

（六）述评消息

述评消息是以述、评结合，夹叙夹议的方法报道社会上出现的新情况的消息。按其内容分，有形势述评、工作述评、思想述评和事件述评等。

例文六

第四届河南投洽会完美落幕

硕果累累：120个外资项目签约35.76亿美元，318个内资项目签约385.25亿元人民币

本报讯（记者　刘路）盛况空前的第四届中国河南国际投资贸易洽谈会昨日下午落下帷幕，投洽会共签订合同外资项目120个，总投资35.76亿美元，合同外资金额20.43亿美元。而内资项目也硕果累累，所签订的 318 个项目，总投资达到 385.25 亿元人民币，其中省外合同资金 364.66 亿元人民币。

以“交流、合作、发展”为主题的本届投洽会，会期只有 3 天，但收获颇丰。据组委会有关人士介绍，本届投洽会签约项目呈现合作领域宽、项目质量高、合作方知名度高、单个项目投资规模大、独资项目多、投资者国别和地区分布更加多样化等特点。其中，美国花旗集团、美国联合能源、英国联合营养集团 AB—NA 公司、香港和记黄埔等世界 500 强企业和泰国正大等知名企业在大会上进行了签约。

（略）

（选自《郑州晚报》，2006－04－15）

［简评］本文采用夹叙夹议的方法对第四届河南投洽会引进外资的成果进行了报道，属于工作述评类的消息。

三、消息的写作方法与要求

一则消息一般由标题、导语、主体、结语、背景材料五部分组成。

（一）标题

消息的标题是一则消息的眼睛，是对消息内容的高度概括和科学评价。

第一，标题的形式。消息的标题有三行标题、双行标题和单行标题三种形式。

（1）三行标题（全标题）。如 1993 年 7 月 13 日《人民日报》的一则消息的标题：

国务院纠风专项治理座谈会强调（引题）

狠刹利用职权行业垄断牟取私利（正题）

中央国家机关各部门要率先垂范抓出实效（副题）

第一行为引题，它有引出正题的作用。它的主要任务是介绍背景、烘托气氛或揭示事物的目的、意义，与主题互为补充。因为在正标题之上，故又称之为眉题、肩题。

第二行是正题，居中，字号最大，是标题的主体。它是消息主要内容和意义的高度概括。

第三行是副题，也叫辅题、子题。它在主标题之下，字体小于引题。它往往是一则消息最重要的事实或结果的提要，补充正标题的内容。

（2）双行标题。双行标题有两种组合形式。第一种是引题与正题组合。例如：

重点工程　重点扶持（引题）

××建行力扶中原制药厂建设（正题）

第二种是正题与副题组合。例如：

××市严禁向学生滥收费（正题）

对今年市区中小学生入学新生的收费标准做出明确规定（副题）

（3）单行标题，即只有正题，直接写出新闻事实。如：

全国高考圆满结束

三行标题之中有虚题、实题之分。实题是对新闻事实的概括；虚题是对新闻事实意义的阐发或对气氛的烘托、渲染。双行标题中可一虚一实，也可以双行均为实题，但不能均是虚题。

第二，拟定标题的方法有以下几种：

（1）直言其事，就是把消息中最新、最有价值的新闻事实加以提炼、概括，直接写出来。例如：

影片《焦裕禄》昨日在我市首映

省市领导分别会见了部分演员，赞扬影片真实感人，

对宣传焦裕禄精神必将起到重要作用

（2）提出问题，设置悬念，就是把消息中所反映的事实，以问题的形式提出。例如：

农业大省如何奔小康?

××省委书记×××提出保持农业稳步发展加快工业化进程

（3）借助比喻、对偶等修辞手法，把消息的内容和思想意义概括出来。如《邮票市场冷飕飕卡类交易热腾腾》、《爱鸟护鸟鸟语花香春常在 造林护林林青水秀粮满仓》、《高考再成“香饽饽”——教育软件公司做足“3＋X”文章》。

（4）借助成语、谚语、古诗句使标题简洁、含蓄。如《全自动手表经常停摆，屡修屡坏指针“坚定不移”》、《“光棍堂”引来四只“金凤凰”》。

（5）实题虚作，突出意义。就是把消息的意义在标题中显示出来。如《如此折腾怎么搞建设》，这样的标题就很新颖，很有吸引力。

标题要醒目、准确、简洁、生动，反映消息的精华内容，能对读者产生第一吸引力，切忌题文脱节，含糊其辞。

（二）导语

导语是消息开头的第一句话或第一自然段（有时可以是两个自然段，称为复合导语）。它是消息的灵魂，消息的生命所在，是消息中最新鲜、最有价值、最精彩、最主要的事实的概括。

导语的作用非常明显。正如古人所云：“立片言而居要，乃一篇之警策。”精彩的导语能吸引读者，使读者迅速地对报道的内容感兴趣，从而乐于浏览全篇。好的导语还能使报刊编辑更容易制作标题。

导语的写作，因消息的内容而不拘一格，大致可以分为叙述式、描写式、提问式、结论式、引语式等几种。

（1）叙述式。用叙述的方式，简明扼要地写出消息中最新鲜、最主要的事实。

（2）描写式。通过对新闻人物、现场环境或主要事实进行简洁的描绘，造成一种气氛，给人以身临其境的感觉。

（3）提问式。就是在导语中提出问题，引起人们关注，令人深思。用这种方法，要抓住关键，问题要提得好，回答要答得妙。

（4）引语式。就是引用名人名言、俗语、诗词或消息中人物的语言，点明消息的中心思想。

（5）结论式。就是把消息的结论放在开头，先下结论，后作阐述。

（三）主体

主体是消息的主要内容，也是对新闻事实的展开和叙述。它承接导语，回答导语中提出的问题，进一步表现和深化主题。

主体通常采用以下几种叙述方式：一是按事件发展的时间顺序从头至尾依次写出（纵式）；二是按空间地点的转换展开事件（横式）；三是将时间顺序和空间转换相结合来进行叙述（纵横结合式）。

（四）结语

这是一篇消息的结束语，是消息内容的自然归结。与一般文章一样，有时用结束语，有时不用结束语。因为大部分消息是采用“倒金字塔”的结构方式，把最重要的事实和结果放在了导语中，结尾没有必要重复。如果要写结语，可采用小结式、号召式、引语式等方法。

（五）背景材料

背景是对新闻事实发生的历史状况和现实环境的交代、描写或说明、解释性的材料。

1. 背景材料的种类

（1）对比性背景材料，可进行历史的纵比和现实的横比。

一位西方驻莫斯科记者，为了揭露赫鲁晓夫的两面派嘴脸，曾巧妙地使用了一段对比性材料，说：“就是这个赫鲁晓夫，在他担任乌克兰共产党第一书记时，曾说过斯大林同志如同他亲生的父亲”，而当赫鲁晓夫上台时，大骂斯大林。

（2）说明性背景材料，是对新闻事件发生的政治背景、地理环境、物质条件、思想状况以及发生的原因等的说明。

毛泽东在他所撰写的《中原我军占领南阳》这篇消息的导语之后，马上插入了这样一段背景：“南阳为古宛县，三国时曹操与张绣曾于此城发生争夺战。后汉光武帝刘秀，曾于此地起兵，发动反对王莽王朝的战争，创立了后汉王朝。民间所传二十八宿，即刘秀的二十八个主要干部，多是出生于南阳一带。在过去的一年中，蒋介石极重视南阳，曾于此设立所谓‘绥靖区’，以王凌云为司令官，企图阻遏人民解放军向南发展的道路。”①

南阳虽是一座历史名城，可是读者未必都知道南阳的战略价值。毛泽东利用背景材料，向历史深处延伸，告诉读者这里古代就是兵家必争之地，解放南阳的战略意义马上被凸显出来。

（3）解释性背景材料，包括对人物的经历、产品的性能、专用术语、技术知识的解释等。如一篇题为《我国超导体研究又获重大突破，发现绝对温度百度以上超导体》的消息，对“超导体”作了如下注释：“所谓‘超导’，是指导电材料在一定条件下电阻变为零的性质。人类最初发现物体的超导现象是在1911年。当时荷兰科学家发现，某些材料在极低的温度下，其电阻完全消失，呈超导状态。从理论上讲，电流在超导体中传输没有能量损失。这是一种具有极大经济效益的理想传输状态……”

（4）补充性背景材料。其可以充实新闻链条中的残缺部分，以加深读者对新闻的印象。如《中国导弹之父——钱学森》一文，介绍钱学森怎样赴美留学，“成了西奥多·

---

① 《毛泽东文集》，1版，第五卷，185页，北京，人民出版社，1996。

冯·卡尔曼教授的得意门生”。他曾是美国陆军上校，因工作出色而得到美空军司令的通令嘉奖，被美当局发现“与共产党的同情者有过来往”，从而被捕，并被宣布为“不受欢迎的异己分子”，被扣留五年之久，于 1955 年获准回国。作者通过交代这些背景性的材料，使这个传奇式的人物变得丰满完整，自然感到这位异乎寻常的人才能干出异乎寻常的事——主持研制中国洲际导弹。

(5) 变换性的背景材料。其可以把人们陌生的、距离远的事物变成熟悉的、近距离的事物，以便使读者易于理解和接受，通常把一些不知名的地方和名山大川联系起来，或借与名人的关系提高新闻人物的知名度。如，长江沿岸的小镇，泰山脚下的村庄，孔子的后代孔某，蔡伦家乡的造纸厂，等等。

背景材料在消息中没有固定的位置，或在导语中，或在主体中，或在结语处。

使用背景材料要注意为主题服务，简明扼要，灵活准确。

2. 背景材料的写作要求

(1) 要紧扣主题。

从表面上看，消息的背景不具有新闻事实本身的时效性，似乎是游离于新闻事实之外的东西，可以随意穿插。这是一种误解。背景并不能在新闻事实之外天马行空、任意挥洒，它必须紧扣主题，起到衬托主题、突出主题、深化主题的作用。它虽然不是新闻事实本身，但是新闻事实离开它就难以产生应有的思想意义和社会价值。文章之道，有开有合。“开”就是能够放得出去，不拘泥在一点之上；“合”就是能收得回来，使文章形散神聚。消息的背景就是“开”出去的那些文字，它虽然与新闻事实本身有一些距离，但并不脱离主题的制约。

如果背景真的脱离了主题的制约，成为游离于文章之外的孤立的东西，这个背景就是完全没有必要的——它不但没有积极的作用，还会节外生枝，破坏文章内容的集中性和文章结构的整一和谐，造成文章的冗长和赘余。

(2) 要言简意赅。

尽管背景有它的重要价值，但它在消息中毕竟是“宾”而不是“主”。新闻事实总是最重要的，背景是为说明新闻事实而存在。对这个原则要有正确的理解。

不管哪种类型的背景，都要讲究精炼。专门用来表述背景的文字不能太多。一篇消息本来就是非常简短的，背景的文字多了，就会喧宾夺主，侵占新闻事实本身的地位。

3. 背景材料的运用要求

(1) 要位置灵活。

消息的重要组成部分，一般都有固定的位置。标题只能在正文的前面，导语只能在开头，结尾只能在最后，主体只能处于导语和结尾之间。只有背景，没有固定的位置，可以灵活穿插在任何一个合理的地方。

它可以出现在导语中。如果背景能够衬托新闻事实的新意，增加文章的魅力，把它放在开头的地方，就能牢牢地吸引住读者。不过这种情况比较少见。

它可以出现在主体的任何部位。由于主体的篇幅最长，可以容纳较多的东西，自身的结构又最具可变性，所以背景出现在主体中的情况是最常见的。

它也可以出现在结尾。背景出现在最后，通常都是对新闻事实的某些方面起补充说明的作用。

背景材料还可以分散穿插在消息的不同部位。

(2) 要述之有味。

背景要写得有滋有味，人们才爱读。这种滋味的产生，一则靠背景本身的新鲜感，或者本身虽不新鲜，但一跟新闻事实结合就产生了新鲜感；二则靠作者的表现技巧——利用描述情节、刻画场面、渲染气氛、引用典故、对比衬托等手法，努力使背景更加生动形象，引人入胜。

第二节　通　讯

一、通讯的概念、作用与特点

通讯是用叙述、描写、抒情、议论等方法，具体形象地报道典型人物、典型事件的一种新闻文体。

通讯是新闻“武库”中一种特殊的武器。有人称消息为“报纸的侦察兵”、“轻骑兵”，而称通讯为“报纸的重炮兵”。的确，它在政治宣传、思想教育、指导工作、促进发展等方面有着不可替代的作用。实践证明，一个时期，一家报纸、刊物的宣传活跃与否，很大程度上要看它是否能不失时机地写出一定数量的、拨动广大人民群众心弦的通讯，这也是衡量报刊联系社会实际程度的重要指标。

通讯和消息同属新闻文体，具备新闻文体的一般特点。但它们二者之间也有明显的差异。与消息相比，通讯有以下几个特点：

(1) 从情节展开程度看，消息不展开情节，只告诉人们发生了什么事情和事情的一般过程；通讯则要详细地报道事件，展开情节，并要对有意义的场面进行描写。

(2) 从表达方法上看，消息主要是用说明和叙述方法，开门见山，概括反映出新闻事实；而通讯则要采用多种表达方法和修辞手段，叙述故事，描写场面、人物、细节，发表评论，情之所至，可以尽力抒发。

(3) 从时间要求看，消息要求最快，分秒必争，像“电报”；而通讯则没有那么急迫，像“书信”。消息往往是通讯的先导。

(4) 从表现形式看，通讯较消息灵活多样。它常用的表现形式有访问记、采访录、散记、侧记、追记、见闻、纪实、记事等。

二、通讯的分类

根据通讯表现的内容，可将通讯分为以下几种：

（一）人物通讯

人物通讯是以写人为主的通讯，着重表现人物的言行、事迹、个性和先进思想。在一个主题贯穿下，可容纳较丰富的材料，以感人的事迹教育读者。人物通讯以写正面人物为主，也可从批判的角度写反面人物。

人物通讯主要有三种形式：

1. 全人全貌式（传记式）

全人全貌式写人物的一生一世或整个成长过程。这种通讯篇幅一般都较长，如报道中年光学家蒋筑英的长篇通讯《为中华崛起而献身的光辉榜样》。

2. 一时一事式

主要是截取某人生活的一个侧面、一个片断，或集中写人物的几件事，以表现人物的个性、思想和道德情操。如 1988 年 6 月 5 日《河南日报》发表的通讯《王永民——中国知识分子的骄傲》，集中写了王永民在发明“五笔字型电脑汉字输入系统”中所表现的顽强意志和刻苦创造精神。

3. 人物群像式

所写人物是一个集体或一个群体。通讯中不管写多少人物，都要在一个主体统率下，紧扣主题，突出中心，如《金钱的失重——××个体户采访录》。

（二）事件通讯

事件通讯是以写具有典型意义的事件为主的通讯，它要求详细叙述事情发生的时间、地点、发生发展过程，并要点明其典型意义，反映时代风貌。事件通讯要注意以写事为主，人物形象不要求完整，事因人生，人以事显，写人物是为事件服务的。

例文一

“党和政府一定会帮助灾区人民渡过难关”
——胡锦涛总书记在四川特大地震灾区什邡市看望慰问受灾群众和救援人员

（记者　孙承斌）什邡市是中共中央总书记、国家主席、中央军委主席胡锦涛在四川指导抗震救灾工作所到的第四个遭受地震重灾的县市。18 日上午，胡锦涛专程来到什邡市，给当地受灾群众带来了党中央、国务院的深切关怀，对当前抗震救灾工作提出了进一步要求。

2000 年全国县市开展“三讲”教育时，什邡市是胡锦涛的联系点，他曾到这个市动员和指导当地的“三讲”教育，对这里的情况十分了解。当总书记听说在这次特大地震灾害中什邡市遭受严重损失，特地前往这里察看灾情。

沿着坎坷不平的道路，胡锦涛驱车向什邡市灾情严重的蓥华镇赶去。越往山里走，倒塌的房屋越多，残垣断壁到处可见。总书记眉头紧锁，神情凝重。

经过一个多小时跋涉，胡锦涛来到蓥华镇。这个镇一些居民楼和企业车间、宿舍在地震中严重损毁，有的完全倒塌，有的扭曲变形，空降兵某部官兵和××公安消防队员正在使用各种救援设备紧张搜救幸存者。胡锦涛快步登上废墟高处察看救援现场，焦急地询问人员伤亡和伤员救治情况。

随后，胡锦涛大声对现场救援的部队官兵和消防队员说，被困的群众正急切等待我们去营救，时间十分紧迫。同志们一定要争分夺秒工作，千方百计抢救幸存者。

总书记用洪亮的声音坚定地喊道：“任何困难都难不倒英雄的中国人民！”

救援人员深受鼓舞，“继续作战，勇往直前！”“坚决完成任务！”雄壮有力的口号声此起彼伏。总书记激动地同大家一起振臂高呼。

听说什邡市深山区里一些村庄的乡亲们受灾比较严重，急需救援人员，总书记当即把地方和部队的负责同志招呼到身边，同他们紧急研究救援工作，要求他们组织精干的小分队，带着食品、饮用水和药品，徒步进入深山区，火速赶往这些村庄进行救援，真正把抗震救灾工作延伸、拓展、落实到村。胡锦涛指着腕上的手表说：务必在今天中午 12 点以前出发。

时近中午，胡锦涛又来到设在什邡市区路边的一个受灾群众安置点。他弯下腰，走进一个个帐篷，关切地询问群众：家里情况怎么样？从哪里转移来？在这里几天了？吃饭、喝水、看病有没有保障？……

见总书记到来，几位在地震中失去亲人的妇女失声痛哭。胡锦涛走到她们跟前，坐在地上，耐心地安慰她们。

总书记动情地说：“知道你们遭了灾，有的还失去了亲人，我们和你们一样痛心！天灾无情人有情。你们要保重身体，党和政府一定会帮助灾区人民渡过难关。”

一位妇女流着泪告诉总书记，地震过去好几天了，自己的孩子还没有找到，心里十分着急。

胡锦涛对乡亲们说：中央已经调集了 10 万解放军和武警部队官兵，正在各个乡、各个村搜救。请乡亲们放心，只要还有一线希望，我们一定会尽最大努力营救。

胡锦涛俯下身子，搂过一名在震灾中失去爷爷的男孩说：“要从小学会坚强，不向困难低头，将来一定会有美好的未来！”

青年志愿者熊述娟是北京城市学院的二年级学生，地震前一天正好回什邡家里，地震发生后她的爷爷不幸遇难。熊述娟含着眼泪告诉总书记部队官兵营救她家人的经过，她说：群众给部队官兵送水，他们说什么也不喝，把水让给受灾群众。真正感动中国的就是他们。灾区人民从中感受到了中央的关怀和温暖，看到了重建家园的希望，坚定了战胜灾难的信念。见许多家庭受灾更严重，熊述娟忍着悲痛志愿加入到了抗震救灾的行列中。

总书记握着熊述娟的手，对她的坚强表现和奉献精神给予充分肯定，勉励她为更多受灾群众做好心理抚慰，帮助大家增强信心、克服困难、重建家园。

离开安置点时，胡锦涛再一次叮嘱地方和部队的负责同志，现在还有一些村庄救援人员没有到位，那里的乡亲们心情非常急迫。一定要千方百计尽快把救援队伍开进每一个村，让乡亲们看到希望，得到帮助。

地方和部队的负责同志表示，一定坚决落实总书记的指示。

中共中央政治局委员、国务院副总理、国务院抗震救灾总指挥部副总指挥回良玉，中共中央政治局委员、中央军委副主席郭伯雄，中共中央书记处书记、中央办公厅主任令计划，中共中央书记处书记、中央政策研究室主任王沪宁一同前往什邡市看望慰问。

（选自《中国教育报》，2008－05－19）

［简评］这篇通讯报道了胡锦涛总书记在四川特大地震灾区什邡市看望慰问受灾群众和救援人员的事件过程，从这一对典型事件的报道中，充分体现了党中央、国务院对受灾群众的深切关怀。

（三）工作通讯

工作通讯是报道先进工作经验或某项工作成就的通讯，又叫经验通讯。它要求用具体的形象、生动的事例，表现出工作成绩来。如 2002 年 1 月 10 日《中国教育报》登载的《十载风雨中，唱响主旋律——部分高等学校加强党建和思政工作侧记》一文即是。

写工作通讯时要注意介绍工作经验，用事实说话，有理论概括，形式多样，生动活泼，可采用见闻、侧记、记事等形式。

（四）概貌通讯

概貌通讯也叫风貌通讯，主要报道某个地区、部门、单位、地方的面貌，介绍地方特色、风俗人情，反映出变化过程及时代特征。如《青春的优势——江西青年垦殖场散记》一文写出了这个垦殖场的特色，如同场名一样，风姿飒爽，处处透出青春的朝气和锐气，迸发出无穷无尽的青春力量。

概貌通讯表现形式灵活多样，有见闻、巡礼、纪行、散记、访问记等。

（五）新闻小故事

新闻小故事是指既有新闻性又有故事性的一种通讯，又叫小通讯。这种通讯题材单一，往往只写一个场面、一个冲突、一个片断，但情节完整，有头有尾。它容量小，却能以小见大；篇幅短，却寓意深刻。它独具特点，具有较强的故事性和浓厚的生活气息。报纸上开辟的专栏如“社会新闻”、“钟鼓楼”、“说东道西”、“你点我评”等，上面登载的文章大都属此类。

例文二

女大学生“村官”的文化生活

5 月 27 日下午，新乡市后辛庄一块空地上，传出阵阵欢快的鼓声。只见村民、军鼓队队长李培花手中指挥棒一挥，鼓点立变，而几十名农民鼓手也随着节奏变换出不同的队形，煞是好看。

李培花说：“大学生‘村官’教会了俺基础乐理，还让俺握了几十年锄头的手，能拿得起这些‘洋’乐器。”

李培花口中的“大学生‘村官’”，是该村村委会主任助理赵蕾。

2006 年 8 月 26 日，安阳师范学院音乐系音乐教育专业本科毕业生赵蕾，通过公开选聘，正式担任了后辛庄村委会主任助理。一个地道的城里姑娘，一个擅长唱歌跳舞的大学生，在农村又能干些什么呢？结合村里实际，思考再三，赵蕾决定先利用自己的特长，组建一支军鼓队，丰富村民的文化生活。

上网找练习资料，联系购买军鼓，定制服装，利用晚上的时间给村民上基础乐理课。训练仅一个多月后，阳光军鼓队正式登场演出。整齐的服装，雄壮的气势，娴熟的动作，这场精彩的演出一下子就博得了个“满堂彩”。很多观众惊讶质疑：“这些是农民？不可能！”

管乐队、腰鼓队、舞蹈队、二胡演奏队，赵蕾又一口气把村里的150多名村民拉进了她的“民间”文艺团体，村民们也都不再去打牌，有空就去练乐器，向“赵老师”学习新东西了。如今，每逢重大节日和活动，后辛庄都会鼓乐齐鸣。

编写村歌，制作新农村挂历，参与村志出版工作。配合村实业公司发展经济，引进企业十余家。参与编写后辛庄新农村规划，撰写后辛庄新农村建设论文……赵蕾这个“村官”干得红红火火、精彩迭出。

这个26岁的“小姑娘”还有更大的“野心”。“我希望能通过自己和更多人的努力，缩小农村和城市的距离。等没有了农村和城市的区分，在哪里工作不都一样?!”

（选自聂广鹏、赵同增：《女大学生“村官”的文化生活》，载《河南日报》，2008-05-29）

［**简评**］通过对大学生村官赵蕾带领村民组建村军鼓队，丰富村民业余文化生活新闻小故事的报道，表现了大学生在基层工作可以为改善城乡差别做出巨大贡献的时代主题。

三、通讯的写作方法与要求

通讯的写作必须重视以下几个环节的工作：

（一）选好典型人物和事件

选好典型是通讯写作的第一步工作。典型选取得是否恰当，是否具有普遍意义，是否具有宣传价值，在很大程度上决定了通讯写作的成败。

1. 典型人物和事件的来源

一是要善于从平凡的实际生活中，选取有典型意义的人物和事件。如吕晓琦写的通讯《一个青年个体户说：“我们穷得只剩下钱了!”——精神文明备忘录》（《哈尔滨日报》，1986-12-20），之中的典型材料，就是作者在一个偶然的机会中得到的。通讯交代了得到材料的过程：“黑龙江大学王千里老师对我讲了这样一件事情：一天，她去饭店吃饭，人很多，她见两个男青年独占一桌，便走过去。两个青年注意到她胸前的校徽，热情地邀请她一块吃。她不肯，两青年诚挚地说：不用客气，我们是干个体的，有钱！她仍不肯，一个小伙子激动地说：大姐，你是不是看不起我们？说实在的，我们穷得只剩下钱了。”这沉重而悲怆的话语，激起了记者的新闻敏感，于是吕晓琦决定去访一访这些青年个体户。接着，她就到舞厅、市场、个体劳动者协会调查了解了个体户的精神生活、思想情况以及他们的要求和希望，之后，写出了此通讯。这篇通讯因突出了时代特点，选题新、标题新、表现手法新而获得了1986年全国好新闻一等奖。

二是要善于抓住突发性的、轰动公众的重大事件和在险境中涌现出来的典型人物。如通讯《情困长城——八达岭长城上的爆炸声》，时间是即将进入龙年——中国旅游观光年的12月，地点是在中国首都北京闻名遐迩的八达岭长城上，人物是一男一女，事件是这一男一女搂抱在一起拉响了炸药包，意外受伤身亡的是前来中国观光旅游的一位新西兰小姐和一位计算机专家。事件发生后，引起了强烈的反响，首都各大报纸都登载了有关这方面的消息，一时成了街谈巷议的热点。北京市的官员们既关心旅客的安全，又关心国家的声誉，还担心龙年的旅游事业会受到影响。所以，这篇通讯报道的事件不但是突发性的，而且是轰动性的、不同寻常的，能够引起人们的深层思考。

2. 选择典型人物和事件的原则

选取典型要做到胸怀大局，具有政治敏感性，要能抓住各行各业涌现出来的具有时代精神和特点的新闻人物，并要注意衡量新闻事件本身的价值。一般而言，典型的选择标准要遵循以下原则：

一是能够体现时代精神的原则。选取典型人物，既要写出在尖锐的矛盾冲突之中、在严峻考验面前的突出表现，又要写出人物的思想基础和赖以生存的生活土壤。现实生活中那些能够深刻体现时代精神的人物和事件是通讯的首选题材。这是一个很高的要求，作者必须站在较高的思想立足点上，凭着犀利的目光、敏锐的嗅觉、高度的责任感，才能及时发现那些在生活中不断涌现出来的、能够反映时代本质和特点的人物和事件。相反，一个对现实漠不关心，不愿思考或不够敏感的人，就很难发现有典型价值的通讯题材。

二是对人民有益的原则。通讯报道的内容应该是人民有需要、对人民有益的。为此，新闻作者应想人民之所想，爱人民之所爱，恨人民之所恨。在同人民的休戚相关、生死与共的境界之中，才有可能为人民的求知、益智、娱乐提供精神食粮。这些大道理虽然有些老生常谈的味道，但仍是新闻作者应遵循的基本原则。

三是新鲜、深刻、生动、感人的原则。这是对题材自身质量的要求。题材必须有一定的新鲜感，不能陈旧老套，不能似曾相识。它必须有一定的深刻性，能够借以揭示事物的本质，不能是肤浅的表面现象。它必须是生动的，有着丰富的生活形态感，不能是抽象的、理念化的、僵死的东西。它必须是感人的，有着较为饱满的情感内涵，能够令人为之动容。

3. 选择典型人物和事件的方法

一是随时准备捕捉线索。典型的通讯题材不会自己送上门来，即使你踏破铁鞋去寻找，有时也会一无所得。寻找通讯题材犹如在泥沙中淘金，一旦从泥土中发现闪光的地方，就要及时抓住。穆青和他的合作者们当年在河南东部采访时，无意中听说在兰考有一个干部的事迹非常感人，就马上抓住，及时赶到兰考进行采访。兰考县委的同志们给他们介绍了焦裕禄的事迹，不少同志一边介绍一边流泪。穆青他们感到这是一个很值得写的典型人物，于是深入采访，最终写出了《县委书记的榜样——焦裕禄》这篇著名人物通讯。另一篇著名人物通讯《为了周总理的嘱托——记农民科学家吴吉昌》，也是他们从本社记者的来稿中发现线索，重新采访之后写出来的。新闻在哪里？新闻就在我们身边。不过，它不会清楚地出现在我们面前，只会露出一些蛛丝马迹。对这些蛛丝马迹的捕捉，是通讯写作的第一步。

二是调查采访深入追索。获得了新闻线索或了解了新闻事件的大致面貌之后，只是确定了一个基本报道意向，题材的筛选工作并没有完成。下一步要做的工作是深入采访，不断获得新的具体材料和新的细节，使题材一步步走向丰满、成熟，这需要大量艰苦细致的工作。新华社记者陆拂为在谈到他和穆青合作的著名通讯《为了周总理的嘱托》和《一篇没有写完的报道》时说："《嘱托》是根据报道线索，先有个设想，然后再采访、构思使主题深化的。《报道》情况就不同了，采访前的设想后来完全变了样。事情的经过是这样的：

1965年的秋天，穆青同志访问了‘老坚决’潘从正，后来因政治形势发生变化没有顾上报道。今年春天，要报道一些林业战线方面的先进人物，他要我‘打前站’，先去采访。原来我们设想，潘从正是个普通社员，这些年大概不会受冲击，凭他那股坚决劲儿，绿化沙荒一定做出了很大成绩。我到了××后，打电话给宁陵县委问情况，接电话的同志起初说不知道有这个人，查讯后又答复说：‘他工作成绩不大，年老了，又有病，在家休息，多年不搞林业了。’我想，情况既然这样，这篇人物通讯就没法写了。但总还不死心，就决定去看看再说。到了大队一问，发现潘从正多年来一直在苗圃工作。那么，关于他的情况为什么会误传呢？我想，这也许跟有些人‘以成败论英雄’的习惯有关，既然他营造的防护林被破坏了，有些人压根儿就把他忘了。当我知道了万碧风口防护林带三起三落的经过后，我被潘从正的悲剧命运深深感动了。”要不是作者穷根究底的精神，一个模范人物的事迹也许就湮没了，一篇优秀的作品当然也就夭折了。

三是要注意选取那些最能表现事件意义和人物形象的生动感人的细节。细节关系到通讯的价值。俄国作家托尔斯泰曾说过：“如果把我的作品比作编织好的生活的网，那么，细节就是网中的结点。”可见细节对于通讯，就像结点对于网一样重要。下边这段关于细节描写的文字就十分生动、形象：

“驱风活络丸”含剧毒草药“马钱子”，为探索最佳服药剂量，他背着妻子，在家试喝了四天。第一天，口服二颗，没有反应。第二天四颗，第三天八颗都没有反应。第四天，他一下服了十六颗“驱风活络丸”。意味着什么……他不再向妻子保留：“我喝了马钱子，如果有中毒现象，你告诉院里医生，他们知道咋抢救。”

（杜勇、曾鸣：《他走进深山麻风病院》。转引自杜福磊主编：《当代应用写作新教程》，郑州，河南文艺出版社，2008）

细节描写，对表现人物的思想性格以及从一个侧面反映出时代特点，都会起到很大作用。

（二）提炼好主题

提炼好主题是写好通讯的关键。主题是通讯的灵魂，是作者在一篇通讯中表达出来的中心思想。它体现着典型的本质特征，也是材料取舍、文章构思的重要依据。加里宁曾说：主题“要拨动最能激起人们反响的一根弦”。所以，主题的正确与否，深度、高度如何，是能否产生社会效应、能否拨动人们心弦的关键。

提炼主题要注意三点：

1. 要有明确的方向性、针对性、政策性，体现时代特征

任何一个典型事件、典型人物所显示的思想意义都是非常丰富的。从什么角度立意，怎样确立主题，这是必须考虑的问题。选好角度与确立主题有着密切的关系。选择什么样的角度才能使主题深刻、新颖和体现时代特征呢？

第一，角度要新。“横看成岭侧成峰，远近高低各不同。”只有对典型事件和人物，或远看，或近观，移步换形，才会有与众不同的感受，从而产生出新颖的主题。

第二，要以小见大。一篇通讯不可能写尽一切，包罗万象。要注意从小事入手，挖掘出有普遍意义的深刻主题。精彩的细节描写就常常能达到以小见大的效果。

第三，要适应广大人民群众的心理需求。只有写出他们最关心的问题，才能使作品发

挥更大的宣传教育作用。

2. 要符合典型本身的特点

提炼主题要实事求是，符合典型的实际。所谓实事求是，就是典型的客观材料的确是产生主题的基础，而主题又恰恰体现了典型所蕴含的意义。那种主观“附会”事实、任意拔高主题，把通讯中的人物或事件理想化，把材料当作面团，要圆则圆、要扁则扁、任凭作者揉搓的主观主义的作法，势必会歪曲事实，违背通讯真实性原则，造成极坏的社会影响。那种不顾人物和事件本身的客观实际，硬要编造事实或硬要提炼出一个有高度的主题的作法是错误的。新闻工作者应该牢记列宁的一句话：“吹牛撒谎是道义上的灭亡，也势必引向政治上的灭亡。”①

3. 主题的提炼是一个多次反复的过程

一篇通讯的主题，就是文章的中心思想，它同样要经过多次的反复提炼，才能做到正确、集中、鲜明、新颖、深刻。对此，我们的古人也有深刻的认识。元代的陈绎曾在《文说》中曾引戴师初的话说：“凡作文发意，第一番来者，陈言也，扫去不用；第二番来者，正语也，停止不用；第三番来者，精意也，方可用之。”② 这段话讲的就是主题提炼的反复过程。通讯写作的实践更能充分证明主题的提炼是一个多次反复的过程。

（三）精心安排结构

安排结构主要是要解决材料的安排问题。因为通讯的形式灵活多样，没有固定的结构形式。这里只讲通讯的标题及材料安排的一般原则。

1. 标题

通讯的标题一般分为正标题和副标题。正标题是对人物或事件意义、背景的概括；副标题是对新闻事实的概括。正、副标题之间用破折号“——”表示二者的关系。如《十载风雨中唱响主旋律——部分高等学校加强党建和思政工作侧记》、《黑脊梁——记广州军区某团连长李邦亮》。

有的通讯只有一个正标题，直接概括出新闻事实。如《有感于外国人组织清扫长城》。

通讯的标题要注意艺术性。一般都要用“记”、“……侧记”、“……纪实”、“……散记”等通讯的标志用语。

2. 正文

正文的结构形式，分为纵式和横式两种。

纵式结构是按照人物的成长过程或事件发生、发展的自然顺序安排结构层次。全人全貌式的人物通讯或事件通讯大都采用这种结构方法。

横式结构是以事实的性质以及事物内在联系为主要依据，分门别类安排结构层次。这种形式，往往各部分会采用小标题，显得层次清楚、醒目。如《××日报》1989 年×月×日登载的一篇《金钱的失重——××个体户采访录》就采用了这种方法。作者用了“猜不透的谜团”、“马不吃夜草不肥”、“金钱的灾难”和“结束语”四个小标题，以大量的事实说明金钱失重方方面面的表现，并进行了深刻的评论。

① 《列宁全集》，中文 2 版，第 11 卷，331 页，北京，人民出版社，1987。

② 南京大学、南京师范学院等编：《古人论写作》，127 页，吉林，吉林人民出版社，1981。

正文具有丰富生动的情节，是通讯区别于消息的重要标志之一，同时也是通讯产生魅力、吸引读者阅读的重要因素。什么是情节？情节就是一系列事件具有逻辑性的组合。通讯的两种主要类型——人物通讯和事件通讯，对情节都有较高的要求。工作通讯和风貌通讯对情节的要求相对弱一些，但也不能没有情节。通讯的情节安排要注意以下两点：

一是完整、丰富、曲折。

通讯的情节相对来说是比较完整的。对于“完整”，西方哲人亚里斯多德曾在《诗学》中下过一个貌似平凡实则精深的定义：“我所谓完整是指一件事物有头，有中段，有尾。”通讯对情节的要求就是这样的：有头有尾，中段饱满。

通讯的情节还要求丰富充实。记者在采写通讯《人民的好医生李月华》时，有关李月华精诚为民服务的感人故事竟搜集了近100个，最终将最有价值的7个故事写进了通讯。

通讯的情节还要有一定的波澜和曲折，情节发展态势忽而下跌、忽而上扬，继而再下跌、再上扬，跌宕起伏，才能总是让读者保持着浓厚的阅读兴趣。《中国青年报》刊登的通讯《小木匠三打主意》，情节很精彩。小木匠手艺好，很多人想拜他为师。他先是收了几个徒弟，办了个学习班，每个徒弟交些学费。后来他感到徒弟帮自己干活，收费不合理，就把学费退给了徒弟们。再后来，徒弟们干活越来越熟练，经济效益越来越好，他又改了主意，为徒弟们发工资。

通讯不可能都写得像小说那样有故事性，但是，至少不能情节简单、枯燥乏味。一定程度的丰富性和曲折性还是必要的。

二是典型、生动、深刻。

这些要求就更高一些了。有些情节不仅十分动人，对刻画人物、表现主题也有着突出的作用，这就是典型的情节。典型的情节往往同时也是生动的、深刻的情节。例如，在《人民的好医生李月华》中有这样一个情节：有一次，一位老大娘的儿子夜里得了胆道蛔虫病，老大娘去找李月华医生。李月华累了一天，老大娘也不忍心喊醒她，结果耽误了一些时间。李月华就想，以后再遇到这种情况，怎样才能及时醒来呢？听到大娘家公鸡打鸣的声音，她灵机一动，有了主意。她就买了一只小狗，以后夜间再有急诊，求医的人还没敲门，李月华就已经穿好衣服，背上药箱，准备出诊了——是小狗的叫声给她报的信。这个情节不仅新鲜生动，而且深刻典型，把李月华全心全意为人民服务的思想境界充分地表现出来了，也把全文的主题深刻地揭示出来了。

（四）运用多种表达方法

通讯的主要表达方法是叙述和描写，但自然真挚的抒情和画龙点睛的议论也是必要的。

叙述是对所报道的人物、事件、环境进行概括的说明和交代。如人物的经历，事件的发生、发展过程都需用叙述的方法表达出来。叙述可以把描写的各个方面连接起来，使之成为一个整体，推动情节的发展。

描写，是用形象的语言对人物、事件、环境作具体、细致的描绘，给读者以身临其境、如见其人、如闻其声的感觉。

抒情，是作者真挚感情在通讯中的自然流露。它是叙述、描写的延伸。真挚感情的抒发，往往能引起读者的共鸣，加深人们对通讯主题的理解，增强宣传效果。它又常常和议论结合使用。议论，在通讯中是必须有的。这也是通讯与消息的区别之一。通讯中的议论不同于评论中的议论，它是作者对人、对事提出自己的看法、主张和恰到好处的评价。它可以使人和事发光生辉，使道理昭然，有助于揭示事物的本质意义和内在联系。议论往往和抒情结合使用，从而使议论蕴含感情，抒情又富于理性。请看下边一段文字：

你是中国知识分子的骄傲！

在你看来，人生的最高境界是创造。

你的创造正在使一个以电子计算机为基本工具的信息时代，提前闯入以古老文明自傲的国度。凡是处理汉字的地方，都有你的发明的用武之地。它必将对我国的传统的文化传播、教育方式带来巨大的变革，产生深远的影响。

王永民，你值得骄傲！

（选自《王永民——中国知识分子的骄傲》，载《人民日报》，1989－06－05）

这段文字，很难分清哪些是议论，哪些是抒情。它将议论和抒情糅合在一起，议论蕴含感情，抒情又富于理性，达到了很好的表达效果。

（五）写好人物和事件

通讯是通过人物和事件来反映时代精神、时代风貌的，因此，人物和事件是通讯的主要内容，能否写好人物和事件是通讯写作成败的关键。

1. 人物写作的要求

（1）人物要有时代感。任何人物都是某一时代的活生生的人，他的身上一定带有时代的深深烙印，包括具有时代特色的思想、语言、行为方式等。通讯必须把这种时代感通过人物准确无误地表现出来。

（2）要充分展示具有突出个性的人格力量。每个人都有自己独特的生活环境、成长经历、教育背景，这决定了人物不同的观念、性格、思维方式和行为方式，通讯只有写出人物的这些鲜明的个性特征，才能使人物形象鲜活，才具有说服力。

2. 事件写作的要求

（1）要“见事见人”。事件都是由人参与完成的，因此，通讯写作过程中，人物和事件密不可分。通讯中的叙事，要想叙述得精彩，必须在叙事的同时兼顾写人，写人物的思想、感情，使人物和事件交相辉映、融为一体，用人物和事件、思想和行动共同打动读者。

（2）要写出波澜。事件无论大小都有一个发生、发展到高潮的过程，高潮是矛盾的焦点和白热化状态，也是人们关注的焦点，因此也是通讯叙事的重点。一篇精彩的通讯应当在高潮处不惜重墨，酣畅淋漓地进行叙写和表达。有时，一篇通讯甚至不止一个高潮，会有“铺垫——小高潮——再度渲染——大高潮”这样波澜起伏、高潮迭起的状况。只有把事件写出波澜，文章才能更加吸引读者。

（3）要“寓理于事”。叙事是通讯的主要表达手段，通讯中的叙事不能单纯地为叙事而叙事，必须“寓理于事”，即围绕主题叙事，把思想观点糅进叙事当中。这样才可以避免把叙事写成简单、枯燥的“流水账”，通讯才能更加有分量。

第三节 特 写

一、特写的概念和特点

特写，也叫特写新闻，是新闻报道的一种形式。它是一种以文学手法描绘新闻事件中富有特征的片断或镜头，突出人物的活动，再现场景气氛的新闻体裁。

特写的主要特点是它的“特写性”。“特写”就是“放大”或“再现”的意思。“放大”，不是新闻事实的夸大，而是真实的鲜明的再现。它很像电影中的特写镜头，就是把某一人物的局部，一件物品及物品的细部或某一场面放大，使其表现得更鲜明突出，让观众看得清楚，以形成强烈的、清晰的视觉形象。特写新闻就是对新闻事实的某个片断，在完全真实的前提下，作有情有景或绘声绘色的细致详尽的描写，以写出充满立体感的形象来。

特写具有极强的新闻性，是新闻事实的深度报道。它必须真实地、及时地报道事实真相中最精彩的片断、情节或一个独特的镜头，而不必再现事件的全貌。但从片断中读者可以得到启迪、深思或感染。它较之消息更形象生动；较之通讯更集中、迅速；因用了文学的手法，更具有可读性，因此越来越受到人们的重视。

二、特写的分类

按特写所表现的内容，可分为以下几类：

（一）事件特写

事件特写是以重大事件中的关键性场面为描写对象，注重其戏剧性的细节。

例文一

鲜花不知送给谁？

三十一届国际数学奥赛金牌得主周彤终遇难题

7 月 20 日下午，三十一届国际数学奥林匹克金牌得主、17 岁的周彤由京城载誉返回武钢三中时，手里捧着一束鲜花。

这束鲜花，是周彤中午刚下火车，踏上武昌车站月台时，湖北省人大副主任梁淑芬、副省长张怀念等领导及少先队员们欢迎他时送给他的。

现在，周彤出现在母校会议室门口，在这里等候儿子凯旋的爸爸周进元和妈妈魏连英立刻兴奋地站起来。教学副校长陈泰坤见周彤手执鲜花向校领导奔来，赶紧说：“快把鲜花给你妈妈呀！从你牙牙学语起，你妈连乘车走路的空都不放过，编儿歌见缝插针地教你知识，鲜花应该属于母亲。”妈妈一使眼色，指着武钢三中特级教师钱展望，对儿子说：“彤彤，快把鲜花给钱老师！钱老师一周几个晚上为你辅导，连寒暑假的学习都替你安排，还满世界跑书店为你买参考书。鲜花应该属于苦心培养你的老师。”钱老师连连摆手：“周彤几年来就盯着这块金牌。为迎接这场竞赛，解数学题3000多道，草稿纸堆起来只怕比他人高。鲜花应该属于得金牌的人。”

（略）

多亏校长王锦龙巧指迷津：“来，周彤拿着鲜花站当中，我们一起照张相！”

“咔嚓”一声，银光一闪，这一历史瞬间永远凝固了。然而，出现在照片上的周彤并未拿鲜花。鲜花被他悄悄留在学校会议室里了。

[简评] 三十一届国际数学奥赛金牌得主周彤手中的献花该给妈妈、老师还是母校？通过对众人间的相互推让的细节特写，从而说明周彤的成功与许多人的支持是分不开的。

（二）场面特写

场面特写是以新闻事件中最典型、最感人的场面为特写对象，通过再现场面状态和气氛表现新闻主题。

例文二

在“首届中国编辑高层论坛”上，
各路专家热议创新编辑思路、经营思路
——编辑要做文化创新的推动者

本报讯　4月27日，由中国编辑学会主办，高等教育出版社、中原出版传媒集团公司和中国编辑杂志社共同创办的首届中国编辑高层论坛在郑州国际会展中心举行；来自国家新闻出版总署、中宣部、其他中央部委、各省市自治区直辖市新闻出版局的有关领导，中央和地方各出版集团、报业集团、出版社的负责人和编辑等近400人参加了论坛。

本届论坛的主题是“大文化、大媒体、大编辑”，就这一主题，国家新闻出版总署署长柳斌杰作了题为《做无愧于时代的新型编辑》的精彩演讲；著名作家王蒙阐述了他对当代文学的新思考，对文化、媒体、编辑的发展具有深度的启发和借鉴意义；国家统计局副局长许宪春的演讲题目是《2008年国内外经济形势初步分析》，分析和论证了当前文化、媒体、编辑发展的经济大背景；国务院新闻办出版局副局长吴伟以《中国文化走向世界和中国编辑的新境界》为题，提出了中国编辑在中国文化走向世界过程中的作用和使命；国际竞争力研究专家、中国人民大学博士生导师、中国人民大学竞争力与评价研究中心主任赵彦云从国际竞争力、综合国力、国家软实力等方面对文化竞争力、媒体竞争力、编辑竞争力进行了独到的阐述；新浪网副总编辑侯小强从新媒体与新编辑的角度畅谈了自己的认识；上海世纪出版集团总裁陈昕论述了编辑的时代使命与出版创新；著名学者型编辑唐浩明以自身体会，说明编辑可以成长为学者，学者可以更好地当编辑；河南日报报业集团党委书记、董事长、社长朱夏炎则通过对报业集团近年来新变化的剖析，着重阐述了编辑思维与报业发展的关系。

“死的是纸，活的是报。”朱夏炎说，只有不断创新编辑思路、经营思路，才能真正办好一份“领导满意、群众喜爱、市场接受、同行羡慕”的报纸，真正把新闻纸、信息纸转变成思想纸、观点纸。

国家新闻出版总署署长柳斌杰说，在新时代，编辑只有不断地开阔视野、认识世界、崇尚科学、追求真理、创新知识，才能真正地繁荣文化市场，成为文化创新的推动者。

（选自常佰军、温中豪：《编辑要做文化创新的推动者》，载《大河报》，2008-04-28）

［简评］通过对“首届中国编辑高层论坛”的活跃气氛的场面描写，表现了专家学者对新时代编辑工作如何发展的积极探索。

（三）人物特写

人物特写即绘声绘色地描绘人物的某些典型或特殊的言行，以展示人物的性格和精神世界。

例文三

山崩地坼下的伟大师魂

在地震突袭的紧急时刻，北川县曲山小学的教师们，舍身忘死，抢救身处险境的学生。记者近日走近他们，被他们那如山的身躯，崇高的师德所感动。

李永强　为救6名孩子钢筋穿胸而过

5月12日下午2时28分，一场巨大的灾难从天而降。慌乱中，曲山小学教师李永强带着一批学生安全冲到了操场。就在这时，教学楼里传出巨大声响。李永强猛一回头，只见教学楼的后墙轰然倒塌，教学楼已经下陷，从前的三楼变成了一楼，撕心裂肺的哭喊声、呻吟声、求救声连成一片。

情况紧急，李永强疾步上前，一把抓住3名学生，使劲往外拽。当他转头再来拉另3名学生时，一阵强烈的地震波再次袭来，地面像波浪一样，此起彼伏。一声巨响过后，整栋教学楼顿时轰然倒地。李永强和其他几名学生一起被埋在废墟之下。

废墟下，李永强和何俊、卓本荣3位老师以及几名学生，被堵在彼此相隔不远的几个小空间里。幸存下来的卓本荣清楚地记得，当时何俊就压在她的身旁，双腿断了，血流不止。不一会儿，墙体出现了一道裂缝，何俊强忍着疼痛，拼命把学生往墙缝外推。但是，刚推出一名学生，他的身上血涌如注，脸色苍白，嘴里还使劲喊着：快把所有孩子救出去！慢慢地，他瘫倒在地，再也喊不醒了……

为了把身边不远处的几个孩子推出墙缝逃生，埋在另一块墙体下的李永强，趁着地震波停止的短暂瞬间，挪开身上的石块，猫着身子，抓住罗益寒和韩玉两名学生，竭尽全力往墙缝外推去。两名孩子获救了！

就在刚推出最后一名学生时，突然一块断裂的预制板，从他头顶滑落下来。预制板上的一根钢筋无情地刺穿了他的胸部，整个人和那块预制板紧紧连在了一起，血喷涌而出，李永强再也没有起来……

朱贵平　“是共产党员的，跟我上！”

朱贵平是二(2)班班主任。5月12日下午，他和平时一样，夹着课本走上三楼教室的讲台，摊开书本，正准备上课。突然，只听到脚下轰的一声，房子轻微地摇晃了一下。不到一秒钟，他就反应过来，立即大喝了一声："发生地震了，快往操场跑!"

学生们迅速起身，夺门而出。朱贵平拉着一个跑在后面的孩子，冲到操场上。大约五六秒钟，班上已经有一多半的学生冲到了操场。刚刚松了一口气，强烈的地震波再次排山倒海地冲来。两分钟后，朱贵平清醒过来，他看到周围笼罩在巨大的烟雾中，整座县城几乎没有一栋完整的房子。地上都是翻出来的新土，山上的石头冲下来，有的孩子或者老师被压在墙下，有的被埋住双腿。"那一刻没有人能帮我们，只能靠自己救自己。"于是，他对着操场上的师生大声喊着："是共产党员的，跟我上!"

由于现场根本不可能找到棍子、绳子等工具，朱贵平带着幸存下来的党员教师和急忙赶到的群众，趴在地上，徒手先把埋得浅的孩子扒出来。然后将救出来的学生一个个转移到相对平坦的土坝上。20 多名被埋学生获救了!

不一会儿，又一阵剧烈的余震袭来。操场上的学生必须火速转移！否则，随时都可能被埋！朱贵平流着泪，抬头看看已经下沉的教学楼，再看看身边惊魂未定的七八十名学生，他迅速决定：组织师生大转移！由于地面仍然在不断地抖动，朱贵平背着一个受伤的学生，组织师生手牵着手，向北川一中方向转移。半路上，恰好遇上一支由武警部队和解放军组成的救援小分队。在他们的帮助下，晚上 7 点多钟，师生顺利转移到了北川一中的操场上，学生安全了!

母智慧 救出学生后再次冲回教学楼

5 月 12 日下午，北川县曲山小学二年级(3)班班主任母智慧像往常一样，拿着学生的作业本走进教室。按惯例，这天下午 2:20 至 2:35，学生们要集体收看学校的红领巾电视台播放的少儿节目。突然间地动山摇，母智慧喊："地震了！快往操场跑!"

她手里抓着孩子，跑到操场，地震仍在继续，她和孩子们一起趴在一块乒乓球台大小的地板上。这块地板开始往前移，被起伏的气浪抬起来，然后又往下掉。

"我感到地裂了，我们好像要掉下去，大山倒了下去，浓烟滚滚"，持续了好一会儿，似乎平静了，母智慧看到孩子们像从煤洞里出来的一样，全班 45 个孩子，跟着母智慧出来的有 37 个，她带着孩子们转移到一块平地。

"砖缝里，到处都是孩子们的求救声，我们班上就有 3 个孩子压在同一块水泥板下。"过了一会儿，焦急寻找孩子的家长来了，他们一起用电线拉住水泥板，"拉一点，支一点，慢慢地把孩子拉出来，两个孩子救活了。"母智慧说。

安顿好孩子后，母智慧又和同事朱贵平、马静、张成兰等人重新跑回坍塌的教学楼，拼命去救那些压在石缝里的老师和孩子。"当时，我看到孩子们身上到处都在流血，碎石在大地的剧烈摇晃中，不断地往下坠落，四周都是瓦砾、墙体倒塌和玻璃的破碎声，眼前漆黑一片。"母智慧说。

(选自柯进、张圣华：《山崩地坼下的伟大师魂》，载《中国教育报》，2008-06-04)

[简评] 文章选取三组特写场面，通过对三位老师在汶川地震中的典型语言和行为的描写，展示了危难之际，老师们的大义之举。

(四) 工作特写

工作特写以某一个工作场面为描写对象，展现该工作的特点及人们的精神面。

例文四

“我总惦记着你”
——温家宝看望地震中幸存的两名小学生

新华网成都5月24日电（记者 李斌）四川大地震发生后，两个小学生的命运，一直牵挂着温家宝总理的心。

这两个小学生，就是都江堰市新建小学的赵其松和王佳淇。13日上午，地震后的第二天，温家宝冒雨前往新建小学。当他看到抢险人员正在解救两名被困在废墟下的孩子时，禁不住流下了热泪。在雨中，温家宝一直弯腰察看救援情况，鼓励孩子一定要挺住，一定会得救！救援行动十分艰难，时间一分一秒过去，由于还要赶往下一个受灾点看望群众，温家宝当时不得不带着遗憾离开。

现在这两个孩子怎么样？24日下午，温家宝专程来到四川省人民医院急救中心看望正在这里治疗的赵其松和王佳淇。

“爷爷，给您一个苹果。”9岁的赵其松躺在急诊外科病房的一张病床上，正在输液。他用左手拿起一个红苹果递给总理。

“谢谢你，你留着吃吧。”温家宝接过苹果，靠着病床的边轻轻坐下，拉着小其松的手攀谈起来。

“还记得那天吗？那天我看到你了。听见我喊你了吗？我叫你挺住。”回忆起救人的紧张时刻，温家宝问小其松：“你都清楚吧？”

“知道。”小其松看上去精神不错。

温家宝亲切地告诉小其松：“我总惦记着你。我有一张照片，就是我蹲在那个地方看抢救你。”

看到小其松的妈妈站在一旁，温家宝站起身来询问有关情况，并告诉她：“我惦记着他，这次来了以后就打听。昨天晚上以为他在都江堰，都穿好了衣服准备去看一看。后来听说在这里，今天就特意安排来看望。”

“不会有任何……？”温家宝侧过身来询问旁边的医生，眼神里充满疑问。

“不会有任何后遗症。”一位医生回答。

“要有信心啊。”温家宝紧锁的眉头略微舒展开来，鼓励小其松。

温家宝告诉小其松，这次地震要记一辈子，要学会生活，面对困难，将来可能更有出息，成为一个有用的人。

“这个苹果留给你吃吧。”温家宝把苹果放在小其松的手上。

“我刚刚吃了，给您吧。”小其松推回来。

“留给你吧。爷爷留给你。”

7岁多的王佳淇在地震中鼻骨骨折，昨天刚刚做完手术躺在床上。她的床头摆放着“福娃”和布玩具，旁边几盆鲜花开得正艳。

“那天，她还知道要喝水。”10多天前的那一幕，给温家宝留下深刻印象。

“现在怕光吗？”

“视力还可以。”医生回答。

"你活着，我就挺高兴。"温家宝俯下身去，拿起王佳淇的小手，"来，摸摸爷爷的脸。"

妈妈告诉总理，孩子很坚强，救出来的时候没有哭，做手术的时候也没有哭。

"对，她很坚强。那天就很坚强。"温家宝问："你想和爷爷说什么话？"

"我代表新建小学的小朋友感谢温家宝爷爷。"

"你好了以后，代我向还活着的新建小学小朋友问好。"

离开两个孩子，温家宝又穿行在病房里，看望其他的地震受伤人员……

(选自李斌：《"我总惦记着你"——温家宝看望两名地震幸存小学生》，载《中国教育报》，2008-05-25)

[简评] 通过温总理看望地震中幸存的两名小学生的感人场面的特写，体现了温总理时刻牵挂着人民的安危。

(五) 风情特写

风情特写是对某个特定地区的社会状况、风土人情的描写。

例文五

"将军县"里摩托热

江西省兴国县为中国革命贡献了2万多名有名有姓的烈士，诞生了54位共和国的将军。如今到兴国县，最引人注目的是满街跑着摩托车。

记者在兴国县采访时看到，机关干部上班骑摩托，乡镇干部下乡骑摩托，老干部钓鱼骑摩托，大姑娘串门也骑摩托，无论是闹市大街，还是乡村小道，但见五颜六色的摩托川流不息，昼夜不停。不大的县城经营摩托车的商行就有十几家，全县摩托车保守估计也有3万辆。兴国县五交化股份有限公司的负责人介绍，县里的摩托车销售势头大于自行车，在销售的摩托车中，低档一半，中高档一半。

摩托车已成为兴国的一大景观。上下班高峰时，骑摩托的比骑自行车的还多。一位机关干部对我说："摩托车在兴国几乎取代了自行车，我家就有三辆摩托。如今兴国姑娘出嫁，陪嫁都要有摩托。"

…………

(选自赵翔：《"将军县"里摩托热》，载《工人日报》，1996-04-05)

[简评] 这篇风情特写通过对兴国县里摩托盛行的社会景观的描写，表现了老区人民经济发展后的新景象。

(六) 杂论性特写

杂论性特写即广泛摄取生活中的各种琐事，描写其富于特征性的片断，发人深思。在会议新闻报道中称为花絮。

例文六

"我"为什么不能说了算？

报载：北京大学从今年开始全面推行博士论文匿名评审，申请论文答辩的博士生，其导师不参加答辩委员会，仅负责介绍博士生和论文的有关情况，在论文投票表决时必须回避。湖南省则实行学位论文抽检制，将隐去单位和作者姓名的论文全部拿到外省去，由外省专家评审。

一个简简单单的论文评审，如今弄得比论文的撰写过程都复杂。这种复杂，说到底还是人的复杂。人的复杂问题不先解决好，仅仅依靠“匿名”、“回避”，就能保证公平与严肃吗？况且学位论文不是客观题，每篇文章的主题、结构都不尽相同，想蒙混过关，只需向评审者事先报出论文的标题或主题，评审者就会对作者是谁心知肚明。另一方面，专家与专家私下通不上气吗？本省与外省的专家就说不上话吗？

（略）

导师、专家，都是综合素质杰出的人士，他们应当勇于向社会承诺：我是专家，我是权威，在学术上，我对自己的言行负责！我完全可以说了算！所以，我们应倡导的不是匿名而是公开具名评审。

在学术上“我说了算”、“我对自己的言行负责”——这应当是专家、导师做人做事的底线。专家或导师应当为自己没有说了算、不能说了算、不敢说了算而愧疚乃至引咎辞职！遗憾的是，我们至今还没有看到多少这样的专家和导师，没有听到专家或导师理性地发问：我为什么不能说了算?!

（选自周云龙：《“我”为什么不能说了算?》，载《中国教育报》，2002-01-25）

［简评］本篇杂论特写通过对博士论文盲审的介绍，夹叙夹议地引出了目前学术界应倡导的学术忠诚和专家学者的诚信问题，议论的问题发人深思。

三、特写的写作方法与要求

（一）特写的写作方法

特写的写作主要包括标题和正文两部分的写作。

1. 标题

特写的标题有两种形式。

第一种，单行标题，直接概括出新闻事实。这种标题形式用得最多。如例文六的标题。

第二种，正副标题。和通讯的标题一样，正题可虚写，揭示新闻事实的意义、背景；副题是实写，概括新闻的事实。如《鲜花为证——王玉田作品音乐会动人心弦》。

2. 正文

正文的写法很灵活，不拘一格，可按时间顺序，也可按事件的发展势态，还可以按事件发展过程中空间的转换安排结构。有的特别短小的特写，就是一个镜头、一个细节而独自成篇。

特写在尊重事实的前提下，可以用文学的笔调写事、写背景、写细节，写人物心理、语言、行动，可描写、可抒情、可议论。所以一篇好的特写，读后应该使人耳目一新。

（二）特写的写作要求

特写要求准确、真实、迅速、及时，但仅此还不够，特写的优势在于“特”，它是针对真实、新鲜的人和事的特别写照。怎样写好新闻特写呢？我们必须从以下几个方面努力：

（1）特写写作要对准焦点。摄影要调准焦距，才能够清晰地显示图像。新闻特写也是个对焦的问题。新闻特写的焦点是什么呢？是引人注目的典型形象、典型场面，是人物个性化的行动，是事件的高潮，是社会上人们普遍关注的某种现象及背景。那么如何对准焦点呢？一是指采访时要善于抓取宜于特写的题材，例如，香港回归的瞬间，就宜于用特写的形式来表现。二是表达时，要集中笔墨，比如在体育比赛时，要善于抓住瞬间动作或一系列有特点的动作，将其作为特写的焦点。

（2）特写写作要显示内涵。特写的真正力量，在于形象的内涵、人物的内在精神和事件的内涵意义。因此，无论写人、写事，还是写社会问题，都不能满足于表面形象的再现，而必须显示其内涵。那么怎样显示内涵呢？一是用事实说话，即抓住那些能体现内涵的外部现象，如言谈、举止、场面、氛围等，着力表现。二是要议论解释，就是通过采访，解释事件发生的原因、发展、经过、结局，通过写事来表达特写所要表达的情感。

（3）特写写作要写出特写的情趣。特写之“特”，还在于它的情趣。西方新闻记者很喜欢在特写中加点“佐料”，即幽默与趣味。趣味，不能成为特写的主旨，但是幽默与趣味，可以增加报道的特色，提高作品的可读性，增强形象的感染力。这些都是我们在新闻特写创作时应该吸收的东西。

第四节　报告文学

一、报告文学的概念与特点

报告文学是一种兼具新闻与文学两种特质的文体。报告文学，亦可称为“文学报告”或者“文学新闻”，是一种以文学手法及时反映和评论现实生活中真人真事的新闻文体，可视为一种介于通讯和小说之间的文体。

报告文学的特点可以概括为以下几点：

（1）新闻性。新闻性是指报道的是生活中发生的真实事件，并且具有一定时效性。这是报告文学最基本的特点。

（2）文学性。文学性是指运用多种文学手法，将人物与事件生动形象地再现。这是报告文学的一个显著特点。报告文学多种表达方式共用，叙述、描写和抒情、议论并重；在既不虚构又不夸张的前提下，对大量材料进行巧妙的概括和提炼，运用形象的语言、精巧的结构、曲折的情节，并采用各种文学艺术手法反映社会上的人物和事件。为了更好地刻画人物形象，报告文学汲取小说的表现手法如性格刻画、心理描写、环境渲染、细节铺陈等最为明显。

（3）政论性。这是报告文学的灵魂，是水平和价值的决定性因素。随着经济体制改革的进展，一大批为改革鼓与呼的报告文学相继问世，闪耀着理想主义和英雄主义的光芒。

还有一大批报告文学，揭开了长期被封闭的政治经济所掩盖的社会矛盾，反映了一系列重大社会问题，充满了浓烈的参与意识、批判意识、忧患意识和改革意识。凡此种种，使报告文学具有鲜明的政论性色彩。

二、报告文学的分类

报告文学是一种内容广泛而又形式多样的文体，它的种类随着时代的前进而变化。从题材上分类，有工业报告文学、农业报告文学、军事报告文学等；从篇幅上分类，有系列报告文学、长篇报告文学、中篇报告文学、短篇报告文学等。我们按照写作对象和内容，把报告文学分为三类：

（一）报道典型人物的报告文学

它的重点在于人物形象的塑造。作者必须对人物有着鲜明深刻的了解和认识，对人物形象的艺术加工，要在细致的调查访问的基础上，抓住人物性格的鲜明特征，用生活化、个性化的语言，再现人物形象，写出人物精神世界中的“闪光点”，而且还需要把人物放在广阔的社会背景中去反映，发掘人物形象普遍具有的社会意义。

如徐迟的《哥德巴赫猜想》，理直气壮地为长期受歧视、受迫害的研究自然科学的知识分子歌功颂德，揭露了“文化大革命”给国家和人民带来的创伤，具有强烈的时代精神和普遍的社会意义。

（二）报道重大事件的报告文学

它强调交代事件的全过程及其重点，通过事件本身及作者对事件的态度来体现主题思想。事件贯穿全文，人物刻画则服从于事件展示。文中写到的人物往往很多，对多个人物进行简略的粗线条的描写时，应该写出不同人物共同的精神特点。写作时一般都采用特写镜头式的描写方法，也就是在交代事件和揭示问题的过程中，把镜头对准一个又一个的人，寥寥数笔，白描勾勒。当然，也要注意抓住人物的精神闪光点和性格特征，常常通过人物的一句话或一个动作给读者留下深刻的印象。

所谓重大事件，往往是需要歌颂的社会新事物，当然也有不少对历史进行反思、对现实生活中某些阴暗面进行暴露的事件，更可能是歌颂和暴露兼而有之的事件。如《历史沉思录——井冈山红卫兵大串连二十周年祭》、《丐帮漂流记》和《大兴安岭大火灾》等报告文学就是这样。再如凤凰卫视的闾丘露薇伊拉克战地采访纪实《我已出发——闾丘露薇》，因她的独特视角和个性化描述，丰富了读者对伊拉克人民、伊拉克官员以及交战双方官兵的认识和理解，使我们对整个战争形势的判断更趋于真实，为这场战争保留了一份中国人的诚实记录。

（三）报道社会问题的报告文学

此即集中反映突出的社会问题的报告文学。随着 20 世纪 80 年代经济及政治体制改革向纵深发展，原来长期被封闭的种种社会矛盾一一暴露出来，改革开放一系列政策也给正视和解决这些问题提供了条件。诸如物价、教育、留学、人口、住房、独生子女、家庭婚姻乃至妓女、吸毒等问题，日益引起人民大众的关注，更激起报告文学作家对社会生活深层开掘的勇气。这类报告文学继承了我国报告文学作为“五四”以来新文学运动分支的优秀传统，忠实于生活的本质，给予惩恶扬善的报道。如长江所写的《你，“澳抗阳性”吗?》，报道了1.2亿“乙肝病毒携带者”的生存状态，剖析了系在他们脖颈上的“枷锁”；涂俏的《我在深圳“二奶村”的60个日日夜夜》，作者以本人卧底的方式，深刻体察了“包二奶”这样一种伴随市场经济出现的畸形婚姻状况，冷峻地揭示出“二奶”们自虐式寻求“美好人生”的令人心悸的生活内幕和内心真实想法；王宏甲的《中国新教育风暴》，对中国的传统教育模式进行了深沉反思和尖锐的批判等，都属于此类报告文学。

三、报告文学的写作方法与要求

(一) 报告文学的构成

报告文学一般由标题、开头、中间、结尾四部分构成。

1. 标题

标题应力争产生一种吸引力和震撼力。拟写标题一应求实，二应讲究吸引力，三应具有概括力。例如：

典型人物报告文学的标题：《中国农民大趋势》、《亚洲大陆的新崛起》、《亚细亚怪圈》等。

重大事件报告文学的标题：《震撼世界的十天》、《为了六十一个阶级兄弟》、《在这片国土上》等。

社会问题报告文学的标题：《白夜——性问题采访札记》、《神圣忧思录——中小学教育危境纪实》、《强国梦》等。

2. 开头

开头通常的写法有：

(1) 展示出一个生动逼真的生活场面，给人以现场实感。有时还尽力使描写的生活场面上升为意境。如《亚洲大陆的新崛起》，开头就写李四光从国外回来的场面。

(2) 交代事件的高潮或结局，产生扣人心弦的艺术感染力。如《扬眉剑出鞘》，写栾菊杰击剑受伤，被救护车送往医院的情景。又如《人民的好医生李月华》，作者一下笔就写李月华逝世了，川流不息的人群到她的坟头悼念的情景。

(3) 抒发作者对作品中所写主人公的感情。如《船长》的开头。

(4) 利用悬念，引出矛盾。如《大雁情》的开头。

(5) 交代写作动机，开门见山地点题。如《热流》的开头。

3. 中间

中间正文的写作应重点安排好艺术结构。其写法有：

(1) 借用小说的情节结构形式，按照开端、发展、高潮、结局的顺序安排全文结构。有时有的作者会采用倒叙手法，把结局和某个精彩片段放在开头写，以引起悬念，抓住读者。一般称这种以时间推移和过程进展为线索的结构为纵向结构。

(2) 借用散文“以线穿珠”的结构形式，依靠对主题思想的论述来直接组合互不相关的材料，如《为了下一个早晨》。也可采用电影电视“蒙太奇”的镜头连缀手法，以时间为经，空间为纬，灵活跳跃，这被称为“全景式”报告文学，如《亚洲大陆的新崛起》。

（3）以作者对主人公的认识发展及感情起伏的过程来安排结构。例如，报告文学《大雁情》即是，全文由四个部分组成，四个小标题是“她……”、“她?”、“她”、“她?!”贴切地表现了作者对报道对象认识不断深化、明晰的过程。

4. 结尾

典型人物报告文学常用鼓舞展望式或者哲理思索式的写法，往往与人物形象和场面相结合，造成一种余味无穷的意境。

重大事件报告文学的结尾常常是主题的总结和升华。

社会问题报告文学的结尾往往重申和强化令人关注的问题，引人深思。

（二）报告文学的写作要求

1. 报告文学要严守真实性原则

真实，是报告文学的生命；真实，也是报告文学创作不容动摇的一条基本原则。报告文学的写作要建立在真实的基石之上。

要求报告文学写真人真事，并不是指有闻必录、自然主义式的照搬和复制，而是指在把握住所写的人和事的全面情况的前提下，精心捕捉有典型意义的一刹那，截取反映本质的横断面，选择生动形象的特写镜头，通过必要的集中、调动，加以表现。

2. 报告文学要写出时代精神

时代精神，是指在特定的历史时期内，广大人民群众为实现某一历史任务而努力奋斗时表现出来的、具有鲜明时代特征的精神、意志。报告文学表现出来的共同意志、愿望、思想和要求，要能成为鼓舞斗志、推动历史发展的精神力量。为了写出时代精神，报告文学作者必须：

（1）高瞻远瞩，纵观全局。如李士非的报告文学《热血男儿》，作者站在改革开放的高度，放眼全局，把袁庚的改革放在全国改革开放的大背景上，透过全国改革开放的试点——深圳特区中的蛇口工业区展现出来。这就揭示了事物的本质特征，使之具有普遍意义，体现了时代精神。

（2）站在时代的前沿，深入生活，多方接触人民群众，了解其所想、所求。寻找生活中的美好事物、闪光思想、英雄人物，认真体味，深刻领悟，探求、开掘其中的意蕴。如《安康城沉浮记》。

3. 报告文学要写好人物

报告文学以刻画典型人物为主。即使是以记事为主的事件报告文学，它也离不开写人。文学创作上可用的表现手法和技巧，报告文学都可以恰当地运用。写好人物，包括：

（1）重视环境描写。人物形象离不开一定的环境，人在景中，景为人服务，人物形象才有坚实的基础。

（2）抓好心理描写，开挖人物内心世界。报告文学写人，要求把人物内心世界的丰富性和复杂性展现出来，增强艺术表现力，以感染读者、打动读者。如刘汉太、谭福勇的《在倾斜的地平线上》第一部分“第二次越过死亡之谷”。

（3）用个性化的语言，写出人物性格特征。报告文学作家，应在深入生活、理解人物的基础上，写出带有人物个性特征的语言。如果做到了这一点，就能很好地反映人物的心理状态，表现人物心理气质，写活个性。如《当今奇女子》中第四节“揍他”。

（4）重视细节描写。有经验的报告文学作家，都十分注意搜集和发掘能表现人物性格特征的细节，让人物形象在细节描写中得到充分展现。

4. 报告文学要安排好结构

艺术构思中一个重要的部分是巧妙地安排结构。可以按以下方式安排结构：

（1）以事物发展的时间先后为顺序安排结构。按照事物发展先后的时间为序，有头有尾地记写人物的生平、经历，或记述一件事的发展过程。

（2）以材料的性质分类安排结构。这是把根据主题需要搜集到的材料，按性质归类，同类的放在一起，形成一个层次，然后，把所得的若干个层次有条不紊地组合起来，共同为表现主题服务。

（3）以断切式安排结构。断切式，是根据主题的需要，把一个人一生的历程，或一件事的全过程按一定的需要切断，选取其中几段或几个环节，组成一篇完整的文章。

（4）以电影镜头组接式安排结构。这是运用电影艺术“蒙太奇”镜头的剪辑、组接等手法，把从生活中摄取到的镜头，按主题的需要，剪辑、组接起来，为发展情节、表现主题服务。

（5）全景式结构。用多种思想意识、多种思维方式同时观照一个人或一件事，深挖这个人或这件事的多种元素和信息，从而得出一个大信息量的、全景的认识。

5. 报告文学要有恰到好处的议论

议论是报告文学的精华之处，好的议论能够增强报告文学作品的思想性。

（1）在叙事写人到激动人心的高潮处时，可以有议论。作者写到那里，感情再也不能抑制，情不自禁地站出来议论；读者读到那里，感情也很激动，看到作者的议论说出了自己的心里话，会拍案叫绝。由于这种议论在激动人心的高潮出现，又带着强烈抒情色彩，因此，必然能够使人印象深刻。

（2）在叙述一件事情完毕，需要使人们从实践向理性认识飞跃的关键场合时，可以有议论。这种议论应该是画龙点睛式的，话不多，却能使读者觉得豁然开朗。

（3）为了增强报告文学议论的形象性和生动性，可以采用比喻、夸张、反语等修辞手法进行议论，这样的议论往往具有强烈的哲理色彩，更容易为读者所接受。

例文

万众一心，托起生命的希望
——献给英勇抗击汶川地震灾害的中国人民

这是一只令人心碎的小手：伤痕累累的手中，紧攥着一支笔。孩子的躯体被无情的砖石掩埋。

这是万人揪心的一刻：废墟上的一座闹钟，已经损毁。留下的，是那个永远定格的时间——14时28分。

2008年5月12日，北纬31度、东经103.4度——相当于数百颗原子弹能量的汶川大地震，在10万平方公里的区域释放。霎时间，山崩地裂，江河呜咽。

汶川、北川、茂县、理县……一栋栋房屋倒下，一座座桥梁坍塌，一个个生命消失。

8.0级大地震！数万人不幸遇难！数百万人失去家园！

突如其来的巨大灾难，震惊了中国，震惊了世界。

任何困难都难不倒英雄的中国人民。灾难，让中华民族迸发出气壮山河、感天动地的伟大力量。一场抢救群众生命、抗击地震灾害的斗争，在中华大地展开。

托起生命的希望——党和政府坚持以人为本，把抢救人的生命放在第一位

人民安危牵动着中南海。

灾情传来，胡锦涛总书记立即作出重要指示："尽快抢救伤员，确保灾区人民群众生命安全。"

震后两小时，温家宝总理赶赴地震灾区。

灾情就是命令，时间就是生命。面对新中国成立以来最大的地震灾害，以胡锦涛同志为总书记的党中央果断决策、紧急部署——

地震当晚，中共中央政治局常务委员会召开会议，全面部署抗震救灾工作。会议决定，成立抗震救灾总指挥部，由温家宝任总指挥，全面负责当前的抗震救灾工作。会议号召全党、全军、全国各族人民万众一心、众志成城，迎难而上、百折不挠，共同夺取抗震救灾斗争的胜利。

5月14日，灾后第二天。中共中央政治局常委会再次召开会议，强调要把抢救被困群众放在第一位，只要有一线希望，就要尽一切努力施救。

5月22日，灾后第十天，中共中央政治局常委会会议又一次专题研究抗震救灾工作，强调要继续搜救被困群众，切实把搜救工作落实到每一个乡村，特别是要抓紧彻底排查边远乡村，努力做到无一疏漏。

面对千头万绪的救灾任务，胡锦涛总书记明确要求：抗震救灾工作必须坚持以人为本。抢救人民群众生命是首要任务，必须继续作为当前抗震救灾工作的重中之重。只要有一线希望，只要有一点生还可能，我们就要作出百倍努力。

以人为本——中国共产党执政理念的精髓。灾难面前，关爱生命、抢救生命、为了生命，一线希望、百倍努力、决不放弃……所有这一切，成为以人为本理念的生动诠释和具体体现。这是中华民族精神在新时代的辉煌升华和深刻拓展。

中南海的灯光彻夜长明，党中央、国务院的心与灾区人民的心一起跳动……

——5月16日，在抗震救灾的危急时刻，胡锦涛总书记乘飞机赶赴四川省地震灾区，慰问灾区干部群众，看望奋战在抗震救灾第一线的部队官兵、公安民警和医护人员，指导抗震救灾工作。

——5月22日，了解到灾区安置受灾群众急需大批帐篷，胡锦涛立即赶赴浙江省湖州市，实地考察救灾帐篷生产情况。

——5月25日，胡锦涛又专程前往河北省廊坊市，实地考察救灾过渡安置房生产情况。

温家宝总理在地震当天赶赴灾区之后，于5月22日再赴灾区。他走上废墟，走进野战医院，走进帐篷小学，走进灾民临时安置点……

同样心系灾区的吴邦国、贾庆林、李长春、习近平、李克强、贺国强、周永康等中央领导同志，或到救灾第一线指挥救援，或主持会议部署救灾工作……

抢救生命、抗震救灾，从中央到地方，各方面迅速行动起来。

国务院抗震救灾总指挥部紧张忙碌。汇集灾情、下达指示、调兵遣将……在救灾的不同阶段，总指挥部成了流动指挥部，先后在北京、在灾区帐篷里、在行进的火车上，召开13次会议，对抗震救灾工作及时作出具体部署。

四川、甘肃、陕西等受灾省份也迅速动员、紧急行动。

一队队解放军和武警、公安消防官兵，一支支医疗队和专业救援队、一家家新闻媒体记者，从四面八方奔赴灾区。与此同时，声势浩大的募捐活动在全国展开。

世界关注着中国的抗震救灾。《新西兰先驱报》发表社论称，中国政府正以高效率、体恤民众和公开透明的态度积极应对地震灾害。在距奥运会开幕不到3个月时发生的这场大地震证明：中国能够经受住突如其来的考验。

以人为本，国家意志和人民意志高度统一；以人为本，中华民族的力量紧紧凝聚。一个大写的“人”字在山崩地裂中巍然挺立！

托起生命的希望——11万子弟兵上演“生死突击”，在人民最需要的地方发挥最关键的作用

都江堰告急，什邡告急，绵阳告急……汶川、北川、茂县、理县音讯全无。无数生命在呼唤，人民子弟兵紧急集结。

地震发生第13分钟，全军启动应急机制。

地震发生第2小时07分，成都军区2架察看灾情的直升机冒雨起飞。

同一时间，驻灾区的9 100名官兵紧急出征，南北并进开赴救灾一线。空军各个机场、各个飞行部队，按照打仗标准，完成起飞前的准备……

距地震发生不到10小时，解放军和武警部队就有1.2万名官兵进入四川灾区展开救援。在陇南和陕南，兰州军区3 000多名官兵在第一时间抵达灾区……

争时间，抢速度，救生命！13日7时45分起，23架军用运输机和12架民用客机，不间断飞行78架次，将在洛阳、武汉、开封等地集结的10 891名官兵及救灾装备运抵成都地区4个机场。

空中运送、铁路输送、摩托化开进……参加抗震救灾的部队向灾区全力挺进。短短几天，全军和武警部队投入现役部队总兵力达到11万人，涉及各大军区、各军兵种和武警部队，专业兵种包括地震救援、防化、工程、医疗防疫、侦察、通信等20余个……

交通中断、通讯中断、电力中断……自5月12日14时28分起，震中汶川没有了消息，10万百姓生死不明。

2个小时过去，4个小时过去，10个小时过去……汶川怎么样了？

党中央在关注，全国人民在关注。

“由党员和班长骨干就地组成200人的突击队，携带干粮、水和抢险工具，徒步前进，以最快的速度到达汶川。”13日凌晨1时12分，武警某师参谋长王毅果断下令。几分钟前，王毅和他所率领的救援部队经摩托化行军抵达古尔沟。此时，前进的道路已被巨大的山体塌方堵塞。

“快！快！快！到汶川、上一线、救群众！”王毅和他的挺进小分队踏上了挺进汶川的征程。

山还在摇，地还在颤……人民子弟兵，这支曾创下世界军史上急行军奇迹的部队，再次依靠双腿与恶劣的天候和地理较量。13日23时15分，武警部队作战指挥部接到了来自汶川的声音——挺进小分队用双脚征服90公里艰难险阻进入汶川县城，成为到达这里的第一支救援部队。

13日20时15分，成都军区某集团军军长许勇率领的救援小分队突进汶川映秀镇；14日凌晨，四川省军区副司令员李亚洲带领的300人救援分队赶到汶川县城……

与世隔绝30多个小时后，汶川盼来了穿迷彩服的救援队伍。

就在救灾部队突进汶川的第二天，另一场惊心动魄的突破战在空中打响。

这是个间歇性的降雨天。没有准确气象资料，没有地面引导；地形复杂，高原缺氧……但是，茂县的灾情不容空降兵循常规、细掂量。

14日12时25分，队长李振波带领15名突击队员，身背小型卫星通信站、超短波电台和夜视仪，勇敢地从5 000米高空跃出飞机舱门，跳向这片急待救援的土地。家在德阳八角镇的班长任涛，奶奶在地震中遇难，岳母重伤，他把悲伤埋在心里，成为15名空降勇士中光荣的一员……2小时40分钟后，茂县灾情第一次传了出来。

与此同时，成都军区某红军师500名官兵组成的救援队，把绳子绑在身上相互牵拉着，从悬崖峭壁上开辟通道，迅速赶到茂县……

山体塌方、桥梁断裂、路基损毁……没有路，大型装备就进不来，大型救援就无法实施。

时间在分秒流逝，那些依旧被掩埋在废墟里的一个个生命让全国人民揪心……打通“生命线”，成为抗震救灾的又一重中之重。

14日下午，武警交通部队紧急抽调各地机械操作手，组成抢险突击队进驻都江堰紫坪铺；第二炮兵在全国7个省市抽调的上千名工程技术人员也迅速在北川集结……一支又一支工程部队，在悬崖边，在高山上，展开抢通生命通道的接力。

15日18时，绵竹至北川的道路被抢通；

15日21时40分，震后第一条通往汶川县城的道路被抢通；

15日23时15分，丹巴至理县40公里道路被抢通……

一条条生命之路的抢通，扫清了救援大部队全速进入灾区的障碍。

至16日早晨，救援部队突击到了四川所有受灾乡镇。19日14时，救援部队进入到了1 480个受灾行政村。

人命关天，顾不得急行军的疲劳，官兵立即投入紧急救援。

撬棍、千斤顶、张力器、起重机……一切能利用的工具，一切能想到的办法全都用上。北京军区某工兵团带来了搜救犬；海军陆战队带来了能够发现10米以下微弱体征的生命探测仪……为了不伤到幸存者，官兵们用双手掏、挖、刨。

汶川不会忘记这样的声音——“让我再救一个吧！”这是一位战士余震中冒死要冲进危楼救人时的哭喊；“下边还有人吗？”那是在梳理了一遍又一遍的废墟上，子弟兵发出的声声呼唤。

历史不会忘记这样的画面——一个个在塌楼中艰难接近生命的身影，一双双托举担架送伤员上车的大手，一张张疲极困极酣睡在乱石中的憔悴容颜。

…………

哪里有困难，哪里就有人民子弟兵的身影；哪里有呼唤，哪里就有人民子弟兵奋不顾身的壮举。到21日21时，解放军、武警官兵共从瓦砾堆中解救生还者3 323人，转移受灾群众47.5万人……

抢救！抢救！抢救！八一军旗引来生命之光。

托起生命的希望——共产党员、白衣天使、专业救援队、志愿者……为灾区人民擎起一片天

抢救生命，这是与死神的赛跑。

北川县县长经大忠被垮塌的大楼掩埋，从废墟爬出后，忍着伤痛迅速组织救灾。

北川县民政局局长王洪发分工负责医疗救援。可是，县中心医院不存在了，王洪发的任务变成了救人。他机械性地奔跑着，不停地用手刨，先后从废墟里救出10条生命。下午4时，了解到北川小学教学楼压了很多学生，王洪发又赶紧往学校跑……

到13日凌晨，王洪发终于找个空闲，一屁股坐在泥水里。这时，他才想起了儿子，想起了埋葬儿子的那堆废墟。

噩耗相继传来，二姐、侄儿、岳父等15位亲人已离王洪发而去……

灾难来临，理县通化乡卡子村党支部书记张朝军立即组织伤员、老人和孩子向山外疏散。通讯中断，他又派人徒步到乡里报信……4小时后，当他赶到卫生院看望地震中受重伤的儿子时，儿子已经永远离开了他。

地震发生不到半小时，理县杂谷脑镇243名党员就自发集合到镇政府院内，在镇党委的带领下奔赴各偏远村组，紧张有序地组织群众自救互救；绵阳市涪城区，28名党员领导干部立即包片巡查灾情，3.1万名党团员迅速分赴抗震一线……

在危如累卵的建筑物下搜救幸存者，在巨石不时滚落的山道上打通“灾区孤岛”，在滚滚泥石流中指挥群众转移……历尽劫难的废墟上，灾区10余万基层党支部、300万共产党员成为稳定人心的“主心骨”、排危除险的“先锋队”、帮助群众的“贴心人”。

抢救生命，地震发生15分钟后，四川大学华西医院迅即启动应急预案，6 000名医护人员全部取消休息休假；

抢救生命，地震发生半小时后，四川省卫生厅火速派出首批28支医疗、疾控队伍，奔赴汶川、什邡、绵竹等重灾区；

抢救生命，来自全国各地的医疗队迅速向灾区进发……

到21日20时，在四川参加抗震救灾医疗救治和疾病防治的一线医务人员达4.5万人，医疗救治队伍覆盖到灾区每一个受灾村庄。

5月14日中午，第三军医大学大坪医院赴德阳救灾医疗队接到一名受伤的中国国际救援队队员，需要立即手术。然而，展开的手术台上躺着正在手术的伤员。怎么办？刚从手术台上换下来的黄显凯教授立即找到德阳市人民医院领导，要求上医院12楼手术室实施手术。

“不行，那太危险了，现在还余震不断呢！”

“战士们搜救人民群众危险吗?”黄显凯带着医护人员冲上了12楼……几小时后，身受重伤的救援队员脱离危险。

绵阳市中医院手术室护士长黄琼，3天内接到7位亲人遇难的消息。但她坚守在医院看护伤员，直到15日晚，才躺到床上痛哭了一场。

高尚的医德和精湛的医术，托起了灾区一个又一个生命的希望。

72小时、100小时、164小时、179小时……一个个生命奇迹的出现，不断刷新着人类生存的纪录。随着黄金72小时的逝去，奔波在灾区的近400支专业救援队成了抢救生命的中坚力量。

用生命挽救生命。许多时候，专业救援人员只能靠自己的身体来进行作业，就着狭窄、随时可能坍塌的缝隙，用头部一点一点向里探。

在都江堰，为了解救被困老人，广西消防救援队冒死挖开一个窄洞，班长黄胜新不下20次爬进沙石不断落下的洞内作业，前后长达两个小时。他对战友的唯一嘱托就是“死了，帮我照顾好老妈”。

不完全统计，到5月21日，专业救援队在断壁残垣间共搜救出遇险人员近2 000人。救援人员在难以直面处直面，于不可承受中承受，和受灾群众一起，创造了一个个生命的奇迹。

救援现场，还活跃着一支14.6万人的志愿者队伍。他们从天南地北自发赶来，穿着各式服装，操着各种口音。他们中有啃着大饼前来救灾的12位沂蒙山人，有带来10万元保障现金的河北省枣强县芍药村村民“爱心救援队”，有来自唐山的农民“十三义士”，有滚雪球般不断壮大的“老兵志愿队”……

得知灾区伤员多、运力不够，12日晚，千余名成都出租车司机自发前往都江堰抢运伤员。一路上，所有出租车都打开了应急灯疾速行驶，汇成一条灯的长河，传递着爱的温暖……

抢救生命，点滴之爱汇成浩瀚江海，向世界诠释着中华民族以人为本的深刻内涵和时代真谛。

托起生命的希望——废墟中闪耀的人性光芒，像阳光照亮天地

没有照片，这个画面却通过记者的报道在千千万万人心中定格：汶川县映秀镇小学29岁的张米亚老师跪仆在废墟上，双臂紧紧搂着两个孩子。两个孩子一息尚存，而用血肉之躯挡住钢筋水泥的张老师生命已经远去。乡亲们怎么也掰不开他拼死护着孩子而变得僵硬的双臂。

“摘下我的翅膀，送给你飞翔”，多才多艺、最爱唱歌的张米亚用生命诠释了这句歌词的深义，用不死的灵魂为他的学生牢牢把守住了生命之门。

撼人心魄的相同画面也出现在德阳、绵阳、绵竹、什邡、都江堰……谭千秋、杜正香、瞿万容、钱富波、向倩、何智霞……一个个名字闪耀着爱的光辉。他们离去时都与张米亚是同一个姿势：俯身向下，双臂紧紧护着学生，身体像展翅欲飞的雄鹰。

“我们的爱是你的翅膀，给你穿越风雨的力量；你的幸福是我们的愿望，一起打造一个属于你的天堂……”老师们用不死的灵魂，托起了一个个生命的希望！

没有五线曲谱，一首首“拼命救命”的英雄壮歌在千千万万人的心中传唱：崇州市怀远镇中学本已逃生的吴忠洪老师，为救两名学生义无反顾地返身冲进正猛烈摇晃的教学楼，被轰然倒塌的楼房掩埋；大震时刹车失灵，卡车司机唐清明毅然将车撞向一棵大树，28 名乘客保住了，唐清明却失去了双腿；藏族老人张文志跑出室外后，听到呼救又跑回楼里救出两人，自己腿部却受了重伤……

他们都是普通得不能再普通的人，大难临头时，却显示出顶天立地的英雄本色，山河为之动容。

“比大地更广阔的是大海，比大海更广阔的是天空，比天空更广阔的是人的心灵。”在人类博大的胸怀面前，雷电交加的天空，你被震撼了吗？这是又一串让人刻骨铭心的画面：什邡县蓥华中学，被埋在废墟下的 16 个孩子在等待救援的艰险时刻，拿出了身边的课本静静地学习起来；北川中学，靠吞墨水维持生命的孩子们在坍塌的废墟下歌唱：“幸福和快乐是结局！”北川县一个幼儿园，不满 7 岁的小姑娘任思雨双腿被卡，鲜血淋漓，在被救援时却安慰起救援队员：“叔叔，我不怕，你们不要担心。”

在都江堰，在德阳汉旺、在汶川……许许多多侥幸逃生的孩子，没有只顾自己的安危，而是用双手刨挖抢救老师和同学，呼喊着仍在废墟下的同伴；被压在废墟中的孩子，身处绝境，却朝着正在想法营救他们的搜救队员和医务人员喊：“叔叔阿姨快出去，这里危险！”……

他们曾经很娇弱，他们曾经令我们很担心，然而在灾难面前，他们的勇敢与坚韧却显示了无与伦比的成熟与强大！

北川县城的废墟下，被三块水泥预制板压了三天三夜的陈坚挂着吊瓶，身受重伤的他没有眼泪，没有呻吟，而是向抢救他的救援人员谈他在绝望中的坚持，谈理想，谈未来。当他终于被救出时，却在担架上停止了呼吸……

生命有限，精神永恒！从电视直播中看到这一场景的人们无不泪流满面。

地球有断层，生命没有断层！

她去了，但她身下的孩子得救了。包裹孩子的被子里放着一部手机，手机中有一条写好的短信：“亲爱的宝贝，如果你能活着，一定要记住我爱你。”找不到她的名姓，“爱”就是她的名她的姓。

母爱，在这一刻，用如此惨烈的方式展现得淋漓尽致。

还有那一对脸对脸、胳膊搭着胳膊，用自己的身体搭成一个拱形挽救了孩子的无名年轻父母，临死前把乳头塞进女儿嘴里的年轻妈妈，背着 3 岁的妹妹走了 12 个小时的 11 岁少年……

一个个催人泪下的故事如清纯的山泉，涤荡着我们的灵魂。

如果把波澜壮阔的大救援写成一部书，那些故事是击中我们心灵最柔软处的一个章节；如果把波澜壮阔的大救援谱成一支曲，那些故事是生命交响中最凄美的一段旋律。

灾难中的日日夜夜，就是这些老人、少年，男人、女人……用勇敢、爱心、坚毅与执著书写着中华民族在大灾难中的心灵史。废墟上的那些坚守、自强、担当，那些真诚、善良、博爱，像阳光照亮了天地，温暖着人心！这些血肉之躯铸成的如天大爱，撼人魂魄，高山仰止，怎能不叫人顶礼膜拜！

托起生命的希望——灾难无情，人间有爱。爱的传递铸就了坚不可摧的精神长城

你的伤痛就是我们的伤痛，你的平安就是我们的平安……面对灾难，13 亿人发出同一个声音：我们都是汶川人。

川渝自古血脉相连，尽管地震同时导致重庆200多万人受灾，然而这个城市还是在第一时间向四川伸出了援助之手。地震发生的当晚，重庆市第一批医疗救援队就火速赶赴灾区；13日晚，重庆市电力公司7台400千瓦的发电车紧急驰援德阳、绵阳；14日下午，第三军医大学医疗救援队坐着冲锋舟突入汶川映秀镇……重庆迅速成为四川抗灾的大后方和保障基地，成为全国支援四川抗灾物资和人员的中转站。

“请大家转告大家：雪凝中，全国人民支援贵州；抗震灾，贵州人民献份爱心。”这是汶川地震当天，在贵州各地广为传播的一条短信。

“灾区急需帐篷、棉被、食品、饮用水、医疗用品、环境消毒剂和饮水消毒剂等物资。”这是中国红十字总会震后第一时间发出的紧急呼吁。

“您还在地震灾区吗？我们牵挂您的安危，期盼您的音讯……”中国移动向灾区用户发送的这条短信格外温馨。为了通讯畅通，中国移动成都通信建设工程局施工队紧急组织救援队驰援灾区，16日，队长刘建秋牺牲在理县抢修光缆的现场。

不分男女老幼，不分天南地北，港澳台同胞、海外华人华侨心系灾区，慷慨解囊。到25日12时，全国共接收海内外捐赠款物总计290.55亿元。

日本、俄罗斯、新加坡、韩国等国的专业救援队伍先后赶到灾区。爱，没有了国界，拯救生命，超越了种族。

汶川地震发生后，各地献血站前，人们排起了长队。

太原，仅13日一天，红十字血液中心5个采血点采血量就达平时的5倍。长沙火车站广场流动采血车，以前每天采血60多袋，如今每天采血200多袋。

“愿我的血能够帮助灾区同胞脱险，”在北京西单红十字会血液中心采血车前，特意从廊坊赶来的赵津楠说，“我是学生，捐不出多少钱，但是我可以捐出自己的血，我的血是热的！”

天佑中华，爱撼人间！

全国各地不能亲往灾区救援的人们，用各种形式表达着对灾区人民的同胞情谊和精神支持。

在拉萨，“三大寺”之一的哲蚌寺近500名僧人在措钦大殿经堂齐声诵经祈祷，为地震灾区民众祈福。

在贵阳，招募“贵阳妈妈”结对帮扶震灾孤儿的行动，一天就吸引500多人报名。

江油军嫂王琢的故事震撼了互联网。已有7个月身孕的王琢在地震后与家人失去联系，正在军中的丈夫心急如焚，赶赴抗震救灾前线前在网上发帖求助。仅仅几天时间，这个求助帖就被数十万人转载。人们通过留言、发短信等方式帮助寻找，一场空前壮观的爱心接力，在虚拟世界和现实世界同时展开。很快，在江油警方帮助下找到了王琢……

“不能靠近你，也要温暖你；让天使的眼睛照亮天堂的道路，祝愿遇难同胞一路走好；让祈祷的烛光点亮灾区的道路，祝愿灾区早日脱离灾难；让爱的烛光为无数颗脆弱的心祈祷，为无数微弱的生命求得平安……”

一位网友的殷切寄语，让我们读懂了华夏儿女血脉相连的手足深情。

5月24日，专程前来走访慰问中国地震灾区的联合国秘书长潘基文感叹：中国人民是充满力量、勇敢无畏、坚韧不拔、富有自助和合作精神的伟大人民。联合国和国际社会将坚定地支持中国人民战胜这场自然灾害。

地动天不塌，大灾有大爱。

公元2008年5月19日14时28分，汶川大地震过去整整7个昼夜：国旗半降，汽笛长鸣，苍天无语，大地呜咽。13亿人把头深深低下……时间仿佛停止了。

这是共和国为她的公民致哀，是以人为本、生命至上理念的彰显。

当3分钟举国默哀结束，一声呐喊骤然爆发：汶川加油！中国加油！天安门广场的这声呐喊响彻华夏上空，化作隆隆雷鸣！

这是13亿人发自内心的呐喊！这是一个民族伟大力量的凝聚！

这呐喊，惊天地，泣鬼神，震撼着世界，感动着世界。

法国《欧洲时报》发表社论说，四川大地震发生后，中国政府和人民同舟共济，中华民族在灾难面前所表现出的民族精神在升华。世人看到了一个巨大的、越来越清晰的身影——“大写的中国人”。

我们不会忘记，3岁获救小男孩躺在担架上敬礼的姿态；

我们不会忘记，7岁获救小女孩突然绽放的灿烂笑容；

我们不会忘记，年轻警花在废墟上为失去母亲的婴儿哺乳时的神情；

我们不会忘记，那个骑着摩托背着妻子遗体前往太平间的男人；

…………

2008，那一幅幅令人动容的画面，已深深刻进人们的记忆，成为亿万人民擦干泪水再出发的强大动力。

5月19日，全国哀悼日第一天。北川中学高三学生在高亢的国歌声中复课。这所学校有2 900多名师生，其中近一半人在地震中遇难或失踪。

遭受重创的灾区孩子，悲伤中透着坚毅，目光依旧清澈，书声依旧琅琅。

那琅琅的书声，发散着生命的活力；

那清澈的目光，让人们看到了民族的希望。

（选自新华社记者：《万众一心，托起生命的希望——献给英勇抗击汶川地震灾害的中国人民》，载《中国教育报》，2008-05-26）

[简评] 本篇报告文学对震惊世界的突发性的重大事件——汶川地震进行了忠实的记录，在对全国人民齐心协力进行救灾和灾后重建的感人事迹、生动场面的描述中，把镜头对准一个又一个的人物，寥寥数笔，白描勾勒，使众多人物、众多场面扣人心弦，生动感人，集中表现了中国人民是充满智慧和力量、勇敢无畏、无坚不摧、团结一致、众志成城的伟大人民的时代主题。

【思考与训练】

（一）思考题

1. 填空题

（1）新闻文体是一个大概念，它有广义和狭义之分。广义的新闻文体包括______、

______、______、______和______等。

(2) 构成一则消息一般要具有五要素，即______、______、______和______、______等。

(3) 通讯是用______、______、______和______等方法，具体形象地报道典型人物、典型事件的一种新闻文体。

(4) 根据通讯表现的内容，可分为______、______、______、______和______几种。

(5) 特写，也叫特写新闻，是新闻报道的一种形式。它是以文学手法描绘新闻事件中______的片断或镜头，______的活动，再现______的新闻体裁。

(6) 报告文学是一种兼具______与______两种特质的文体，是一种以文学手法及时反映和评论现实生活中真人真事的新闻文体，可视为一种介于______和______之间的文体。

(7) 报告文学的特点可以概括为______、______和______。

2. 简答题

(1) 什么是消息？它由哪些要素构成？它有哪些突出特点？

(2) 什么是特写？它有什么特点？特写可分为哪几种类型？试举例说明。

(3) 什么是报告文学？报告文学分为哪几种？

(二) 写作训练题

1. 根据拟制消息标题和导语的要求，为下面的一段对话性消息“记者与北京市副市长张××的谈话”加上标题和导语。

“听说您明天上午要参加××级函授生开学典礼?”(中国人民大学函授学院北京分院基本建设经济专业的开学典礼)

“是，我是学生。”

“您今年48岁了，为什么还要当学生?”

“不行，知识太少!”

“您的工作很忙，能保证三年的学习吗?”

“市委会上讨论过，学习时间不找我开会，保证我学习。”

“您学的专业和现在的工作联系紧密吗?”

“正对我的路子。我看了学习课程安排，许多东西过去学过，但不系统。现在重新学习，理论上提高了，工作会更方便，这也是建设的需要。”

2. 就你亲身所见的人、事或场面写一篇小特写。

3. 运用本章所讲的报告文学的写作知识，写一篇反映典型人物或重大事件的报告文学（字数不少于3 000字）。

【课后阅读与研讨】

(一) 课后阅读

1. 刘海贵，严德刚．第十二章：各类新闻的采写，第十三章：各类通讯的采写．新闻

采访写作新编．上海：复旦大学出版社，2005

2. 任旭辉．让旧闻翻新的采写思路．应用写作，2006（3）

3. 王双庆．消息导语写作的常见毛病．写作，2006（11）

（二）研讨题

1. 谈谈消息与通讯的异同（字数不限）。参加课堂讨论。

2. 谈谈你对报告文学新闻性和文学性的理解和认识（字数不限）。参加课堂讨论。

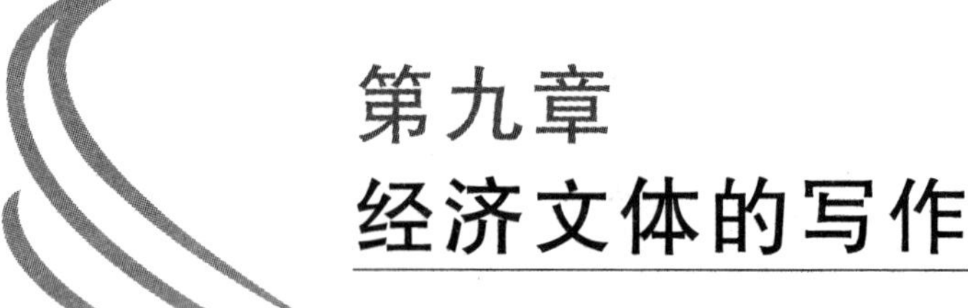

第九章 经济文体的写作

【教学提示】

本章主要讲授经济应用文中经济活动分析报告、审计报告、合同等文体的写作方法与要求，旨在使学生掌握常用经济文体的写作要领，并经过训练能写好这些文章。

第一节　经济应用文概述

一、经济应用文的概念、作用与特点

经济应用文是各类企业、各级经济管理部门在经济活动中经常使用的，以反映经济活动为主要内容，具有一定惯用格式的应用文体。

经济应用文的社会作用有：

（一）指导作用

经济活动的每个环节，从生产、分配、交换到消费，都需要精心组织、指挥、调节、监督。而指导这一切活动的必不可少的工具之一，就是经济应用文。领导机关正是通过经济应用文，指导、组织生产和经营活动。如经济活动分析报告可以指导人们正确认识企业经济活动的实际情况和客观规律，指导企业加强核算、改善管理、提高经济效益。

（二）参考作用

基层单位或职能部门，通过经济应用文把经济工作中出现的新情况、新问题及时上报有关主管部门或领导机关，可作为领导部门研究、制定政策或决策的重要参考。如经济预测报告、审计报告、可行性研究报告等，这方面的作用十分明显。

（三）宣传作用

善于经营的企业，大都能充分利用经济应用文进行宣传。如利用经济信息、商品广告等进行宣传，以扩大企业声誉，取得更好的社会效益和经济效益。

（四）备查作用

一些经济文体签署生效后，对当事人的经济行为具有约束力，不仅是开展工作的依据，而且是以后核查的凭据。如各类经济合同、协议等，其备查作用就十分明显。

经济应用文具有以下特点：

（一）专业性

这是经济应用文的首要特点。经济应用文必须是以经济活动为内容，内容决定形式，所以，它的专业性也表现在形式上。如文体样式的程式化，语言表达上大量使用专业术语等。可行性研究报告、合同等文体表现得尤为突出。

（二）效益性

经济活动的根本目的是最大限度地提高经济效益和社会效益，从而满足人们物质和文化生活的需要。而这种目的在很大程度上是通过经济应用文实现的。这是经济文体区别于其他文体的重要标志。

（三）政策性

经济应用文是宣传、贯彻党的方针政策的有力工具之一。它必须以党的方针政策为指导，特别是在当今建立和健全社会主义市场经济条件下，更应该严格执行现行的有关经济政策。合同、审计报告等文的内容、格式及执行过程，都必须依照有关法律及政策的规定，决不能违反。

（四）大量使用数据

运用大量的数据来说明问题，是经济应用文的又一明显的特点。

二、经济应用文的分类

经济应用文大致可分为以下几类：

（1）信息类。包括市场供求信息、商品生产信息、商品价格信息、群众消费信息、决策信息、经济预测等。

（2）契约类。如合同、意向书、协议书等。

（3）分析类。主要指经济活动分析报告、可行性研究报告等。

为适应改革开放和发展社会主义市场经济的需要，培养我们撰写经济应用文的能力，本章将分别讲授经济活动分析报告、审计报告、合同等文体的写作知识。

第二节　经济活动分析报告

一、经济活动分析报告的概念、作用与特点

经济活动是指人们从事物质资料的生产、分配、交换和消费活动。经济活动分析报告是以党的有关方针政策以及理论为指导，利用会计核算、统计、业务资料及其他各种信息资料，采用专门的方法对某一部门、某一企业的经济活动进行系统分析、评价后形成的书面报告。

经济活动分析报告具有以下作用：

（一）有利于企业提高管理水平

经济活动分析报告通过分析、对比，认真总结经验和教训，能促使企业更好地执行政策，自觉按经济规律办事，进一步挖掘潜力，能使企业计划科学化、组织合理化，更有效地控制生产经营活动，从而提高管理水平。

（二）有利于政府管理机构职能的发挥

经济活动分析报告既能反映国民经济的发展，从而有利于政府加强宏观调控，又能在市场经济中调节市场机制和改善企业管理，从而把提高微观经济效益和宏观经济效益结合起来，为这些部门提供信息，使之更好地发挥职能。

（三）有利于经济决策和计划的制定

在社会主义市场经济条件下，方针、政策、计划的制定必须经过认真的计算和分析，这样才能全面、透彻地了解国内外的经济现状，科学地预测未来。离开了经济活动的分析，决策和计划就没有科学的依据，因而缺乏科学性。

经济活动分析报告具有以下特点：

（一）时间性强

经济活动分析报告较强的时间性表现在三个方面：一是许多经济活动分析报告要求定期进行；二是分析报告的分析对象具有一定的时间范围；三是撰写经济活动分析报告，要求迅速及时。分析报告提供的情况、信息及对市场预测的早晚，常常对企业的兴衰起着重要作用。

（二）以数字为依据进行定量分析

经济活动分析报告是以经济活动本身的各种数据为具体的分析内容，并通过对企业生产、商品流通、财务收支各项计划管理的过程和效果进行量的比较和分析，从而得出结论。经济工作中的计划指标、会计报表、统计资料等既是报告的重要组成部分，又是分析经济活动的主要依据。

（三）注重科学分析

注重分析是经济活动分析报告的最重要的特征。分析是报告的关键所在。在分析说明

问题时，经济活动分析报告采用科学的分析方法，重点分析经济情况产生的各种因素。

二、经济活动分析报告的分类

经济活动分析报告按照不同的标准，可以分为不同的类别。如按部门分，有工业、商业、财政、金融经济活动分析报告。我们按分析的内容和范围，将其分为以下三类：

（一）全面分析报告

全面分析报告，即对某一部门或企业一定时期的经济活动作整体的、全面系统的综合分析研究后写成的报告，又称综合分析报告。一般由掌管全局的部门如经理室、财务室等定期进行。它分析的内容较广，涉及的问题较多。通过这种分析，可以对企业的经济活动及财务情况进行全面的总结评价。如《2007 年度××集团公司经济活动分析报告》。

（二）专题分析报告

专题分析报告是对经济活动中某些重大财务措施、业务上的重大变化、工作中某些薄弱环节或关键性问题进行专门性的分析之后写成的报告。如在企业亏损时对亏损原因的分析；在清仓查库中对库存数量、质量的分析；在扩大经营范围后对新增某项业务开展情况的分析等。专题分析报告的特点是内容集中、一事一议、重点突出、分析透彻、形式灵活、不需定期。如《××公司流动资金使用情况分析》、《××乡镇企业系统财务收支情况分析》。

（三）简要分析报告

简要分析报告，即围绕几个主要经济指标（如财务、计划、统计）或抓住一两个主要问题进行简明扼要的分析之后写成的报告。目的是观察企业经济或财务活动的发展趋势及工作改进情况。通常的季度或月份的经济活动分析即用此种报告。它与全面分析报告都称为定期分析报告。如《×× 商厦 2007 年第一季度经济活动简析》。

三、经济活动分析报告的写作方法

一篇经济活动分析报告应由标题、署名、正文和日期组成。

（一）标题

经济活动分析报告的标题一般包括被分析单位、时间、分析内容和文种四个要素。通常有以下几种写法：

（1）全标题式，即四个要素齐全，如《××啤酒厂 2007 年经济指标完成情况分析》。

（2）省略式，即在标题中省略某一些要素，如《2007 年生产资料价格上涨情况剖析》、《对当前生产资料经济效益情况分析》。

（3）公文式，即类似于公文的标题，如《关于××公司亏损问题分析》。

（4）文章式，如《我厂利润为什么连年下降》。

（5）正副式，如《加速结构调整 实行战略转移——析 2007 年××省经济形势和发展方针》。

（二）署名

署名要写明作分析的单位名称，一般都在标题之下，有时也可以放在文末日期前面。

（三）正文

正文包括前言、主体和结尾三部分。

其一，前言。写法比较灵活，常见的方式有：

（1）简要说明进行经济活动分析的目的、意义。专题分析报告和简要分析报告常用此法。

（2）用数字或图表简要介绍分析对象的全貌、背景及有关经济形势。综合性经济分析报告常用此法。如例文《××食品厂 2004 年第一季度经济效益分析报告》的前言。

（3）说明各项指标完成情况。

其二，主体。主体是经济活动分析报告的关键部分。主体一般要从分析的目的和要求着手，紧扣主题，根据调查研究搜集到的计划、统计、预算及历史、现实的资料和数据，深入进行多角度、多层次、多方面的分析论证。一方面要分析介绍成绩和经验，或者揭露问题和矛盾；另一方面还要进一步分析取得成绩或出现问题的原因（包括主观、客观原因，主要、次要原因，一般、特殊原因），以便正确评价企业经济活动情况。在结构上，一般是先摆情况后作分析，也可边摆情况边作分析。常用的分析方法有以下几种：

（1）比较分析法。这是把两个或两个以上同一基础（时间、内容、项目、条件）的可比数字资料进行对比，根据比较的结果来研究经济活动的情况，反映工作成绩及差距，进而分析原因，提出改进措施和办法的分析方法。量的比较一般采用绝对数和相对数（倍数、百分数）来表示事物之间的差异程度。比较分析具体有以下几种方法：

比计划。就是以本期实际完成的指标和计划指标相比较，从而确定计划完成情况，分析完成或超额完成计划的原因；或者找出实际完成指标与计划指标的差距，分析造成差距的原因，以便充分挖掘潜力，更好地完成计划。

比历史（也叫纵比）。即以本期完成的指标与上期或上一年同期完成的指标相比较，与本单位、本企业历史上最高水平、平均水平或最低水平相比较，揭示经济活动的发展速度与发展趋势，以便采取措施，提高管理水平和效益。

比先进（也叫横比）。即以本单位的实际完成指标与条件大致相同的先进单位的实际完成指标相比较，进而发现本单位在执行方针、政策和经营管理中存在的问题和薄弱环节，找出差距，明确赶超目标，促使自己向先进转化。

运用比较法必须注意指标之间的可比性。要对指标的含义、计算口径、范围等方面进行审核，使对比的同名指标、时间单位、指标内容、计算方法一致，否则会导致错误结论。

（2）因素分析法，即剖析、探究构成事物的各种因素的方法。通过深入、细致的剖析来探究取得成果和产生差距的各种原因。比较分析法着重于数字、情况等表象的比较，而因素分析法则着重于事实的说明和特点、原因的内在实质的分析。它更适合于现代化经济多侧面、多方位、多变量、多层次、多因素纵横交错的主体网络系统，具有复杂交叉的特点。

运用因素分析法要注意三点：一要抓住具有本质意义的决定因素深入分析，不要求面面俱到；二要善于抓住带倾向性的因素；三要注意主、客观两种因素。分析要明确责任，不能以客观因素掩盖主观因素，也不能以主观因素代替客观因素。

(3) 预测分析法，即根据过去和现在的大量经济现象，分析预测经济活动发展趋势的方法。通过对经济发展趋势、企业发展方向、生产和经营中的购、产、供、销、调、存的预测及设想，为领导决策提供重要参考。

预测分析方法主要有三种：一是统计预测分析，即根据对以往经济活动的实际统计资料的计算和分析，推断经济活动的发展趋势，预测未来。二是经验预测分析，即对过去经济活动中的成绩、经验、教训进行科学的分析，进而推断预测未来。三是计划预测分析，即参照国民经济计划和上级制定的指标，来预测具体部门、单位经济发展的趋势。

以上三种分析方法常常交叉使用。无论使用哪一种方法，都必须紧扣中心，为结尾部分提出切实可行的建议奠定基础。

其三，结尾，即根据主体部分的分析作出结论，提出意见、建议或措施。这一部分一般都单独成段。如果主体部分采用边分析、边作结论、边提建议的方法，结尾处就不再单独设段。

(四) 日期

写明经济活动分析报告完成的具体时间。

四、经济活动分析报告的写作要求

(一) 要准确、全面地掌握材料

既要充分利用平时积累的各种资料，又要针对问题进行专门的调查，定向搜集资料。为了保证资料的真实、可靠，应当尽量使用第一手资料，同时还要对资料进行认真的核实和查对。此外，在掌握足够材料的基础上，还应认真核实各项经济指标的完成情况，计算其经济效益。

(二) 要掌握科学的分析方法

要注意经济现象或经济指标的可比性，进一步揭示影响经济活动的若干因素及其影响程度。以发展的眼光对经济活动的变化情况及其趋势进行研究，就今后的经济活动提出各种设想和措施。

在运用分析方法时，要注意防止出现以下三种情况：一是罗列现象忽视分析；二是观点与材料不统一；三是用空洞的口号代替具体建议。

(三) 要抓住重点问题进行分析

不能面面俱到、主次不分，更不能单纯罗列数据，使报告成为资料汇编。分析的目的在于研究解决问题。只有抓住要点深入分析，并提出预见性建议，才能为企业制订新的计划提供有益的帮助。

例文

××食品厂2004年第一季度经济效益分析报告

一、基本情况

我厂三年来生产和效益持续上升。2003年工业总产值完成340万元，比2001年的150万元增长1.27倍。2003年实现利润30万元，比2001年增加3倍。然而，到2004年第一季度，则出现亏损的局面，其具体数据详见附表（略）。

二、原因分析

我厂2004年第一季度形成亏损局面，有主客观两方面因素。

（一）从主观上分析，主要由于我厂放松了经营管理。具体表现是：

1. 有章不循，没有严格执行规章制度。如以往有严格的领退料制度，并定有材料消耗定额，实行“限额领料”，严格控制物料消耗。现在是“随便领取，耗无控制”，使原材料消耗大幅度增加。本年第一季度产品成本比去年同期增长5%，其中材料消耗就占87%，仅此项消耗，便影响经济效益下降近4万元。此外，由于取消了计件工资制，使企业利润又减少近5 000元。

2. 成本无核算，生产无计划。今年前三个月我厂生产了76种产品，亏损的品种达42个，占全部生产成本的55%，亏损额达2万元之多。

3. 由于原材料及产成品保管、计量、验收的失控，造成损失严重。如原材料入库不堆码，产成品入库不计量、装卸车乱丢乱抛而使原材料和产成品严重破损。今年第一季度各种材料报损4 000元，比去年同期增加1.5倍。各种产品损失达5 000多元，再加上其他损失2 000多元，总损失可达11 000多元。

（二）从客观上分析，造成我厂2004年第一季度亏损的原因有两个：

1. 原材料供应渠道变化，使采购成本增加近4 000元。米稀原来由当地采购大米自行加工，改由外地采购1.2万公斤，增加了采购费用。

2. 生产设备中有一部分更新改造，第一季度向银行借款60万元，增支借款利息9 000元，比去年同期增加支出近一倍。

三、对策和建议

我们认为，我厂若改变现有亏损状况，应采取如下对策：

1. 理顺经营机制，实施经营承包制，充分调动懂业务、会管理人员的积极性，开展部门经营承包。

2. 建立各项管理制度、岗位责任制、奖惩制度等，用经济手段管理经济，对不负责任或失职造成经济损失者，给予经济制裁。

3. 建立厂部、车间、班组三级经济核算制度，重视、加强生产成本核算与定额控制。调整产品结构，实施成本预测，控制生产成本高、不能盈利的产品。

4. 恢复计件加奖励工资制度，把职工个人收入与对企业贡献大小联系起来，充分调动全员劳动的积极性。

总之，我们认为应立即采取措施，改革经营机制，建立各项管理制度，实行经济责任制、成本控制制度，个人收入与岗位责任、经济效益挂钩，将成本指标落实到车间、班组和个人；充分调动全员的积极性，努力扭亏增盈，扭转目前的经济效益不利的局面。

谨此报告，请领导决定。

××食品厂经营部、财务部
二〇〇×年×月×日

（选自刘杰、付胜：《经济文书写作与范例》，189～190页，北京，人民出版社，2005）

［**简评**］这篇经济活动分析报告采用比较分析法、因素分析法，深入分析造成亏损的主客观原因，并针对亏损原因提出对策和建议，结构缜密，重点突出，格式齐备，文字简洁。

第三节　审计报告

一、审计报告的概念、作用与特点

审计，一般是指审核、稽查、计算，也称为经济凭证检查或经济监督。它是由专职从事审计工作的机构和人员接受授权或委托，依照国家的法律、法规、会计原理和原则以及审计准则，运用专门的方法和程序，对被审计单位的会计及其所反映的财政财务收支等有关经济活动进行审查，并作出评价及提出处理意见的一种经济监督活动。

审计必须具有五个要素：审计的参与方面、审计的依据、审计的对象、审计的方法和审计的目的。

审计报告是审计人员在审计项目查证结束之后，向审计授权者或委托者提出的反映审计任务完成情况、审计结果、审计意见的书面报告。《中华人民共和国审计法》第四十条规定："审计组对审计事项实施审计后，应当向审计机关提出审计组的审计报告。"它是审计成果的综合反映。

审计报告有以下几方面的作用：

（一）监督作用

审计人员以审计准则为依据，验证、考核、判断有关部门或各种经济活动的真实性、正确性以及经济效益，进而督促其按审计准则办事，以保证国家有关方针政策、法纪制度和计划预算的严格执行。

（二）公证作用

审计人员接受交办或委办的任务后，经过核查，就某单位经济活动的真实性、正确性、合法性、合理性以及有效性等方面作出结论之后，写入审计报告，这对委托者和有关方面具有法律上的公证作用。

（三）依据作用

由于审计报告全面反映了审计过程与结果，这就为授权者或委托者审定错弊事实、作出合乎客观的审计结论和提出审计决策提供了凭证和依据。

（四）促进作用

审计报告是在审计检验的基础上总结经验、揭露问题，通过对比先进，找出差距及原因，并在此基础上提出建设性意见或建议的。这样，被审计单位能够纠错防弊、提高管理水平，取得更好的经济效益；同时对强化审计监督、实行宏观调控都能起到促进作用。

审计报告具有以下五个特点：

（一）作者的特定性

审计报告的作者应该是法定的审计机构或其他有权实施审计工作的部门派出的审计人员。

（二）内容的针对性

审计报告的内容必须与审计的目的相一致；主题必须与当前经济活动中的主要问题紧密联系；提出的意见和建议要针对审计中查出的问题，切中时弊，有的放矢。

（三）执行的强制性

审计报告所作出的决定，实际上是对被审计单位财经工作的裁定书，具有法律的强制性和权威性。不仅被审计单位必须执行，而且主管部门也必须监督其执行。

（四）客观公正性

《中华人民共和国审计法》第五条规定："审计机关依照法律规定独立行使审计监督权，不受其他行政机关、社会团体和个人的干涉。"审计报告是由除本单位会计人员以外的第三者所作的审计，较少带有主观性。

（五）大量运用数据

运用大量的数据说明问题是审计报告写作上的一大特点。审计报告用数据进行对比、分析，表明被审计单位的经济活动情况及审计结果。

二、审计报告的分类

审计报告依照不同的标准可以分为不同的类型。

按撰写审计报告的主体，可分为外部（社会）审计报告和内部审计报告。外部（社会）审计报告是国家审计机关或社会审计组织所撰写的审计报告，具有较高的权威性和公证作用。内部审计报告，包括部门内部审计人员和单位内部审计人员编写的审计报告，对外不起公证作用。

按审计报告的表现形式，可分为简式和详式两种。简式审计报告以简明扼要的文字说明审计实施情况及审计人员的意见，针对性强。详式审计报告是一种叙述评论报告，内容丰富、评述详尽，便于揭露发现问题和立档存查。

按审计报告的内容，可分为财政财务审计报告、财经法纪审计报告、经济效益审计报告和经济责任审计报告四类。

（一）财政财务审计报告

包括财政审计报告和财务审计报告两种。财政审计报告是对财政预算和财政决算审计后形成的报告。财务审计报告是对企事业单位的财务收支进行审计后编写的报告。这两种报告是具有代表性的最基本的报告类型。如《关于××省商业厅财务状况的审计报告》。

（二）财经法纪审计报告

这是一种专案报告，主要是就立案的违反财经法纪的问题作出评价，提出处理意见，以便审计机关作出审计决定。如《对××药材公司2006年财政收支的审计报告》。

（三）经济效益审计报告

这种报告主要是对被审计单位经济活动的效益进行评价，对其提高人员素质、管理水平以及提高经济效益等方面提出建议。如《关于××市啤酒厂2007年经济效益的审计报告》。

（四）经济责任审计报告

这种报告是对经营者在一定的任期内是否履行应向国家或集体承担的经济责任进行审计后写成的报告，借以确定功过。如《××电影制片厂×××同志任期经济责任的审计报告》。

三、审计报告的写作方法

审计报告在长期使用过程中形成了较为固定的格式，通常包括标题、主送单位、正文、附件、署名、日期和印章等项目。

（一）标题

审计报告的标题有四种写法：

（1）四项式，即由审计机关名称、被审计机关名称、审计内容和文种组成。如《××市审计局关于××公司2005年—2006年财政收支的审计报告》。

（2）三项式，即省略审计机关，只写被审计单位名称、审计内容和文种。如《关于××学院基建资金的审计报告》。这种写法适用于两种情况：一是审计报告是作为审计机关的文件发出的，文头已标明“××市审计局文件”；二是将审计机关名称写在了署名处。

（3）两项式，即由审计内容和文种组成。如《储备资金审计报告》、《关于信贷资金的审计报告》。

（4）单项式。只写文种。如《审计报告》。

（二）主送单位

主送单位即审计报告的主送对象。主送单位可以是委托单位或委托人，也可以是被审计单位的上级主管部门。

（三）正文

正文要按开头、主体、结尾三个层次写明以下内容：

（1）开头。开头介绍基本情况，用简洁的文字概括介绍审计的目的、依据、任务、范围、方法、起止时间、审计人员组成及任务完成情况，可采用简述式、列项式或表格式。

（2）主体。主体是审计报告的中心，要着力写好以下四方面的内容：

第一，被审计单位的有关情况。用简练的文字，概述被审计单位的经济性质、业务范围、经营规模、隶属关系、经营状况、主要技术指标及财务指标完成情况。

第二，存在问题，即与审计事项有关的事实。对在审计中查出的证据确凿的问题，要有重点、有比较，详细地加以说明。如在财政法纪审计报告中，应写明违纪的时间、情节、金额，违反的法律、法规条款等。问题较简单的可直接分条列出；问题较复杂的，可采用小标题或段前摘要的方法进行分类。

第三，分析、评价。主要针对被审计单位经济活动的真实性、合法性、合理性、有效性进行综合评价，对问题产生的主观、客观、历史、现实等方面的原因进行切合实际的、客观公正的分析。

第四，处理意见及建议。根据审计查出的问题以及产生的原因，为审计委托者或授权者作出结论与决定提出参考性的意见，并提出切实可行的解决问题的办法和途径。

(3) 结尾。审计报告的结尾多用“特此报告”、“以上报告，请审查”等习惯用语。

(四) 附件

这是附属于正文的文件及材料。如被审计单位的会计报表、有关人员的证词、调查笔录以及其他凭据。它是审计报告的参阅部分，有补充、备查和佐证作用。

(五) 署名

写明审计机关或被审计机关名称及审计组主要审计人员的姓名。

(六) 日期

写明审计报告形成的日期（年、月、日）。

(七) 印章

加盖审计单位的公章和审计人员的私章。

四、审计报告的写作要求

(1) 审计报告应当以第三人称书写。

(2) 审计评价要根据审计实施方案确定的审计目标作出。

(3) 对审计查出的问题及处理处罚意见应写得明确具体，不宜过于简单。定性依据一般要具体列出法律、法规的全称、条款及具体内容。

例文

关于××商场2003年度财务收支的审计报告

××市审计局：

根据××××审字第8号审计通知书的指令，我们利民审计小组一行三人，于2004年3月10日至3月31日，对××商场2003年的财务收支情况进行了审计。按审计程序审查了该商场2003年年末的资产负债表、财务收支报表，以及账簿会计凭证中的会计事项和原始记录，盘点了到2004年3月10日的库存现金、商品物资，按计划如期完成了审计任务。(略) 现将审查结果报告如下：

一、被审计单位的概况（略）

二、对该商场检查中发现的问题

（一）销货成本虚增，销售利润不实

1. 该商场销售的两种微波炉2003年2月份进货价格每台比原进价调低60元，仍按原进货价计入销货成本，上年销售780台，共加大成本减少销售利润46 800元。偷漏企业所得税15 444元。

2. 该商场针织、百货用品柜组的库存商品实行售价金额核算，分柜计算已售商品进销差价。经审查发现有三个柜组8月份的进销差价并未计算，而是按7月份的差价额结转的，此会计事项少计差价额4 450元，由此漏缴企业所得税1 468.5元。

以上两项人为地扩大销货成本，少计销售利润，共偷漏企业所得税16 912.5元。

（二）隐匿“其他业务收入”，私设小金库，偷漏税款

1. 该商场2003年将一栋门市房租给××商店，月租金2 400元，全年已收租金28 800元，记入“其他应付款”科目中，而未记入“其他业务收入”，长期挂账。此项业务偷漏营业税1 440元、偷漏企业所得税8 981.28元、偷漏城市维护建设税以及教育费附加144元。偷税总额10 565.28元。

2. 该商场有自用运输汽车两辆，为其他单位运输货物，2003年取得运输费收入15 000元存入“小金库”，尚未动用。此项收入亦应列入“其他业务收入”计征各种税金：其中偷漏营业税450元、城市维护建设税及教育费附加45元、企业所得税为4 786.65元。偷税总额5 281.65元。

（三）扩大费用支出，少计营业利润

1. 2003年3月20日，购炊事用炉具6件，共支出1 244元，列入“管理费用”支出。这项业务应由“应付福利费”列支，不属于管理费列支范围，违反财经制度。此项业务偷漏企业所得税410.52元。

2. 2003年6月1日，修建小型库房600平方米，共支240 000元，分6个月每月摊入“管理费用——维修费”40 000元，此项业务应计入“固定资产”科目中，不应计入“维修费”，违反财务制度规定的列支范围。这项资产按5年使用期限计算，扣除半年的折旧费之后，偷漏所得税71 280元。

3. 将2003年上半年医疗费超支的40 000元、违规罚金支出10 000元，共50 000元计入“营业外支出”，漏缴所得税16 500元。

三、对审计中发现的上述问题应作如下处理

1. 对所有问题，首先按税法与企业会计制度的规定调整账目。账目调整方法见附件。

2. 2003年全年偷税、漏税情况：

（1）营业税1 890元；

（2）城市维护建设税及教育费附加189元；

（3）企业所得税118 870.95元。

总计偷税额120 949.95元，属严重偷税事件。决定于2004年4月30日前补缴税款并按日加收滞纳金。同时与税务局商定处以两倍罚款。

3. 应责令商场主要负责人及分管财务的负责人和会计部经理做书面检查，并对主要当事人给予纪律处分。

四、对该商场的总评价和改进建议

从这次审计中发现的上述问题可以看出，该商场的主要负责人缺乏法制观念；财会工作混乱、有规不循，失去会计监督作用，并有意偷税漏税，违反法纪。为严肃财经纪律，促进其加强管理，我们提出以下两点建议：

1. 应责成集团公司派员对该商场的主要负责人和财会人员进行教育，并对财务工作进行整顿，加强税法及财务会计制度和会计准则的学习。

2. 应建立会计岗位责任制、内部控制制、会计稽核制，以及财务收支管理办法。通过各项制度规范领导及有关人员的行为。

本报告的各项内容及建议，已经该商场确认，并出具了书面材料，表示同意。

以上报告当否，请审定。

附件：1. 审计工作底稿一份；

2. 违规会计事项处理记录，复印件8份；

3. ××商场对×××审计报告意见书一份；

4. 违规会计事项调整方法表一份。

××市审计局利民审计小组

审计组组长：×××（印章）

注册审计师：×××（印章）

注册审计师：×××（印章）

二○○×年×月×日

（选自刘杰、付胜：《经济文书写作范例》，314～316页，北京，人民出版社，2005）

[简评] 这篇审计报告重点突出，问题抓得准，定性准确、恰当、客观，观点鲜明，条理清晰，层次分明，行文简练。

第四节　合　同

一、合同的概念、作用与特点

合同是平等主体的自然人、法人、其他组织之间设立、变更、终止民事权利义务关系的协议，是以文字形式表达协议内容的经济文书。

合同，是一种规范性很强的应用文，它在经济活动中应用非常广泛，具有十分明显的作用：它是发展社会主义市场经济的法律工具；是自然人、法人或其他组织进行经济联系和协作的重要法律形式；是保障商品交易安全、维护当事人合法权益的法律手段；是满足公民物质文化生活需要的重要法律途径；有利于开展对外经济技术合作与交流。

合同具有以下特点：

（一）主体的特定性

《合同法》规定，合同的主体是自然人、法人或其他组织，即是应具有相应的民事权利能力和民事行为能力、能独立承担民事责任的自然人、法人或其他组织。

（二）程序的合法性

《合同法》规定，合同当事人的法律地位平等，一方不得将自己的意志强加给另一方。当事人有自愿订立合同的权利，任何单位和个人不得非法干预。当事人订立、履行合同应当遵守法律、行政法规。依法成立的合同对当事人具有法律约束力，当事人应当按照约定履行自己的义务，不得擅自改变或解除合同。

（三）内容的规定性

《合同法》第十二条规定，合同的内容由当事人约定，一般包括以下条款：（1）当事人的名称或者姓名和住所；（2）标的；（3）数量；（4）质量；（5）价款或者报酬；（6）履行期限、地点和方式；（7）违约责任；（8）解决争议的方法。

（四）书面形式的表示方法

法律规定采用书面形式或当事人约定采用书面形式的，应当采用书面形式，即合同是以书面文字形式表达协议内容的文体。

二、合同的分类

《合同法》分则第九章至第二十三章共列举了 15 种合同，分别是：买卖合同；供用电、水、气、热力合同；赠与合同；借款合同；租赁合同；融资租赁合同；承揽合同；建筑工程合同；运输合同；技术合同；保管合同；仓储合同；委托合同；行纪合同；居间合同。

三、合同的写作方法

《合同法》第十二条第二款规定：“当事人可以参照各类合同的示范文本订立合同。”据此，我们按 1990 年国家工商行政管理局制定并经国务院办公厅转发在全国推行的合同示范文本，以常用的买卖合同、房屋租赁合同为例，讲授合同的写作方法。其标准格式如例文一和例文二。

一份合同，一般由标题、首部、正文、尾部几部分组成。

（一）标题

合同的标题一般不笼统地写“合同”、“经济合同”，而要写出合同事项和文种。如《农副产品购销合同》、《信贷资金管理合同》、《建筑工程合同》。合同的签订日期、合同编号，有时还有签证及日期等，常用小于标题的字号书写，置于标题下方或右下方，作为标题的组成部分。

（二）首部

首部位于标题左下方。先标明“订立合同单位”或“立合同人”，并在其后用圆括号注明一方为“甲方”（或卖方、出租方、定作方等），而另一方为“乙方”（或买方、承租方、承揽方等)。

(三) 正文

正文是一份合同的主体。它一般由立约引言和立约条款两部分组成。有的合同还有附则或附件。

立约引言位于立约单位名称之下，一般要写明立约目的和立约根据。常用的句子是："为了……根据……经双方协商，签订本合同。"引言可详可略，在条文式合同中它是必不可少的。它表明本合同经过"要约"和"承诺"过程，说明其合乎法律程序。

立约条款是合同的主要内容，必须写明当事人双方协商一致的事项：各自承担的义务和享受的权利，各自为对方做什么事情，共同做什么事情，做到什么程度，何时完成任务等。要一事一条，清楚明了。具体写清楚以下内容：

(1) 标的。标的是合同当事人双方权利和义务共同指向的对象。它是合同据以成立并得以正确履行的基础，是一切合同必备的首要条款。合同的标的因合同种类不同而不同，有的是实物，有的是工程项目，有的是劳务。

(2) 数量和质量。数量是合同指标的计量，如产品的数量、借款的金额，也包括计量单位、计量方法。质量是标的质的规定，是检验标的内容在素质和外观形态上优劣的标志，如产品的品种、规格、型号、技术要求、工程项目标准等。

(3) 价款或酬金。这是标的的代价或报酬，简称价金。价款是取得标的物的一方当事人向另一方当事人以货币为表现形式支付的代价。酬金是取得劳务的一方当事人向另一方当事人支付的等价货币。价款和酬金是合同标的的对应条款，是合同权利平等的具体体现。除了少数合同采用以物易物、以劳务换劳务的方式外，绝大多数都必须有价款或酬金的数额。

(4) 履行的期限、地点和方式。履行期限是当事人双方一致确定的合同兑现的时间，即履行合同的时间范围。这是保证合同正确履行的必备条款。

履行地点是指当事人双方履行义务的地方。如交货应交代清楚送往地点。地点的确定有两种方式：一是按合同的性质由法律条文直接加以规定；二是由当事人双方协商确定。

履行方式是指当事人以什么方式来履行义务。如交货方式是自提，还是送货、代运；以何种方式检查、抽验；以何种方式结算及运货费用由谁承担；是一次履行还是分批履行等。

当事人如无故不按合同约定的期限、地点和方式履行义务，应承担违约责任。

(5) 违约责任。违约责任就是不履行合同规定的义务而应承担的责任，又称为经济责任或罚责，如偿付违约金、赔偿金、逾期保管费等。这是合同中不可缺少的制裁措施。缺少违约条款或违约条款规定得不明确，就有可能使违约者逃避法律责任，损害恪守合同一方当事人的合法权益。

合同除以上基本条款之外，还有普通条款，如包装方法、运输方法、保管验收方法等。这些条款也必须写清楚，以免发生纠纷时无法界定法律责任。

正文中的所有条款必须合法、合理、合情、完善。

紧接立约条款之后要写明附则。附则包括合同的有效期限、份数、补充办法等项内容。它是合同的组成部分，与其他条款一样具有法律效力。

应在附则的左下方写明附件的名称、份数等（有的合同没有附件）。

（四）尾部

这是合同的最后一部分，有的称之为签署。它位于附则下方，必须写明签约单位的全称并加盖公章或合同专用章，还必须有当事人双方的亲自签名。签约时间位于签署右下方，写明签订合同的年、月、日。

有的合同尾部还要写明双方当事人的地址、电话号码、开户银行、账号等。这既是当事人资格的证明，又便于双方互相联系。有的合同的尾部还要附上公证机关公证意见栏目。

四、合同的写作要求

合同牵涉到当事人之间的权利和义务，所以在书写过程中要特别注意下列问题：

第一，要合法。合同既是经济应用文，又是法律文书，合同的签订必须遵守法律程序。合同的格式、内容必须依照《合同法》撰写。合同的履行也必须遵守法律规定。对合法合同，国家依法给予保护和支持，对无效合同，国家不予保护。凡属鉴证的合同，当事人还必须接受鉴证机关对合同的合法性、真实性、可行性进行的审查。如有不符合国家法律、政策规定的，应及时修正。

第二，要合理。要注意两个方面：一是签订合同的双方彼此的法律地位是完全平等的，没有高低之分，也没有主从之别。所以，必须遵循平等互利、协商一致、等价有偿的原则。不允许任何一方采取欺骗、胁迫等非法手段。二是要坚持实事求是的科学态度，注意合同的可行性。要根据自己的生产能力、经济基础和市场需求订立合同。不切实际、盲目签约不仅会使合同失去可行性，而且可能要承担相应的法律后果。

第三，要完善。完善就是表述必须完整、具体、明晰、准确。应做到两点：一是条款内容要齐全、周密、严谨，避免出现任何漏洞。只有条款齐全，才能使合同顺利履行。二是规定要具体、明晰、准确。如买卖合同中，产品是按旬、按月还是按季交货，必须具体写出。“明晰”是要写得清楚明白，专业术语要规范，表述语言要清晰。合同的措词要准确无误，如“大致”、“估计”、“明年”、“下半年”等模糊词语在合同中禁止使用，以免因语言含混产生歧义而造成合同纠纷。

第四，要规范。首先，合同的格式要符合规范要求。其次，书写必须使用钢笔或毛笔。字迹清楚，标点正确，文面整洁，表示价金的数额必须用汉字大写。再次，任何一方不得随意涂改合同。如发现合同条文表述有错漏之处，或者因发生特殊情况必须进行修改或补充时，一定要经双方同意，或者在原合同上进行修改，并在修改处盖上双方的印章；或者另行签订补充协议；或者双方可以通过互换函件作为合同的附件，以达到修改、补充之目的。

例文一

流动资金借款合同

立合同单位：

__________（以下简称借款方）

__________（以下简称贷款方）

为明确责任，恪守信用，特签订本合同共同信守。

一、借款种类：

二、借款金额（大写）：

三、借款用途：

四、借款利率：借款利率为月息千分之______，按季计利息，利随本清。如遇国家调整利息，按调整后的规定计算。（此行定格，编辑注）

五、借款期限：借款时间自______年______月______日至______年______月______日止。借款实际发放期限以借据为准，分______次发放。借据作为合同附件，同本合同具有同等法律效力。

六、还款资金来源及还款方式：

1. 还款资金来源：

2. 还款方式：

七、保证条款：借款方请______作为自己的借款保证人，经贷款方审查，证实保证人具有担保资格和足够代偿能力。保证人有权检查和督促借款方履行合同。当借款方不履行合同时，由保证方连带承担偿还借款本息的责任。必要时，贷款方可以从保证方存款账户内扣收。

八、违约责任：

1. 签订本合同后，贷款方应在借款方提出借据______日内（遇节假日顺延）将贷款划出，转入借款方账户。如贷款方未按期发放贷款，依法按违约数额和延期天数的贷款利息的______%计算，并向借款方偿付违约金。

2. 借款方如不按合同规定的用途使用借款，贷款方有权收回部分或全部贷款。对违约使用部分，按银行规定加收罚息。借款方如在使用借款中造成物资积压或损失浪费，或进行非法经营，贷款方不负任何责任，并有权按银行规定加收罚息或从借款方存款账户中扣收贷款本息。如借款方有意转移并违约使用资金，贷款方有权商情其他开户行代为扣款清偿。

3. 借款方应按合同规定的时间还款。如借款方需要将借款延期，应在到期前______日内向银行提出申请，有保证方的，还应当由保证方签署同意延长担保期限，经贷款方审查同意后按期计算。如企业经营不善发生亏损或虚盈实亏，危机借款安全时，贷款方有权提前收回贷款。

九、其他：除因《借款合同条例》规定允许变更或解除合同的情况外，任何一方当事人不得擅自变更或解除合同。当事人一方依据《借款合同条例》要求变更或解除合同时，应在______天内通知另一方当事人，并达成书面协议。本合同变更或解除后，借款方占用的借款和应付的利息仍按本合同的规定偿付。

本合同经各方签字后生效，贷款本息全部偿清后自动失效。

本合同的附件：

本合同一式三份，借款方、贷款方、保证方各执一份；合同副本＿＿＿＿＿份，报送＿＿＿＿＿有关部门各执一份。

借款方：（公章）　　　　　　　　贷款方：（公章）

地址：　　　　　　　　　　　　　地址：

法人代表：（签字）　　　　　　　法人代表：（签字）

开户银行及账号：

签约日期：　　　　年　月　日

签约地点：

（选自刘杰、付胜：《经济文书写作与范例》，218页，北京，人民出版社，2005）

例文二

房屋租赁合同

出租方：

承租方：

根据《中华人民共和国合同法》及有关规定，为明确出租方与承租方的权利义务关系，经双方协商一致，签订本合同。

一、房屋坐落位置、间数、面积、房屋质量

二、租赁期共＿＿＿年零＿＿＿月，出租方从＿＿＿年＿＿＿月＿＿＿日起将出租房屋交付承租方使用，至＿＿＿年＿＿＿月＿＿＿日收回。

三、承租人有下列情形之一的，出租人可以终止合同，收回房屋：

1. 承租人擅自将房屋转租、转让或转借的；

2. 承租人利用承租房屋进行非法活动，损害公共利益的；

3. 承租人拖欠租金累计达＿＿＿个月的。

四、租赁合同期满终止时，承租人应退回所租房屋。

如承租方逾期不搬迁，出租方有权向人民法院起诉和申请执行，出租方因此所受损失由承租方负责赔偿。

合同期满后，如出租方继续出租房屋，承租方享有优先权。

五、租金数额和交纳期限（略）

六、修缮房屋是出租人的义务。出租人对房屋及其设备应每隔＿＿＿月（或年）认真检查、修缮一次，以保障承租人居住安全和正常使用。

七、出租方与承租方的变更（略）

八、违约责任（略）

房屋如因不可抗力导致毁损和造成承租方损失的，双方互不承担责任。

九、本合同在履行中如发生争议，双方应协商解决；协商不成时，任何一方均可向工商局经济合同仲裁委员会申请调解或仲裁，也可以向人民法院起诉。

十、本合同未尽事宜，一律按《中华人民共和国合同法》的有关规定，经双方共同协商，可作出补充规定，补充规定与本合同具有同等效力。

本合同一式三份，出租方、承租方各执一份；合同副本______份，送______单位备案一份。

出租方：（盖章）	承租方：	鉴（公）证意见
地址：	地址：	
法定代表人：（签名）	法定代表人：（签名）	
委托代理人：（签名）	委托代理人：（签名）	
电话：	电话：	鉴（公）证机关（章）
		年　月　日

（选自刘杰、付胜：《经济文书写作与范例》，219～220页，北京，人民出版社，2005）

［简评］这两份合同权利、义务关系明确，内容全面，条款清晰，格式规范，表述准确。内容、形式各方面都体现了合同的特点。

以上两例是常用的条款式写法。除条款式之外，还可以根据内容需要使用表格式或条文表格结合式。

【思考与训练】

（一）思考题

1. 经济活动分析报告具有哪些特点？它有什么作用？

2. 什么是审计报告？简述审计报告的特点及作用。

3. 什么是合同？它有什么特点及作用？

（二）写作训练题

1. 下面是某市财政局财政情况的有关材料，请根据这些材料写一篇经济活动分析报告，题目自拟。

（1）时间：2007年1月至3月10日成文。

（2）主送单位：××市人民政府。

（3）财政收入完成××亿元，比去年同期增长35%，支出××亿元，比去年同期增长20%。

（4）工商税收完成××亿元，比去年同期增长10.5%。

（5）工业收入完成××亿元，比去年同期增长5.8%。

（6）工业总产值完成××亿元，比去年同期增长10.6%。

（7）重工业增长1.4%，轻工业继续保持稳步上升，比去年同期增长6.17%。

（8）商业收入亏损××亿元，比去年同期减少0.34亿元。

（9）在调查中发现：商业削价处理商品以及商品亏损的现象较多，销得越多，亏损也越大。

(10) ××公司、××局、××工业公司、××医药单位上缴利润有较大影响。

(11) 对15个工业局进行了不完全统计，发现产品销售比去年同期增长15.5%，这些有利于增加工商税。

(12) 去年从三季度开始，郊区集体企业由原比例税率改为八级超额累进税。

(13) 去年纳税登记增加了一部分新税源，并恢复复税，工商所得税比去年同期增长了28%。

2. 根据以下材料，拟定一份买卖合同。

××市××县百货公司向××电视机厂购买500台29英寸××型彩色电视机。××百货公司的代表于2007年5月12日与×市电视机厂签订了一份合同，双方在合同中规定：××百货公司向××电视机厂购买的电视机必须在该年8月12日以前全部运到甲方所在地的××市××火车站交货。乙方负责申请运货车皮和负担托运费用。货到后由双方代表验收。代书合同是××法律顾问处的××。在正常情况下，交货误期7天以内，每台按原价3%交付罚款；超过7天，按5%罚款；超过1个月，按10%罚款；超过6个月，按40%罚款。如果中途甲方要求减少订货，乙方按减少台数原价70%退款。在货款两清后，合同终止效力。

【课后阅读与研讨】

(一) 课后阅读

1. 蔡业银．谨防经济合同中的语言陷阱．应用写作，2006 (3)

2. 李道荣．第四章：经济契约类文书，第七章：检查评估类文书．现代经济应用写作．北京：中国人民大学出版社，2011

(二) 研讨题

1. 谈谈经济活动分析报告与审计报告在写作上的区别。

2. 谈谈合同正文部分的写作内容与写作要求。

第十章 公关文体的写作

【教学提示】

本章主要讲授公关文体中祝辞、招聘启事、聘书、求职自荐信、感谢信及慰问信等文体的写作方法与要求，旨在使学生掌握常用公关文体的写作要领，并能写好这些文章。

公关即公共关系。该词是英文 Public Relations 的直译，简称 PR。20 世纪 80 年代该词传入中国，它的原意是公共的、公众的关系；关系即联络、联系。现代公共关系是借助传播媒介，塑造组织形象，为公众服务，并做好组织与公众沟通协调的实践活动和管理科学。

为适应公关工作需要而写作的各种文章即为公关文体。公关文体的突出特点是：使用上具有沟通性、竞争性和时效性；内容上具有新颖性、务实性和可信性；格式上具有多样性、规范性和精美性；语言上具有简要性、热情性和生动性。

公关文体种类繁多，如广播稿、海报、喜报、启事、请柬、聘书、祝辞、题词、贺信、贺电、表扬信、求职信、感谢信、慰问信、欢迎词、欢送词、讣告、悼词等。

本章重点讲授几种常用的公关文体的写作。

第一节　祝　辞

一、祝辞的概念

祝辞也称祝词，指对人对事表示祝贺的文辞。

祝辞常用在喜庆节日、会议开幕、工程开工典礼等隆重场合，对人对事表示祝贺，可以起到鼓舞人心、勉励进步的作用，可以使人团结一致，满怀信心，朝着既定的目标，为创造美好的未来而努力奋斗。

祝辞和贺辞（贺电）相近，二者可互用。祝辞可以是书面形式，也可是在特定场合的即兴演讲。我们这里所讲的祝辞是准备在较重要的场合演讲而预先准备的文稿。

二、祝辞的分类

根据祝愿的对象不同，祝辞大体分为祝人的、祝事的、祝酒的三类。

（一）对人的祝辞

对人的祝辞有对个人的，也有对集体的。对个人的祝辞有祝寿的、祝婚庆的、祝生日的、祝旅途平安的等；对集体的祝辞往往是既对人又对事。

祝寿辞用于长者、名人、领导人的大寿时，希望其幸福长寿，颂扬其人格及其成绩贡献。

节日祝辞是重大节日时党和国家领导人向全国人民致以的美好祝愿，既祝人民幸福、快乐，又祝各项工作取得更大胜利。

例文一

二〇〇四年新年贺词

（2003年12月31日）

胡锦涛

女士们，先生们，同志们，朋友们：

2004年的新年钟声即将敲响。在这辞旧迎新的美好时刻，我很高兴通过中国国际广播电台、中央人民广播电台和中央电视台，向全国各族人民，向香港特别行政区同胞和澳门特别行政区同胞，向台湾同胞和海外侨胞，向世界各国的朋友们，致以新年的祝贺！

2003年，对中国人民来说是很不寻常的一年。这一年，中国各族人民在邓小平理论和“三个代表”重要思想的指引下，万众一心、团结奋斗，战胜突如其来的非典疫情和地震、洪涝、干旱等多种自然灾害带来的困难和挑战，继续推进改革开放，促进社会主义物质文明、政治文明和精神文明协调发展，保持了国民经济较快增长和各项社会事业全面发展的良好势头。中国首次载人航天飞行取得圆满成功。中国共产党十六届三中全会，对完善社会主义市场经济体制作出了全面部署。放眼今日之中国，九州大地涌动着改革和建设的澎湃热潮，各族人民焕发出创造美好未来的壮志豪情。

在过去的一年里，中国坚持奉行独立自主的和平外交政策，高举和平、发展、合作的旗帜，坚持与邻为善、以邻为伴的方针，开展全方位的外交，进一步发展了同各国特别是周边国家及广大发展中国家的友好关系，积极参与全球和区域合作，在一系列重大国际问题及地区安全和发展问题上发挥了建设性作用，为维护世界和平促进共同发展作出了贡献。

女士们，先生们，同志们，朋友们：

2004 年是中国人民继续贯彻中共十六大精神、实现第十个五年计划的关键一年。我们将坚持以经济建设为中心，坚持全面、协调、可持续的发展观，深化改革、扩大开放，保持国民经济持续快速协调健康发展，全面推进各项社会事业，继续推进全面建设小康社会的进程，努力开创中国特色社会主义事业新局面。

我们将继续坚定不移地贯彻“一国两制”、“港人治港”、“澳人治澳”、高度自治的方针，严格按照香港特别行政区基本法和澳门特别行政区基本法办事，支持香港、澳门特别行政区政府依法施政，加强内地同香港和澳门的经济贸易关系，保持香港和澳门的长期繁荣稳定。

2 300 万台湾同胞是我们的骨肉兄弟，我们十分关心他们的利益和福祉。我们将继续坚持“和平统一、一国两制”的基本方针和现阶段发展两岸关系、推进祖国和平统一进程的八项主张，加强两岸人员往来和经济文化等领域的交流，以最大的诚意、尽最大的努力实现祖国和平统一。我们坚决反对任何形式的“台独”分裂活动，绝不允许任何人以任何方式把台湾从中国分割出去。我们坚信，只要包括台湾同胞在内的全体中华儿女共同努力，祖国的完全统一就一定能够早日实现。

当今世界，政治多极化和经济全球化趋势深入发展，科技进步日新月异，给各国人民带来了新的发展机遇。但是，单边主义倾向抬头，地区冲突此起彼伏，恐怖主义危害上升，世界经济增长缓慢，南北发展差距进一步拉大，也给各国人民提出了严峻挑战。中国人民始终关心和同情世界上一切仍在忍受战火、饥饿、贫困煎熬的人民，衷心希望他们能够早日过上幸福安宁的生活，并愿为他们提供力所能及的帮助。

世界要和平，人民要合作，国家要发展，社会要进步，这是不可阻挡的时代潮流。我们坚信，人类发展的前景是光明的。不管国际风云如何变幻，中国将始终站在人类正义事业一边，同各国人民一道，共同推进人类和平与发展的崇高事业，创造世界和平繁荣的美好明天。

最后，我祝大家新年快乐、阖家幸福！

（选自国际在线，http：//gb.cri.cn/41/2003/12/31/105@34105.htm）

[简评] 这份祝词先肯定成绩，振奋人心；后展望未来，鼓舞斗志，同时也表达了美

好的新年祝愿。全文高瞻远瞩，气势非凡，内容充实，语言简明，有很强的号召力。

（二）对事业的祝辞

此类祝辞多用于庆典活动，如国际、国内重大会议的召开，重大工程的开工，重大事业的启动等，常用祝辞表示祝贺或预祝会议开得圆满，事业取得成功。这类祝辞也可以用书信、贺电形式，表示祝贺、赞颂和勉励。

例文二

致第28届世界遗产委员会会议的贺辞

（2004年6月26日）

胡锦涛

值此第28届世界遗产委员会在中国苏州举行之际，我谨代表中国政府和中国人民，并以我个人的名义，向会议表示热烈的祝贺！向与会的各国代表团表示诚挚的欢迎！

在漫长的历史进程中，人类社会留下了丰富的文化遗产，大自然也造就了旖旎的风光。世界各国都有自己独特的文化和自然遗产，它们不仅是各国、各民族的宝贵财富，也是全人类的宝贵财富。由于历史的变迁和人类活动的影响，不少珍贵的文化和自然遗产受到岁月的侵蚀或遭到人为破坏，有的已濒临危险。加强世界遗产保护已成为国际社会刻不容缓的任务。这是历史赋予我们的崇高责任，也是实现人类文明延续和可持续发展的必然要求。

保护世界遗产，是造福人类的千秋功业。1972年联合国教科文组织通过的《保护世界文化和自然遗产公约》，对保护世界遗产具有重要的指导作用。各国都应该认真履行这一公约，在平等和相互尊重的基础上，相互借鉴，取长补短，更好地保护人类的共同遗产。

中国政府高度重视保护文化和自然遗产，将继续弘扬民族的优秀文化，保护生态环境，扩大国际合作，保证文化和自然遗产的充分保护和适当利用，进一步促进人与自然和谐发展。

多样性是世界文化的一个基本特征。人类历史发展的过程就是各种文明不断交流、融合创新的过程。加强文明对话，有利于各国、各民族的相互了解和相互学习，有利于促进世界和平与发展的崇高事业。我们期待着联合国教科文组织在促进文明交流方面发挥更大作用。我相信，在各国代表团共同努力下，这次会议必将取得成果，为发展人类丰富多彩的文明作出积极贡献。

祝各位代表在中国过得愉快！

（选自新华网，http：//news. xinhuanet. com/newscenter/2004－06/28/content_1552110. htm）

［简评］这篇贺辞开头热情洋溢地表示祝贺和欢迎之意，然后阐明世界遗产保护的重要意义，坚定地表明中国政府的积极态度，并表明了对会议必将取得成果的信心，表达了对与会代表的问候。全文短小精悍，层次分明，用语得体适度，前后协调通畅。

（三）祝酒辞

祝酒辞用于宴请活动。如在婚庆、重大节日及其他为喜庆事项而组织的宴请活动上，通过迎来送往（欢迎辞、欢送辞）表示答谢，以酒敬祝，表示交往友情与良好祝愿。它用简洁的言辞助兴，增进感情交流，使气氛更加融洽。

三、祝辞的写作方法

从以上祝辞的例文可以看出它们在写法上基本相同，由标题、称谓、正文、落款四部分构成。

（一）标题

（1）可由祝愿的对象、祝愿的内容和文种组成。如《贺张学良九十寿辰电》。

（2）可由祝愿的场合和文种组成。如《在马尔巴赫市一次晚宴上的祝酒辞》。

（3）可由祝愿的时间和文种组成。如《元旦祝辞》、《国庆祝辞》等。

（4）也可采用正副标题式，如《列车向新的目标驰去——在毕业典礼上教师代表的祝辞》，正标题是祝愿的内容，副标题说明致辞的场合和致辞者。

（二）称谓

对个人的祝辞可直呼其名，但一般要在姓名前加上一些表示亲切的、敬重的、表示其职务或身份的附加语。如："敬爱的××同志"、"尊敬的××先生"、"尊敬的××阁下及夫人"等。对集体的祝辞可加上表示多数词的"女士们、先生们"、"各位来宾、各位朋友"、"同志们"等。称谓要注意对象和习俗。

（三）正文

正文一般包括以下几部分：开头、主体和结尾。

开头表示祝贺。写出在什么情况下向谁祝贺，怎样祝贺，以什么样的心情祝愿等。开头段文字要简洁，感情要充沛，用语要有激情。

主体部分要写出两方面的内容：

（1）概括回顾成绩。对人的祝贺，要有重点地回顾其革命经历、突出贡献、具备的崇高精神和优秀品质。祝事的，要概括以前所取得的成绩或指出从事事业、工程的伟大意义。这部分要层次分明，给人以鲜明清晰的印象。

（2）提出任务、要求、希望。祝人的，写对祝愿对象的希望和勉励。祝事的，要写在新形势下面临的任务，据此提出希望和要求。

结尾，写出祝语，即对祝愿对象的祝愿和勉励。具体写法视祝愿的对象和内容而定。

祝辞正文的表达方式灵活多样，除散文体外，还可以用诗歌、对联等形式。

（四）落款

在文章结尾处写出致辞者的姓名及日期。落款也可写在标题之下。

四、祝辞的写作要求

第一，祝辞是用来演说的，所以语言应力求口语化，要求充满热情、喜悦、鼓励、希望、褒扬，从而使对方感到温暖和愉快，受到激励与鼓舞，但又不可滥用美辞，以免造成阿谀奉承之嫌。

第二，祝辞不应使用辩论、谴责批评等词句和语气，应该写得精练、得体，表达适度，风格把握准确。

第二节　招聘启事、聘书

一、招聘启事

（一）招聘启事的概念

招聘启事是企事业单位或社会团体因工作需要，向社会公开征招人才时使用的一种文体。一般是通过报刊、广播、电视等媒体传播，使更多的人了解信息，以达广揽人才的目的。

招聘启事的形式灵活多样。其共同特点是结构简单、语言准确明白、态度诚恳、具有吸引力。

（二）招聘启事的写作

招聘启事一般包括标题、正文、落款三部分。

标题一般是直接标明“招聘启事”、“诚聘启事”或“单位（学校）招聘启事”，也可用文章式标题，如《厦门英才学校广纳教育英才》。

正文是招聘启事的主要内容，包括：

（1）简述招聘单位的概况，说明招聘的原因、目的和依据，是否得到有关部门的同意等。

（2）应聘者应具备何种条件。

（3）通过何种方式应聘以及应聘的时间、地点等。

（4）联系人和联系方式。

落款包括署名和招聘启事发出的日期。

例文一

北大附中广州分校招聘启事

北大附中广州分校是北大附中与广州海珠区教育局合作兴办的国有民办的现代化寄宿制学校。（学校详细介绍略）

学校对教师的两个承诺：一、尽最大可能为教师实现教育理想提供良好的软硬件环境及科学完善的薪酬福利保障；二、尽最大可能为每位教师思想素质和业务的提高提供必要条件。

热忱欢迎您加盟。

（一）招聘对象

小学、初中各科优秀教师、生活教师及行政管理人员。

（二）招聘条件

1. 专职教师：（1）中学教师本科以上学历、小学教师大专以上学历，能说标准流利的普通话；（2）熟练使用计算机等设备进行多媒体教学；（3）特级教师、省级以上优秀教师、优秀班主任、学科带头人，35岁以下中学高级教师，以及外语程度较高者优先录用。

2. 生活教师：师范专业中专以上学历，工作踏实，充满爱心。幼师毕业能歌善舞者优先录用。

（三）招聘办法

1. 有意者寄如下资料：

（1）简历表，全身免冠照片一张；

（2）教师资格证、职称证、毕业证、能说明个人业绩的材料（复印件）；

（3）通信地址及联系电话。

2. 初审合格者，分别于2002年1月20日及4月20日前发出考核通知书。

3. 未被录取者资料恕不退回。

4. 信封左下角注明应聘科目。

（四）待遇

试用期满合格者学校与其签订聘用合同，办理调动手续，并按国家规定办理医疗保险和养老保险、职称评定等。

广州招聘处通信地址：广州市海珠区工业大道革新路光大花园翠榕北街10—603北大附中广州分校筹备组。（邮编、联系电话、联系人略）

（选自《中国教育报》，2002-01-11）

[简评] 这篇启事开头简单对学校情况及聘用教师的承诺作了介绍，然后直入正题，从招聘对象、条件、办法及待遇四个方面体现发文意图。全文简洁明了，脉络清晰，措辞得体。

二、聘书

（一）聘书的概念

因工作需要，聘请某领导、名人、专家担任本单位的某职务或承担一定的任务而制发的书面凭证即为聘书。

聘书是相关单位与个人之间加强合作的纽带。它的作用在于：其一，表示尊重、邀请；其二，作为凭据、凭证；其三，增强双方责任感。

（二）聘书的写作

一份聘书包括标题、称谓、正文、落款四部分。

（1）标题。直接写上“聘书”或“聘任书”。

（2）称谓。可顶格单独写受聘人的姓名，也可将名字写入正文。

（3）正文。写明聘请理由、任务、职务、工作量、待遇等内容。每项都要写得清楚明白，不能含混，文字须简短。结尾可写些祝福的话或标志性的用语，如“特授此证”、“特发此证”等，一般单独起行书写。

（4）落款。写明发聘书的单位、发证时间并加盖公章。现在聘书一般都是事先设计好内容并印出，有需要时再具体填写完整即可。

例文二

聘请书

××同志：

我公司正在研制一种新产品，遇到了一些技术难题尚未解决。您是我市著名的机械专家，特聘任您为我公司高级技术顾问，聘期暂定一年，月薪××××元。

特授此证。

××公司

××××年××月××日

[简评] 这则聘书内容清楚，格式规范，符合聘书的写作要求。

第三节　求职自荐信

一、求职自荐信的概念、作用与特点

求职自荐信是求职者为了求得适合自己的工作或职位，向用人单位推荐介绍自己的信函。

随着市场经济的发展，特别是中国加入 WTO 之后，人才竞争更激烈。广阔的社会环境为人们个性、特长的发挥提供了机会。向社会推销自己，让自己得到社会认可，实现自身价值已成为每个人，特别是青年人的愿望。自荐信是实现这种愿望的一种很好的途径。

求职自荐信的作用可归纳为以下几个方面：

（1）展示自我。对于自荐者来讲，通过自荐信可以表明自己的意愿，展示自身的才能，创造就业机会，从而实现自己的理想和抱负。

（2）招募英才。对用人单位来讲，可以用招聘的形式，向社会广纳贤才；而通过自荐者的求职信，可以更好地了解应聘者，从而选择自己需要的人才。

（3）择优录用。从社会发展方面来看，“公平竞争，择优录用，优胜劣汰”的用人制度，是我国人事制度改革的一个非常重要的方面。公平竞争能给每一个公民平等施展才能的机会，使才华横溢的人脱颖而出。自荐信为人才流动、人才走向市场提供了前提条件。

求职自荐信的突出特点是：

(1) 以说明为主。自荐信的主要内容是介绍自己的经历、学业、专长、求职愿望及录用后的打算等，用简洁的语言说明即可，不必过多议论和抒情。

(2) 感情饱满，充满信心。只有富于感情，才能感染和打动招聘者。应聘者要信心十足，充分表现自己的才能和性格、品行中美好的一面。

(3) 实事求是，不夸大其词。展示性是求职自荐信的突出特点，但展示不等于自卖自夸，还要根据自己的情况实事求是地说明，不能言过其实。

(4) 语言谦和诚恳、庄重。自荐信应满怀信心，但说明自己条件时，语言要谦和诚恳、彬彬有礼，不能目空一切、盛气凌人或卑躬屈膝、曲意逢迎。

二、求职自荐信的写作方法

求职自荐信与一般书信的格式大体相同。其结构包括：标题、称谓、正文、落款和附件、联系方式等。

(一) 标题

标题一般为“求职信”或“求职自荐信”，写在正中。

(二) 称谓

开头顶格写出对招聘单位、职能部门主管领导或招聘人员的称呼。视不同的对象可以使用专称，也可以使用泛称。如“××××学院×××院长”、“××××学院中文系主任”、“××××大学人事处”等。

(三) 正文

正文包括引言、主体和结尾三部分。

(1) 引言。要用非常简短而富有感情的语言表达求职者的心情、精神状态或对招聘信息的感受与理解，给招聘者留下一个美好的第一印象。

(2) 主体。这项是自荐信最重要的内容，要着力写好以下几个方面：

第一，基本情况。介绍自己的年龄、性别、自然状况、性格特征、毕业学校、所学专业等。

第二，根据应聘的岗位、职务，着重写明自己与此岗位、职务有联系的特殊经历、业务素质、专业修养、专业技能及特长。

第三，明确提出自己的择业要求，写明应聘的岗位、职务名称。

(3) 结尾。写明自己的愿望、态度、对未来的打算及祝颂语。

(四) 落款

写明求职者姓名及写信时间。

(五) 附件

附件一般包括个人简历、学历学位证书、考试等级证书、资格证书、获奖证书、工作经历证明等材料复印件，常以表格形式出现。

(六) 联系方式

写清自己的通讯地址、邮政编码、联系电话等。

三、求职自荐信的写作要求

自荐信是自荐者能否被录用的依据，也是自荐者文字表达能力、思想修养、知识结构、思维方式、学识水平、专业知识以及个性特征等的综合表现，所以必须下工夫写好。具体要求有：

第一，求职自荐信要直奔主题，用实力说话，用事实说话，不要写过多煽情的话。

第二，求职自荐信应围绕求取职位的应知应会而写，不要说自己什么都能做，这样反而会让对方觉得这个人学无所长。

第三，要注意做到条理清晰，层次分明，不遗漏项目，尽量简短。

第四，在行文中可突出你能为用人单位做些什么，而不是他们能为你提供什么。要尽量避免出现以下问题：

(1) 过早、过高提及工资报酬；

(2) 写自己已陷入困境，显出乞求或强硬的态度；

(3) 抱怨前任单位领导，抱怨社会；

(4) 在行文中流露自己的“背景”、“后台”等。

例文

求职信

尊敬的××经理：

您好！

我写此信应聘贵公司招聘的经理助理职位。很高兴在招聘网站得知你们的招聘广告，并一直期望能有机会加盟贵公司。

本人于两年前毕业于××经济贸易大学国际贸易专业，在校期间学到了许多专业知识，如国际贸易，国际贸易实务，国际商务谈判，国际贸易法，外经贸英语等。毕业后，就职于一家外贸公司，从事市场助理工作，主要协助经理制订工作计划，做一些外联工作，以及文件、档案的管理工作。

本人具备一定的管理和策划能力，熟悉各种办公软件的操作，英语熟练，略懂日语。我深信可以胜任贵公司经理助理之职。

个人简历及相关材料一并附上，希望您能感到我是该职位的有力竞争者，并希望能收到面试通知，我的联系电话：139××××××××。

感谢您阅读此信并考虑我的应聘要求！

此致

敬礼

应聘人：×××

二〇〇六年三月二十日

（选自赵文琦、沈鸣鸣编著：《秘书写作》，182页，上海，上海社会科学院出版社，2006）

[**简评**] 求职者用谦虚诚恳的态度表达了自己浓厚的求职热忱，用得体的语言显现了自己优秀的素质。该自荐信格式规范，用语谦谨有礼，措辞大方得体适度，附件材料详尽，显示出求职者求职的诚意和合作的积极性。

第四节　感谢信

一、感谢信的概念、特点与分类

感谢信是各级机关、企事业单位、社会团体或个人，对帮助、支持自己工作的单位或个人表示感谢的信函。

感谢信除了表达对单位或个人的关怀、支援、帮助的谢意之外，还带有表扬之意，它体现了人们相互间关心、感激之情。感谢信可以直接给对方或对方所在单位，也可以张贴在对方单位内或所在地的公共场所，还可以交给报纸刊登、电台广播、电视台播映。

感谢信具有以下特点：

（1）真实性。这主要体现在两个方面，一是感谢的对象要真实；二是叙述的事情要真实准确，如时间、地点、人物、事件的经过和结果都要交代清楚。

（2）感激性。感谢信应充满了热情洋溢的感激之情。行文述事时要带着真挚的感情，使所有看到信的人都受到感染。

（3）表扬性。感谢信不仅有感谢的意思，而且有表扬的意思，把对方助人的精神和行为宣扬出来，以期发扬光大。

感谢信按照不同的标准，可以分为不同的类别：

（1）根据感谢对象的不同，感谢信可分为个人对个人或组织的感谢信、组织对组织或个人的感谢信。

（2）从发表的形式上分，感谢信也可分为张贴式感谢信、书信式感谢信、广播式感谢信、登报式感谢信等。

二、感谢信的写作方法

感谢信与一般书信的格式大体相同，由标题、称谓、正文、致敬语、落款五部分组成。

（一）标题

感谢信的标题有三种写法：

（1）以文种为标题，即在首行正中书写“感谢信”三字。

（2）由被感谢者和文种组成，如《致〈大学生〉杂志社的一封感谢信》。

(3) 由感谢者、被感谢者和文种组成，如《中共中央致各民主党派中央、全国工商联的感谢信》。

(二) 称谓

开头顶格写出受感谢的单位名称或个人姓名，格式与普通书信相同。

(三) 正文

正文包括开头、主体和结尾三部分。

1. 开头

开头陈述感谢的事由，叙述对方对自己或本单位的帮助，务必要把人物、时间、地点、原因、结果以及事情经过叙述清楚，关键之处要写具体、写生动。

2. 主体

主体在陈述事实的基础上，指出对方的关心支持与帮助对自己的重要性，用饱含感情的语言对对方所做的事情给予评论，表达感谢者的心情。

3. 结尾

结尾表示自己或所在单位向对方学习的态度和决心。

(四) 致敬语

正文写完后，可按一般书信格式，写上致敬语，如“此致”、“敬礼”、“致以最诚挚的敬礼”、“特此鸣谢”等。

(五) 落款

按一般书信格式，签上写感谢信的单位名称或个人姓名、日期等。有的感谢信还加盖公章，以示确凿。

三、感谢信的写作要求

第一，感谢信以叙述事实为主，切勿不着边际地大发议论。

第二，感谢信在写作时要实事求是，语言要真诚得体，感情要自然而然，既要符合被感谢者的身份，也要符合感谢者的身份。

第三，文字要相对精练，长短适宜，不宜过长。措辞不能太过于主观，避免过分文学化的倾向。

例文

致《大学生》杂志社的一封感谢信

《大学生》杂志社：

请贵刊转告全国所有关心我的大学生、解放军战士、工人、教师及各界朋友，我的病情经几家大医院治疗和各界的关心，目前已得到控制，现正在家休养。如不出意外，下学期开学即可返校学习了。

顽疾缠身，是人生中的不幸，我遭此一难，几乎摧毁了我和我的家庭。由于《大学生》杂志的呼吁，一封封来自远方的书信、一张张几经周折转来的药方，使我那不情愿跳动的心，又恢复了正常的节奏；几乎凝滞的血，又沸腾了。一双双援助的手，一颗颗充满爱的心，指明了我生活的路，温暖了我一家几乎冷却的心。

可敬的叔叔、阿姨、各位同学们：

我和你们天各一方，相见无期，你们却把微薄的收入，甚至把你们的助学金、生活费，或者靠卖几个字画的钱寄给了我。而你们当中甚至本人就有残疾，没有经济收入，而要用你们宝贵的血来挽救我……近来我的脑海中经常出现你们的身影，有年迈的老人，有可爱的军人，有可敬的老师，还有很多我不相识的人……我无法具体描绘你们的形象，但你们的高尚品格，助人为乐的精神将永存于我心中，永存于我家乡父老的心中……

唯一遗憾的是我不能面见答谢各位。在此，请接受用你们的爱心挽救的人的深深谢意，愿你们的爱的春风暖遍祖国，充满世界。

为了不辜负你们的一片爱心和良好祝愿，我将继续我的学业，继续我的事业，争取取得优异的成绩，献给关心我的远方的各位朋友们。

愿我们的心永远相通。

贺××

××××年×月×日

（选自张冠华主编：《公关写作：方法·技巧·范例》，171页，西安，西北大学出版社，2002）

［简评］这封感谢信写得情真意切，表达谢意符合实际，语言精炼简洁。全文通篇贯穿着一个“情”字，关爱之情、感谢之情溢于言表，较好地体现了感谢信的写作特点。

第五节　慰问信

一、慰问信的概念、特点与分类

慰问信是以组织或个人的名义向对方表示慰问的书信。

一封真切动人的慰问信会给对方带来莫大的欣慰，增强对方克服困难、战胜困难的勇气和力量。

慰问信有以下四个特点：

（1）针对性。慰问信是专门写给特定对象的信函，它的慰问对象十分明确，因此，其行文目的、内容的针对性很强。

（2）鼓动性。慰问信的目的是为了表示关切之情，同时鼓励对方鼓起勇气克服困难。

（3）感情性。从慰问信中，慰问对象可以感受到一种亲切，的感情上的共鸣，感受到情谊和温暖，从而鼓起战胜困难的勇气和奋发前进的信心。

（4）亲切性。慰问信的用语要真切，让人感觉到亲切，才能体会出关怀，从而受到鼓舞。

慰问信按照内容，可以分为三种：

（1）表彰慰问，即向作出贡献的集体或个人表示慰问。

（2）安抚慰问，即对遭受困难或损失的单位或个人表示同情和安慰，鼓励他们战胜困难。

（3）节日慰问，即在重大的节日前，向有关的人员表示节日的慰问，肯定他们作出的贡献，鼓励他们今后继续努力。

二、慰问信的写作方法

慰问信与一般书信的格式大体相同，由标题、称谓、正文、祝颂语和落款五部分组成。

（一）标题

慰问信的标题有四种写法：

（1）以文种做标题，即在首行正中书写“慰问信”三字。

（2）由被慰问对象和文种组成，如《致全市各族人民的春节慰问信》。

（3）由慰问者、被慰问对象和文种组成，如《卫生部致战斗在抗击“非典”一线全体医护人员的慰问信》。

（4）无标题写法。以邮寄方式写给个人的慰问信，通常按一般书信行文，不另加标题。

（二）称谓

开头顶格写出被慰问对象的单位名称或个人姓名，格式与普通书信相同。有的把被慰问对象写在了标题上，称谓处就统称“同志们”。

（三）正文

慰问信正文的内容很有针对性，不同的慰问信有不同的写作内容。

（1）表彰慰问信正文的内容包括：慰问的背景和原因；叙述其具体事迹；表示感谢和慰问；提出希望和鼓励。

（2）安抚慰问信正文的内容包括：慰问的背景和原因；表示安抚、劝勉及鼓励。

（3）节日慰问信正文的内容包括：慰问的背景和原因；回顾过去的贡献；给予热情赞颂，同时展望未来，提出新的希望。

（四）祝颂语

根据慰问内容的不同，慰问信要有针对性地选用亲切性的祝颂语。如“敬祝”，“节日快乐”，“身体健康”，“阖家欢乐”等。

（五）落款

按一般书信格式签上慰问单位名称或个人姓名、日期。

三、慰问信的写作要求

第一，根据慰问对象的不同，确定慰问信的内容。对有贡献的集体和个人，应侧重于赞颂他们的巨大成绩；对遭到暂时困难的集体和个人，则应侧重于向他们表示关怀和支持。

第二，慰问信要向对方表示亲切、关怀的感情，其抒情性较强。

第三，语言要诚恳、真切，措词要恰当，篇幅要精悍。

例文

致全市各族人民的春节慰问信

同志们：

瑞雪飞舞辞旧岁，金鸡长鸣迎新春。值此春节即将来临之际，我们谨向全市720万各族人民致以亲切的慰问和美好的祝福！

刚刚过去的一年，是我市全面落实振兴老工业基地战略的起步之年，也是全市各方面工作取得喜人成绩的又一年。一年来，全市各级党政组织坚持真信真懂真用“三个代表”重要思想，认真贯彻市委十届八次、九次全会精神，按照科学发展观的要求，紧紧围绕振兴这一主题，团结带领广大党员干部群众，开拓进取，奋力拼搏，圆满实现了年初确定的各项工作目标，一些主要经济指标增幅创造了近十年来的最高水平，实现了老工业基地振兴的高起点开局、加速度发展。尤为可喜的是，沈阳跻身2004年“中国十大最具经济活力城市”行列，荣获“国家环境保护模范城市”、“国家园林绿化先进城市”、“全国畅通工程模范管理城市”和“全国安静城市”等称号，“一宫两陵”被正式列入世界文化遗产名录，并成功地申办了“2006世界园艺博览会”。与此同时，全市精神文明建设、民主法制建设和党的建设进一步加强，各项社会事业健康发展，全市稳定的局面得到巩固，广大干部群众的积极性、主动性和创造性空前高涨，形成了团结奋进、政通人和的良好局面。在此，市委、市政府谨向对取得这些成就而奉献聪明才智、洒下辛勤汗水、作出积极贡献和给予大力支持的全市人民，中央和省在沈单位的领导和同志们，驻沈解放军指战员和武警部队官兵，各民主党派、人民团体及国内外各界朋友表示诚挚的感谢并致以崇高的敬意！

2005年是深入开展保持共产党员先进性教育活动，全面加强党的执政能力建设的一年；是我市加快振兴先行步伐，将振兴老工业基地的良好开局向深度和广度推进的一年；是适应入世“后过渡期”，加速对外开放的一年；也是全面完成“十五”计划，科学谋划“十一五”规划的关键一年。在新的一年里，全市各地区、各部门、广大党员干部群众要坚持以邓小平理论和“三个代表”重要思想为指导，认真贯彻党的十六届三中、四中全会和中央经济工作会议、省委九届八次全会精神，以科学发展观为统领，以改革开放为动力，以“提高振兴能力，加快先行步伐”为主题，以“工业年”活动和世园会筹备为载体，加速优化经济结构，切实转变经济增长方式，全面提升城市品位，不断完善城市功能，积极推进“大沈阳”建设，充分发挥中心城市的带头作用，大力加强精神文明和民主法制建设，深入开展保持共产党员先进性教育活动，全面加强党的建设，努力开创振兴沈阳老工业基地的新局面，共同创造沈阳更加美好的明天！

最后，衷心祝愿全市各族人民新春愉快、身体健康、阖家幸福、万事如意！

中共沈阳市委员会

沈阳市人民政府

二〇〇五年二月五日

（选自中国沈阳政府门户网，http：//www. shenyang. gov. cn/web/assembly/action/browsePage. do?channelID=1158644667256& content ID=3074）

［简评］这是一封针对性很强的节日慰问信，交代了慰问的背景，回顾了一年的成绩，提出了新的希望。全文内容简明扼要，语言亲切，富于感情，具有鼓动性，格式符合慰问信的要求。

【思考与训练】

（一）思考题

1. 填空题

（1）根据祝愿对象的不同，祝辞大体可分为________、________、________三类。

（2）感谢信具有________、________、表扬性的特点。

（3）按内容分，慰问信主要有表彰慰问信、________和节日慰问信。

2. 简答题

（1）什么是招聘启事？它有什么特点？

（2）求职自荐信有什么特点？它在写作上应注意哪些问题？

（3）感谢信在写作上的语言要求有哪些？

（二）写作训练题

（1）为自己的父母或师长的生日写一份祝寿辞。

（2）某大学急需外语教师，请为其写一份招聘启事。

（3）以应届毕业生的名义，写一封求职自荐信。

（4）××希望小学于2005年6月30日收到××公司送来的捐款20万元，其中公司资助10万元，职工自愿捐资10万元。请以××希望小学名义，给××公司写一封感谢信。

【课后阅读与研讨】

（一）课后阅读

1. 黄小娟．谈新年贺辞的写作．应用写作，2006（4）

2. 朱崇娴．求职书的设计及写作技巧．写作，2006（3）

3. 张冠华．第四章．社交礼仪类文体写作（一）．公关写作：方法·技巧·范例．西安：西北大学出版社，2002

（二）研讨题

1. 谈谈祝辞、感谢信与慰问信在写作上的区别。

2. 谈谈怎样写好求职自荐信。

第十一章 科研学术文体的写作

【教学提示】

鉴于秘书人员也要写作学术论文，而秘书专业的学生在就业前则首先必须凭借合格的毕业论文获取学位证书，所以，本书编入本章内容，讲述学术论文和毕业论文的写作。本章通过对属于科研学术文体的两种主要文体——学术论文和毕业论文的概念、文体特点、选题原则与方法、结构形式构成、信息资料搜集整理、写作提纲拟定、各部分的写作方法与要求，以及如何实现创新性的学术价值等写作理论与实践问题的阐述，使读者掌握学术论文与毕业论文的写作要领、方法与要求，能够写出具有创新价值和独到见解的毕业论文和学术论文。

第一节　科研学术文体概述

科研学术文体是指对某学科领域内有价值的学术问题进行专门研究和探讨，并记载下研究成果而写成的学术理论文章。

科研学术文体，是广大科学研究工作者和专业技术人员、文秘人员常用的一种文体。随着社会的进步，科学技术的发展，自主创新型国家的建设，自主创新型人才的培养，科研学术文体的社会功能和作用越来越重要。它作为最新科研学术成果的载体，在交流和传播科学文化知识、推动科学技术事业发展、促进创新型人才成长方面，有着不可替代的作用。

对于广大科研人员和专业技术人员来说，要想成为科学技术上有所发明创造、理论上有所建树、专业上有所成就的人，就必须学会写好科研学术论文，熟练掌握科研学术文体的写作知识和写作方法。

对于大学生和研究生来说，科研学术文体的写作能力如何，直接关系到能否取得毕业证和学位证书，甚至还会影响到能否成功地谋得一份满意的工作职位。可见，科研学术文章的作用非同一般。

学术论文和毕业论文，是科研学术文体的两种主要形式。本章主要讲授有关这两种文章的写作知识和写作要领、方法。

第二节 学术论文

一、学术论文的概念、作用及特点

（一）学术论文的概念

学术论文（包括毕业论文）是对某一学科（或专业）领域中有价值的学术问题进行研究和探讨，并将研究成果表述出来而写成的一种学术性文章。简言之，学术论文是为进行学术研究和记载学术研究成果而写成的理论文章。

“学术论文”这一概念有两个含义要点：一是研究探讨，二是写作表述。研究探讨是基础，写作表述是手段。如果没有对学科领域中的学术问题进行研究探讨，就没有研究成果，也就无从写作表述；如果没有写作表述的能力，再好的研究成果也难以反映出来，也就不可能被社会认可和传播、推广。

学术论文具有重要的写作意义。从事专业工作和科研工作，必须学会写作学术论文。在国外，科研学术文章的写作早在20世纪40年代初就被列为写作课的教学内容。世界各国的高等教育都十分重视对学生科研学术文体的写作训练。例如日本政府要求各高校必须开设学习写作科研学术论文的基础课；在美国，科研学术论文写作在高校受到广泛的重视，他们认为，培养具有创新能力的人才是大学教育的首要任务。

在我国，党中央、国务院提出了要“建设创新型国家”的施政方略，所以，今天的高等教育重视对大学生和研究生的科研创新能力与写作学术论文能力的培养显得格外重要。对学生而言，科研能力的大小、学术论文写作水平的高低，不但影响到他能否取得毕业证和学位证，还直接影响到他的求职谋业。对于广大专业技术人员来说，学术论文的写作质量和水平直接关系到职称的评定。

（二）学术论文的功能作用

学术论文的功能作用主要有三个方面：

1. 它是探讨学术问题、进行科学研究的手段

科学研究是一种创造性的思维活动，研究者在思考、研究学术问题时，需要在思维过程中不断地记录、整理、推敲、修改。这个过程使创造性思维一步步展开、一层层深入，逐渐臻于完善，最终使科研课题得到解决。这个过程就是学术论文的写作与形成过程。所以说，学术论文是探讨学术问题、进行科学研究的一种手段。

2. 它是交流传播科技、学术信息，推动人类社会进步发展的工具

科研成果用学术论文的形式记载下来，能标识出人类文明进步的轨迹。例如明代李时珍的《本草纲目》、宋应星的《天工开物》，就是保存下来的珍贵的古代科研成果文献。科学研究的目的就是为了促进人类社会的发展和进步。当今，人类社会已经进入知识经济时代和信息时代，而学术论文这种信息载体正是记载、传播科研成果信息，进行学术交流的重要工具。它可以超越时空界限，在全社会、全人类范围内进行传播交流，推广运用，从而造福于全人类，推动人类社会的共同进步和发展。

3. 它是培育创新型人才的摇篮

撰写学术论文，是一种创造性的精神生产劳动。许多著名的科学家和理论家，都是在从事科学研究、撰写和发表学术论文中，培养了自己的创新精神，锻炼了自己的科研能力，提高了自己的学术水平，取得了伟大的学术成就，成为为社会作出重大贡献的创造性人才。一个人只有写作和发表出大量有创新价值的学术论文，才有可能成名成家。学术论文能客观地反映作者的学识水平、科研能力和创造能力，成为考量创新型人才的重要依据。

总之，通过学术论文的写作、发表、传播、交流，可以总结全人类的科学研究成果，促进人类科学事业不断发展。对于一个国家来说，它往往是衡量其总体科研水平和创新能力的重要标志。

（三）学术论文的文体特点

与其他文章相比，学术论文有其自身的文体特点。主要有如下几个方面：

1. 学术性

所谓“学术性”，一是指学术论文是对某一学科领域里某些学术问题的发现和揭示，是学术研究成果的结晶；二是指它的研究内容是系统性的、专门化的，有自己独特的研究对象、专门的研究领域，以及专门的学术语言、理论概念和理论体系；三是指所研究的问题具有重要的理论意义、实践意义和学术价值。

2. 独创性

独创性是指作者对选定的论题必须有自己独特的发现和独到的见解。这主要表现在观点的“深”与“新”上：“深”就是追本溯源，探讨得既深入又明确；“新”就是有新的认识角度、新的研究方法、新的发现、新的理论见解，也即“发人所未发，言人所未言”。重复人所共知的已有结论，或者是剽窃、抄袭别人的成果都是绝对不允许的。

3. 科学性

科学性是指学术论文的作者在正确的世界观与方法论的指引下，科学地揭示事物的本质及其发展的客观规律，并以具有普遍意义的科学结论的形式表现出来。学术论文的立论说理、论证过程和得出的结论都必须是科学的。科学性是独创性的前提，只有在保证科学

性的基础上的创新，才是真正意义上的独创。

4. 指导性

具有学术性、独创性、科学性的学术论文，能体现出相应时代的自然科学和社会科学的成就，其正确的学术思想观点，自然会具有导向性、引导性。人们往往要以这些最新的科学研究成果为指导，来处理人与自然、人与社会、人与人之间的关系，推动学术、科学技术和文化事业的发展，进而推动人类社会的进步，其指导性的作用是显而易见的。

二、学术论文的分类

学术论文因其研究方向、写作目的、作者身份等情况的不同，可以分为不同类型。本书主要是从学术论文的学科性质和写作者的角度进行分类。

（一）按照学术论文的学科性质（研究对象）的不同，将其分为社会科学论文和自然科学论文两大门类

社会科学论文主要包括：哲学、经济学、政治学、社会学、管理学、语言文学、文艺学、新闻学、历史学、民族学、法学等学科的学术论文。

自然科学论文主要包括：天文学、物理学、化学、数学、农学、工学、医学等学科的学术论文。

（二）按照学术论文写作者的不同，将其分为专业研究人员论文和大学生、研究生论文两大类

专业研究人员撰写的学术论文，一般是指发表在专业性学术刊物或报刊上的论文。这种论文数量最多。

大学生、研究生撰写的学术论文，一般分为学年论文、毕业论文、学位论文等。

学年论文是大学生的一种独立作业，目的在于使学生学会运用所学的专业知识，初步掌握科学研究的方法，锻炼和提高自己运用已有专业知识去分析、解决某些学术问题的能力。

毕业论文是大学毕业生独立从事科研活动写作完成的学术论文。它可以用来衡量大学生在大学阶段运用所学专业知识分析、解决实际问题的科研能力和学术水平。

学位论文是学位申请者为申请学位而撰写的学术论文，它一般分为学士、硕士、博士三级。学士学位论文要求对所研究的课题有一定的新见解，篇幅一般在一万字以上；硕士学位论文要求对所研究的课题有新的发现和独创性的见解，篇幅一般在二万字以上；博士学位论文要求在所学学科、专业或专门性科学技术的研究上取得创造性的研究成果，论文的学术价值具有原创性（独创性），能够“自成一家之言”，能反映出作者对本学科拥有渊博的知识和相当高的科研能力与学术水平，篇幅一般要在十万字以上。

三、学术论文的写作

学术论文的写作一般分为四个阶段：写作前的准备阶段、拟定提纲阶段、撰写正文阶段、修改定稿阶段。

（一）写作前的准备阶段

这一阶段重点解决两个问题：一是学术论文的选题，二是搜集整理信息资料。

1. 学术论文的选题

选题很重要，选好题是写好学术论文的关键。选题即发现和确定研究课题和论题。选题的意义主要在于确定学术论文写什么，也即确定研究的对象、内容和目标。没有论题或选不好论题，学术论文的写作就无法进行；即使勉强为之，也毫无学术意义。

学术论文的选题必须遵循三个重要原则：一是选择客观上具有现实意义和学术价值的论题；二是选择主观上有利于自己充分展开研究的论题；三是选题的关键（着眼）点在于创新性。

（1）选择客观上具有现实意义和学术价值的论题。具体讲，要能抓住以下几个着重点：

一是选择现实中亟待解决的理论与实践问题进行研究。诸如对当今有关贯彻落实科学发展观、构建社会主义和谐社会、实现中部崛起、社会主义新农村建设、产业结构的调整与经济增长方式的转变、经济全球化面临的挑战与对策等理论与实践问题的研究即是。

二是选择科学技术上的新发现、新创造的论题进行研究。例如湖北省监利县黄歇口镇小学六年级女学生聂利（12 岁）2003 年撰写的科学小论文《蜜蜂并不是靠翅膀振动发声》即是，该文获第 18 届全国青少年科技创新大赛优秀科技项目银奖、高士其科普专项奖，同时获第六届宋庆龄奖学金。

三是选择能够填补学科研究领域空白的论题进行研究，即选择前人没有研究过、没有解决的论题。在这类论题的研究上取得突破，将是对人类社会的重大贡献；仅是能提出问题，也是功不可没的。例如，杰出的地质学家李四光针对新中国成立之初石油贫困的现状，把石油普查勘探作为研究课题，针对多年来西方地质学权威的“中国贫油论”，运用自己创立的地质力学理论和方法，提出了找油的关键不在“陆相”和“海相”，而在于有没有“生油”与“储油”的条件，在于对地质构造规律的认识的观点。后来据此理论进行勘察，终于在我国陆续发现了大庆、大港、胜利等一系列大油田，摘掉了“中国贫油”的帽子。他的研究填补了我国地质学和石油开发领域的空白，为中国社会的发展作出了巨大的贡献。

四是选择纠正不正确的或过时的通说为论题进行再研究。一般商榷型、争鸣型的学术论文即是，如《虚构：不属于散文——与散文“虚构说”之争鸣》①。

五是选择对前说进行补充使之更完善的论题进行再研究。例如《邓小平的教育理论观》② 一文，针对已有的多篇研究论文对这一论题论述的有限性和欠系统性，归纳出邓小平教育理论观的主要内容和思想体系，将其对我国教育事业的贡献具体概括为七个方面：其一，为我国教育事业的发展确定了地位；其二，确定了办学方向和教育方针；其三，确

① 杨立元：《虚构：不属于散文——与散文“虚构说”之争鸣》，载《写作》，2003（13）。

② 杜福磊：《邓小平的教育理论观》，载《河南社会科学》，2001（2）。

定了人才培养目标；其四，确定了领导职责；其五，确定了教师的社会作用和社会地位；其六，确定了改革和发展的方向；其七，确定了今后教育事业发展的主要任务和要求。全文从这七个方面对前说进行了补充和丰富，形成了较为完整的邓小平教育思想理论体系框架。

（2）选择主观上有利于自己充分展开研究的论题。具体讲，要能抓住以下几个着重点：

一是要对所选的研究论题有了浓厚的兴趣。爱因斯坦曾说过：兴趣是最好的老师。对于某一论题有了浓厚的研究兴趣，学术研究和论文写作就会变成一种快乐，这样就会产生一种内在动力，作者往往会对信息资料的搜集、选用很敏感，也容易产生写作灵感，从而写出见解独到的学术论文来。

二是要考虑所选论题能够充分发挥自己的业务专长。术业有专攻，研究领域要有专门方向。选择专业对口的论题进行研究，容易发挥自己的业务专长，能够使研究工作顺利、充分展开，从而取得学术研究成果。

三是选题要大小适中、难易适当。选题时，要正确估量自己的研究能力和水平，考虑占有学术信息资料和完成时间要求等各方面的客观条件，也即要选择自己能够驾驭和把握的论题去研究。选题过大，研究能力不够，不容易写得深刻透彻，难免失之浮浅；选题过小，没有足够的扩展空间，发挥不出自身的学术实力和水平，也体现不出论文的学术价值；选题太难，结果是心有余而力不足，不能很好地解决学术问题；选题过易，体现不出论文的学术性和理论价值。只有选择大小适中、难易适当的论题进行研究，才能取得最佳的学术成果。例如《论我国行政诉讼制度的立法完善》与《论我国行政诉讼起诉期限的立法完善》两个论题，要写好这两篇论文，就要根据自己的研究能力和获取信息资料的条件，考虑好选题大小适中、难易适当的问题。

四是选题要考虑是否具有获取信息资料的条件。任何有价值的科研活动，首先必须全面获取相关的文献信息资料，了解本论题已有的研究成果和最近出现的新理论与新观点，这样才能做到“人无我有”、“人有我优”、“人误我正”。所以，选题必须考虑能否充分占有学术信息资料。

五是选题要考虑是否便于得到导师的指导。对于大学生、硕士生、博士生的学术论文写作来说，考虑到这一条也很重要。

（3）选题的关键（着眼）点在于创新性。学术论文是学术研究的创新成果，创新性是学术论文的生命力所在，学术论文的价值就取决于其创新性。学术论文如果没有创新之处，也就根本称不上是学术论文。所以，学术论文选题的关键点在于创新，这也是一条重要的选题原则。

2. 搜集整理信息资料

在学术论文的选题确定之后，下一步的工作就是根据确立的选题尽可能多地搜集可供研究参考的信息资料。任何科研活动都不是凭空进行的，都必须以前人的知识成果为基础。所以，要进行有价值的科研，首先必须全面地获取有关文献信息资料，及时了解各学科领域中出现的新问题、新理论、新观点和新成果。应该说，掌握大量的相关信息资料是确定选题的基础，而搜集整理信息资料又是写好学术论文的基础。

(1) 搜集信息资料的途径。

搜集信息资料主要应从三个方面着手：

一是从直接经验中获得，即通过亲自参加社会实践，从对社会生活的观察、体验、调查研究中获得第一手资料。

二是从间接的文字记载中获得，即从各种文献书籍、报刊和计算机网络中检索搜集得到的第二手信息资料。这些信息资料主要是前人和同行专家、学者的学术研究成果资料。通过检索搜集到的各种文献信息资料，根据其出版形式可划分为九类，即图书、期刊、报纸、科技报告、会议文献、专利文献、学术论文、档案文献和政府出版物。

图书是已有的出版物。查找与课题相关的图书时可利用图书馆的卡片式馆藏目录、附录式书目或参考文献目录以及检索工具书刊（如综合性书目、专题性书目、征订目录、图书年鉴）等途径搜集信息资料。

期刊和报纸习惯称为报刊，可供查阅的常用报刊有：《复印报刊资料》（中国人民大学书报资料中心）、《全国报刊索引》（上海图书馆）、《全国高等学校社会科学学报总目录》（高等学校社会科学学报编辑部）、《中国近代期刊篇目汇录》（上海图书馆）、《国外社会科学论文索引》（中国社会科学院文献情报中心）等。

科技报告是获得大量最新情报资料的重要渠道。

会议文献是准确、及时掌握有关学术领域发展新动向、新成果的信息资料的重要渠道，可通过中国科学技术情报研究所编辑的《国内学术会议文献通报》、国际协会联合会编辑的《国际会议会议录、论文、报告、近期文摘书目》等进行查阅。

专利文献是及时提供大量产权信息、技术信息的重要信息源。

学术论文（尤其是专家学者、硕士、博士的论文）带有一定的独创性，是具有较高参考价值的学术信息资料。可利用学位论文数据库（如 CDDB）来查找有关学位论文。

档案文献是直接的历史纪录，是从事相关课题研究不可缺少的基本历史信息资料。

政府出版物包括国家的方针政策、司法资料、法律规章制度、决议指示、统计资料、各部门科研报告、技术政策文件等，这些对研究国际国内问题，了解国际国内的政治形势、经济政策、科技发展状况等具有重要的参考价值。

另外，搜集信息资料还可查阅学术性较强的综合性文摘，如《新华文摘》、《高等学校文科学报文摘》、《现代外国哲学社会科学文摘》、《学术文摘卡片》等。

利用计算机网络查询信息、搜集资料，已成为当今搜集信息资料的重要方式。

三是通过科学实验的途径获得。通过科学实验的手段，取得数据、结论等资料，这是撰写自然科学论文搜集资料的重要途径。

(2) 搜集信息资料的方法与要求

搜集信息资料的具体方法有三：一是做信息资料卡片；二是写读书笔记；三是做信息资料的下载、编排、剪报工作。

搜集信息资料的要求主要有二：

一是要紧紧围绕学术论文的论题有目的地搜集资料，范围要全面，不可太窄。选题确定以后的搜集信息资料是一种有目的的聚材，因此，一定要紧紧围绕论文的论题进行搜集。但这并不是说搜集资料的范围可以定得很窄。凡与该研究论题有关的信息资料都要尽可能多地搜集，这样才有利于该论题的研究，从而写出立论有说服力、能形成学术思想体系的高质量的学术论文。

二是要注意搜集思想理论性强的信息资料，充分体现出学术色彩。学术论文的搜集资料不同于文学创作，它不以能引起感觉表象和情感波动的感性材料为主，而是以认识深刻、有独到的思想感知性的理性信息资料为主。因此，在搜集资料的过程中，要注重搜集那些思想理论性强的信息资料，才能使论文写作体现出很强的学术色彩。

（3）鉴定整理信息资料。

即对搜集到的信息资料进行分析、鉴定、整理、筛选，明确其与自己论文论题的新与旧、真与伪、优与劣、远与近、相关与无关的关系。新的、真的、优的、近的、相关的信息资料就可保留以备选用，否则就应弃而舍之。

在整理资料时，要通过认真分析、研究进行分类排队，最后确定信息资料的主次、先后，确定哪些可以作为总论点，哪些可以作为分论点，哪些可以作为论据等。然后对它们进行具体分类编号，以便撰写论文时选用。

（二）拟定提纲阶段

在对信息资料的鉴定整理和筛选过程中，我们已经基本上形成了总论点和分论点的论文构架，再通过逻辑分析和有机排列便能形成学术论文的写作提纲。写作提纲就是学术论文的总体序列框架。

拟制写作提纲，应总体考虑以下几个主要方面：立论（确立什么样的论点、从何种角度提出、在中心论点下面设置哪几个分论点等）；选材（为了证明文章所提出的论点，需要选用哪些材料为好，哪些是有典型性、新颖性并且可用的好材料）；布局（为了证明论点，需要设置哪几个部分，每一部分又需要设置几个段落）；谋篇（如何开头、如何结尾、如何总述、如何分述 、各部分前后如何衔接）等，都要通盘规划，全面设置。

为了便于科技信息系统的收集、存储、检索、传播和交流，同时也照顾到国际长期沿用的撰写科技学术论文的惯例，国家标准局于 1987 年颁布了《科学技术报告、学位论文和学术论文的编写格式》（GB7713—87）和《文后参考文献著录规则》（GB7714—87）两份标准文件，以此作为写作科技报告、学位论文和学术论文共同遵守的依据。

1. 学术论文的结构形式图

学术论文的写作按照标准文件的规定，其完整结构形式一般由以下几个部分组成（见图 11—1）。拟定学术论文的写作提纲也应包括如下主要部分：

拟定学术论文的提纲应（按结构图的顺序）先拟标题，再拟正文的纲要。

2. 拟定标题

拟定标题（题名）很重要，人们常说“题好文一半”，所以，要精心拟定学术论文的标题。

拟定标题常用下列方法：

（1）标题揭示论题，即把研究的论题加以概括作为标题，直接指明研究范围、方向和内容。例如《论市场经济条件下刑事抗诉制度的完善》、《当代名作家的创作危机》等即是。

（前置部分）
一、题名（论文题目）
二、作者姓名和单位
三、摘要
四、关键词
（主体部分）
五、引论（提出问题）—1
六、本论（论析问题）—2
- 2.1（分论点）
- 2.2（分论点）
  - 2.2.1
  - 2.2.2
  - 2.2.3
    - 2.2.3.1
    - 2.2.3.2
    - 2.2.3.3
- 2.3（分论点）
- 2.4（分论点）
  - 图 1
  - 图 2
    - 表 1
    - 表 2

七、结论（解决问题）—3
（后置部分）
八、致谢（对指导和帮助者的感谢）
九、参考文献（或注释，引用参考过的文献资料名称要详细列出）
十、附录
（说明：示意图中括号部分的内容为作者加）

图 11—1　学术论文结构示意图

（2）标题直接揭示论点，即标题直接表明学术论文的中心论点，如《论中国现代传记文学的民族特色》、《感情确已破裂是准予离婚的法律依据》等论文标题即是。

（3）采用正副标题式。正标题标明研究的方向、意义、内容和价值，副标题用来说明研究的对象、范围或选题的原因，如《论加强最高人民检察院的司法解释权——兼与×××等同志商榷》、《崇高丰厚的精神境界——当代散文发展观》等。

拟定标题要注意四点：一是标题要直截了当，即要直接揭示论题或论点，使读者一看标题便知论文的主要内容。二是标题要准确得体，即标题要准确反映论文的内容，要选择最恰当的语言来概述研究的论题和内容，做到言简意赅。三是标题要醒目新颖，即能对读者产生强烈的吸引力和启发性。四是标题要力求简短精练，这样的标题才会醒目、鲜明、易记。一般规定标题不宜超过 20 个汉字。要根据论文内容的需要拟定标题，标题在不能简短的情况下，可采取设置正、副标题的方式处理。

3. 拟定正文提纲

正文包括引论（绪论，提出问题）、本论（具体分析论证问题）、结论（解决问题）三部分。拟写提纲的方式有两种：

（1）标题式提纲，即用类似标题的语言形式先确定大标题，再安排大标题下的小标题，把总论点、分论点与论据等各部分之间的内容概括地写出来。如《执法不严探析》[①]

---

① 刘清生：《执法不严探析》，载《行政与法》，2003（2）。

一文的提纲：

引论：现阶段存在执法不严问题

本论：

一、行政执法是实现依法治国的关键

二、执法不严的原因分析

（一）人的原因

（二）领导体制的原因

（三）地方政府首长选举制度的原因

（四）监督机制的原因

三、执法必严的立法措施

（一）加紧制定《中华人民共和国人民代表大会监督法》

（二）加速制定《中华人民共和国行政执法法》

结语：依法治国必须有法可依、执法必严

（2）句子式提纲，即用表述完整的句子分别把大层次（总论点）、小层次（分论点）的主要内容按一定的逻辑顺序排列出来。例如：

标题（题名）：《论林非的散文理论观》①

引论（绪论）：林非在长期的散文理论研究中，逐渐建立起了自己的散文艺术理论体系，主要由五个方面（五论）构成。

本论：

一、散文研究范畴论（略）

二、散文本质特征论（略）

三、散文创作艺术论

（一）"一切出于真挚和至诚，才是散文创作惟一可走的路"

（二）"率直和诚恳地进行内心生活的展示"

（三）强调追求深沉思考的内涵

（四）追求强劲的思想冲力和饱蘸着浓烈的现代观念

（五）散文是跟读者对话和谈心的文体

（六）充分地表现出个性化的艺术张力

（七）充分地表达出自己的真知灼见

（八）散文创作要自由自在和无拘无束地行文

（九）散文的语言应具有流畅、单纯和洁净的美质

四、散文审美鉴赏论

（一）界定了审美鉴赏的尺度

（二）提出了审美鉴赏和批评的标准

（三）提出了审美鉴赏的途径和方法

（四）确立了审美创造和鉴评的目标

---

① 杜福磊：《论林非的散文理论观》，载《河南社会科学》，1998（5）。

五、散文写作使命论（略）

结论：林非在五大研究领域作出了开拓创新性的重大理论贡献，建构了系统的现代散文理论体系，对新时期散文理论研究和散文创作的繁荣与发展起到了承前启后的巨大推动作用。

（三）撰写正文阶段

正文一般由主体部分的引论、本论、结论三个主要部分构成，也包括前置部分的摘要、关键词的写作和后置部分的致谢、参考文献（或注释）、附录、英文摘要的写作。

1. 引论

引论又称绪论、引言、序论、前言。这是学术论文的正文开头部分。

这部分的写作一般包括以下内容：

（1）提出问题，指明论题的来历，表明作者的观点和见解；

（2）指明研究该论题的理由、目的和意义；

（3）概括全文论述的主要内容或得出的结论；

（4）概括介绍该论题研究的历史和现状，诸如已有哪些主要观点、自己对这些观点的看法、还有哪些问题没有解决等；

（5）指明该论文研究的理论依据和主要研究方法等。

这五个方面的写作内容，要根据学术论文写作目的和篇幅的长短而定。

2. 本论

本论是学术论文的主要部分，它要详细论述作者的研究成果，完成由总论点、分论点和用论据证明论点的文章内在逻辑结构的建构。其写作重点是突出作者提出的新颖、独到的理论见解，达到言之成理、自成一家之言的目的。可根据绪论部分提出的问题，或正面立论，形成己见；或进行驳论，驳倒不同观点；或持正析谬，解决疑难问题；或提出新观点，形成独创性的理论主张。总之，这一部分主要是分析、论证问题，表达出自己的真知灼见。

本论部分的写作可采取以下几种结构形式：

（1）并列式，即围绕中心论点所涉及的几个问题分别进行论述，全文几个层次（部分、分论点）的关系是并列的。如上例《论林非的散文理论观》即是，平列了林非散文艺术理论五大研究领域的诸多理论贡献。

（2）递进式，也叫推进式。它的特点是各层次（部分、分论点）之间的关系是层层深入、步步逼近，直到推出结论来。例如，上例《执法不严探析》：（引论）执法不严问题日益突出→（本论）行政执法是实现依法治国的关键→执法不严的原因（1. 人的原因；2. 领导体制的原因；3. 地方政府首长选举制度的原因；4. 监督机制的原因。）→执法必严的立法措施→（结论）依法治国必须有法可依、执法必严。全文各部分的逻辑关系是递进式的。

（3）综合式，即并列式和递进式结合运用，往往是以一种结构形式为主，中间再采用另一种结构形式。如上例《执法不严探析》文中的"第二部分：执法不严的原因：1. 人的原因；2. 领导体制的原因；3. 地方政府首长选举制度的原因；4. 监督机制的原因。"此即为全文递进式中的并列式。

形式是为内容服务的，主体部分的写作采用何种结构布局形式，要根据写作目的和内容的需要来确定。

3. 结论

结论是学术论文的最后部分。结论的内容要和引论相照应，它是围绕引论提出的问题，总结归纳本论的论证分析后得出的最后结论，以圆满解决问题、建立起自己的学术观点为目的。它的主要写作内容或是作者对该研究论题得出的结论性意见，或是作者对该研究论题提出的探讨性意见，或是作者对还有些未解决的问题提出的某些研究设想等。总之，结论部分要回答、解决引论中提出的问题，完成论文的研究目标。

4. 关于前置部分摘要、关键词的写作

如学术论文的结构示意图中所示，学术论文的写作格式包括三大部分：前置部分、主体部分、后置部分。前置部分主要包括标题（题名）、作者姓名和单位、摘要、关键词。

（1）摘要的写法。

摘要，即对学术论文的内容作准确、简明扼要（而不加注释和评论）的概述。摘要的作用有三个方面：一是为情报人员提供准确无误的文摘；二是供计算机检索使用，缩短读者的检索时间；三是为读者了解、选择和阅读论文提供方便。

摘要的写作要求是：简要而不简单，也即用概括的语言表述该论题研究的内容、目的、结果和结论等。有两种写法可供参考：一是提纲式写法，即用概括性的语言把行文之前编写的论文提纲组成一篇短文，就可形成一条较好的摘要；二是标题式写法，即以论文中的一级标题为中心，再把二级、三级标题加上一些组织性语言，合在一起，就可组成一篇论文的摘要。

（2）关键词的写法。

关键词是将论文中能表达主要内容特征和属性类别的关键性词语（或学术术语）选列出来组成的。它主要是为文献检索服务的。每篇论文约选 3 到 7 个关键词，应尽可能利用《汉语主题词表》中提供的规范词。关键词的标引次序应根据其含义由大到小、由内容到形式排列，中间用分号隔开。关键词位于摘要的下方。例如，《鲁迅研究史上的一部力作——重读〈鲁迅与中国文化〉》一文的关键词："鲁迅研究；分析；诠释；开拓；研究思路；思考空间"。[①] 一看关键词，便能知晓该论文的主要研究内容、研究方法和学术特色。

5. 关于后置部分的致谢、参考文献（或注释）、附录、英文摘要的写作

（1）致谢。

致谢是对那些在自己的学术论文研究和写作过程中给予过自己指导和帮助的人，以书面形式致以感谢，以表示对他人劳动的尊重。致谢不是非写不可的，可根据需要而定。

（2）参考文献（或注释）。

正文之后还要附上自己撰写学术论文过程中参考过的文献资料。参考文献是指参考、查阅并被作者引述过的文献资料。参考文献的写作作用有二：一方面表示对他人劳动的尊重；另一方面表明作者科学而又严谨的治学态度。再者，不详注参考文献还容易引起侵权纠纷。

---

① 张永泉：《鲁迅研究史上的一部力作》，载《广播电视大学学报（哲学社会科学版）》，2006（1）。

参考文献的著录格式按照规定要求一般包括：作者（或编、著者）姓名、标题（或书名）、出版社（或期刊名）、出版日期、页码等内容。

一般是长篇论文（一万字以上的）要列出详细参考文献；万字左右的论文有的刊物要求要列出参考文献，有的刊物要求要列出详细引文注释。

注释也称注解，用于对文中的引用部分进行注明。注释内容包括被引文的作者、篇名或书名、出版社或报刊名称、出版或发表具体时间、第几期、具体页码等。如果是转引，则应写明转引的篇名或书名、作者、出版社、日期等相关内容。注释的类型有夹注、脚注、尾注三种。

夹注是在正文中用圆括号的方法对注释对象加以解释。一般用于古代典籍名篇的引注，或比较容易查找的篇目的引注。例如“诗言志”（《尚书·虞书》）；“先天下之忧而忧，后天下之乐而乐”（范仲淹《岳阳楼记》）等。

脚注就是把注释的内容列于本页的地脚，并用细线与正文隔开。脚注符号一般用数字①、②、③……表示。文中的注号写在该注对象的右上角，如“八荣八耻说”[①]。而地脚下每一条脚注都要另起一行书写。一般专著和教材的撰写多用这种注释方式。

尾注是把所有需要注释的内容集中列在正文之后（与正文隔开的细线下）进行逐一注释，其符号多用数字①、②、③……逐一排列下来。学术论文写作多用这种注释方式。

（3）附录。

附录是学术论文主体部分的补充项目，并不是必写项目。在论文的写作过程中，有些资料与论文相关而又不宜列入正文，这时可采用附录形式附在论文后面。这些资料或是珍贵的，或是有重要参考价值的，或是篇幅较长的，如果放在正文中可能有损论文的条理性和完整性。这时就需要开列“附录”一项。“附录”二字居中书写，独占一行，下面再把附录的相关资料排序，逐一列出。

（4）英文摘要。

联合国教科文组织规定：全世界公开发表的科技论文，不管用何种文字写成，都必须附有一篇短小精悍的英文摘要。我国的大多数期刊和论文集都有英文摘要。英文摘要的写作内容一般包括：论文题目、作者姓名、内容摘要等。从全篇论文看，中、英文摘要（即与正文前面的摘要）必须对应，但不要求逐字翻译，篇幅一般在250～500字之间。

需要说明的是，学术论文的格式虽然标准化，但并不是绝对的，因此，在撰写学术论文的过程中，可以根据实际需要，灵活地运用上述格式。诸如致谢、附录等项，可根据需要进行取舍。

（四）修改定稿阶段

初稿完成后，要进行认真修改。修改主要是审改：论文的观点是否表达得明确、集中、突出；观点是否建立在可靠的、充分的论据材料基础之上；观点和材料、论点和论据是否有机统一；论证过程是否具有逻辑性和很强的说服力；全文是否具有创新性的学术价值等方面。直到修改得能够确认是观点正确、新颖和独到，论述条理清晰，行文逻辑性强，语言表述准确、严谨，全文具有很强的理论性和学术性时，才可定稿缮印，最终完成学术论文的写作。

第三节　毕业论文

一、毕业论文的概念

高等院校各类毕业生（包括秘书专业的毕业生）为获取毕业文凭（学历、学位证书）而撰写的论文统称为毕业论文。它是学生在校期间学习成果的总结，是毕业生学识水平、创新能力、思维能力、研究能力、写作能力等的综合反映。毕业论文其实质即属于学术论文。

二、毕业论文的作用

（一）用以检验教学质量和效果

毕业论文从选题、构思到写作的全过程，是学生综合运用专业知识，分析问题、研究问题、解决问题的实践过程，它是高等院校总体教学活动中的一个重要环节。毕业论文的质量直接反映出该院校、该专业教学质量和教学效果的实际水平。

（二）用以检验学生的学业水平

毕业论文要求毕业生用在校期间所学的专业知识进行研究和写作，论文水平的高低直接体现出毕业生的综合素质和学业水平的高低。

（三）可以使学生的科研能力得到规范化的训练和提高

毕业论文要求各级毕业生在教师指导下，综合运用所学专业知识，查阅文献资料，从事调查研究，或进行设计实验，从而发现研究课题，并提出问题、分析问题、解决问题，最后完成论文的写作。这一过程实际上就是对从事科学研究工作所必须具备的学识、思维、创新、科研、写作等综合素质和能力的基本训练。毕业论文是学术论文的基本形式，写作毕业论文是一种有益的尝试，它能为今后从事科研工作打下良好基础。同时，通过一些优秀的毕业论文评选，还可以发现人才、选拔人才。

三、毕业论文的特点

毕业论文和一般学术论文相比较，除具有一般学术论文的共性外，还具有下列个性特点：

（一）时间的限定性

毕业论文必须在在校期间的最后学习阶段完成，一般是要在学校规定的时间内完成。

(二)作者和内容的特定性

毕业论文的作者必须是高等院校的各学历教育层次的应届毕业生。毕业论文的内容必须是在校学习期间所学专业范围内的有关内容。

(三)样式的规定性

毕业论文的样式有特殊的规定，一般由学校统一印制，设计统一的封面、封底。封面印有学校、院或系、专业、班级名称、论文题目、作者姓名、写作时间等内容。封面后加衬页，写明目录和内容提要。封底有指导老师、论文等级、评语等栏目内容。

四、毕业论文的分类

毕业论文按学历层次分，通常分为毕业论文、学士论文、硕士论文、博士论文四级。

(一)毕业论文

毕业论文是大学应届毕业生为获得大专文凭或成人本科文凭而写作的专业学习总结性的学术论文。它要求论点正确、明晰，论据充实，表述清楚，体式完整，有一定的独到见解。篇幅一般在 7 000 字左右。

(二)学士论文

学士论文是大学本科应届毕业生为获得学士学位而撰写的毕业论文。学士论文要求作者综合运用大学本科期间所学的专业理论知识，系统阐释本学科或专业内某方面的学术问题。学士论文要求论点正确、明晰，论据充实，论述清楚充分，体式完整，有独到的见解。篇幅一般在一万字以上。学士论文经答辩合格后方可获得学士学位。

(三)硕士论文

硕士论文是攻读硕士学位的研究生毕业前为获得硕士学位而撰写的毕业论文。硕士研究生的学习已属专业研究性质的学习，论文的写作要在导师的指导下进行。硕士论文除了要求做到论点正确、证据充实、论述清楚充分、体式完整外，还要求有一定的独创性，即具有学术上创新性的特色。篇幅一般在二万字以上。硕士论文答辩通过后作者方可获得硕士学位。

(四)博士论文

博士论文是博士研究生毕业前为获得博士学位而撰写的毕业论文。博士研究生的学习过程，实际上是在学有专长、有权威的教授专家指导下进行的高水平的科学研究和专业深造过程，而博士论文是对这种较高水平的科学研究成果进行的总结和表述。因此，博士论文要求必须具有较高的学术水平，也即具有原创性的学术价值，它属于很优秀的学术论文。篇幅一般在 10 万字以上，有的篇幅多达 20 余万字。博士论文答辩通过，作者方可获得博士学位。

五、毕业论文的写作

毕业论文的写作和一般学术论文的写作要求基本相同，也有一些需要掌握的特别要求。

（一）选题

毕业论文选题除应符合学术论文选题的一般要求外，还要注意以下四点：

第一，要在自己所学专业范围内选题。毕业论文写作的目的就是要考查毕业生在校学习和研究期间的学识水平，因此，论文选题不应超出所学专业的范围。在自己所学专业的范围内选题，写起来才能得心应手。

第二，选题要注意扬长避短。其要求有二：一是要选择能够发挥自己学习和研究专长的题目；二是要选择自己占有资料优势的题目。这样就比较容易触发新思维，实现创新性，体现权威性，写出新意来。

第三，所选题目要大小适中。毕业论文不但有时间限制，而且一般还有字数要求。因此，题目必须大小适中。题目过大，论文内容铺得过开，涉及面太广，解决问题和写作难度大，不易完成，可能半途而废。题目过小，则限制了学术思想的充分展开，影响学术水平和科研能力的发挥。

第四，选题时间要适当。过早考虑选题，则学识水平不够，选不出好论题；选题过晚，则不能按时完成和提交毕业论文，影响毕业。大学三年制专科学生，第五学期一开始就要考虑选题；本科学生进入第四学年第一学期就应该考虑选题；硕士研究生是入学一年以后就要开始考虑选题；博士研究生多数人是带着科研课题入学的，而且学术论文的质量要求很高，篇幅较长，因此，毕业论文选题时间应更早一些。

（二）搜集和整理资料

搜集和整理资料的工作分四步完成：

第一步：普查资料。就是根据论文题目，搜集占有相关的全部资料，包括同专业领域内已发表的专著、论文、统计数据等学术信息资料。

第二步：筛选资料。就是对已经占有的资料进行研究、分类，并进行编号，以备写作时选用。

第三步：整理资料。就是按已经分出的类别，仔细阅读每份资料，用编号卡片做摘要和读书笔记。并在阅读、分析的过程中，记下资料中的主要观点、纰漏和阅读时随时产生的各种想法，以及资料的详细出处（如书名、刊名、作者、出版单位、年度、期数、页数等），以备写作时选用、查对。

第四步：对摘要和笔记、卡片进行再研究和整理，由此提炼出论文的主题、总论点与分论点来。

（三）拟定提纲

提纲的拟定方法可参考本书“学术论文”一节。

（四）撰写初稿

毕业论文内容的撰写大体上与一般学术论文相同。只是在形式上，国家标准局有关文件对毕业论文作了特殊规定，要求必须由以下几个部分组成，并且形成了固定的结构形式：

一、标题名称

二、作者单位及姓名

三、摘要（同时英文翻译）

四、关键词

五、引论—1

六、本论—2（注：同学术论文的本论结构）

七、结论—3

八、致谢（对曾帮助过自己的人）

九、参考文献（资料名称一一列出）

十、附录

（五）修改定稿

毕业论文初稿完成后，要从内容到形式各方面进行反复修改，直到自己满意为止。然后送交指导老师进行指导；根据指导老师的修改意见再进行修改，最后定稿。

定稿后，要打印装订成册，等待参加论文答辩。

六、毕业论文的答辩

（一）答辩的意义

论文答辩是审查论文质量和学术水平的一个重要环节。答辩的主要目的是考查论文的真伪，检查论文的质量和核定论文的成绩。论文答辩委员会要询问论文的主要形成过程及创新之处，还要对论文中有些不详细、不恰当、不清楚之处提出疑问，并要求毕业论文作者在答辩会上作出回答，以便进一步了解作者立论的依据以及分析问题和解决问题的能力。毕业论文答辩的考查范围一般限于论文本身所涉及的学术问题。

（二）答辩的程序

毕业论文答辩按准备、自述、提问、答问、宣布结果的程序进行。

1. 准备

一般要从以下几个方面作好准备：

（1）选择该课题作为研究对象的原因、目的以及该论题研究的价值、意义；

（2）该论题研究的历史、现状与前人已有的研究成果以及存在的主要问题；

（3）自己有什么新发现、新见解、新观点，提出和解决了什么新问题；

（4）论文的主要观点和立论的依据是什么，引用的资料有哪些。

这些都是答辩委员会成员可能提出的问题。

2. 自述

答辩开始，作者一般要用10～15分钟的时间向答辩委员会陈述以上准备的内容。自述时要注意抓住重点，简明扼要。

3. 提问

答辩委员会成员就作者的陈述和阅读论文时所找出的与论文有关或论文本身存在的问题向作者提问。对作者一般会提出三至五个问题，由答辩人（毕业论文作者）先记录下来。

4. 答问

提问和记录完毕后，作者退场，自行准备 20～30 分钟；然后重新回到答辩现场，逐一回答答辩委员会成员提出的问题。

5. 宣布结果

答问结束后，作者退场。答辩委员会针对作者的自述、答问情况，并结合毕业论文的撰写情况进行评议，再就论文答辩是否通过进行无记名投票。然后作者重新入场，答辩委员会主席当场宣布评议结果和论文评定的成绩。至此，论文答辩结束。

（三）答辩的注意事项

第一，必须熟悉自己撰写的论文的主要内容、主要观点与主要创新点。答辩的内容，都和论文相关，但论文的主要内容、主要观点、主要创新点是应熟知的重点。因此，答辩前必须反复研读论文，把这些重点熟记于心。

第二，自述要简明扼要，客观公正。自述时间很短，因此必须简明扼要，不能详细分析。另外，自述往往是答辩委员们提问的主要依据之一，因此，必须做到准确客观。具体讲就是对该课题研究的历史、现状及存在的问题，自己的新发现、新见解和主要观点等，在自述时，表述一定要准确客观，不能出现偏颇和漏洞，以免给答辩造成麻烦。

第三，态度要沉稳、谦虚、平和。自述和答问时要做到沉着、冷静，不要怯场，用准确流畅的语言清晰而有序地表述和回答每一个问题。无论答辩老师对自己的论文提出什么问题，都要认真细心听取并耐心地回答。即使自己的意见、观点和老师的不能完全统一，也不可当场针锋相对地进行反驳，只能正面陈述自己的意见和见解，态度要显得沉着、谦虚和平和，以尽量争取导师的认可。

论文答辩结束后，要认真思考答辩老师提出的问题，及时总结这次毕业论文写作的经验与教训。这对自己以后的学术研究会有借鉴意义。

例文

加快构建中原经济区自主创新支撑体系

谷建全

摘要：中原经济区建设是河南科学发展的主要载体和平台，自主创新体系是中原经济区建设的主要支撑，自主创新体系既包括创新要素、创新机构、创新主体、创新机制和创新环境等内容，也涵盖学术、科研、技术、产业、市场、政策、文化等多个范畴和环节。构建中原经济区自主创新体系重在加强科研创新体系、技术创新体系、创新服务体系、创新支撑条件、宏观管理体系和自主创新环境建设。

关键词：中原经济区；自主创新；创新体系建设

中原经济区是中原崛起、河南振兴的重要载体和平台。建设中原经济区，必须突出科学发展这一主题，贯穿经济发展方式转变这条主线。建设自主创新体系是转变发展方式、实现科学发展的内在要求，是全面落实科学发展观的重要实践，是提高区域竞争力的根本途径。因此，必须着力于推进中原经济区自主创新体系建设，从根本上解决自主创新能力不强的问题，为中原经济区建设提供强力的科技支撑。

一、中原经济区自主创新体系建设的基础

自主创新体系是提高自主创新能力的基础和前提。自主创新体系既包括创新要素、基础机构、创新主体、创新机制和创新环境等内容，也涵盖学术、科研、技术、产业、市场、政策、文化等多个范畴和环节。改革开放30年来，河南深入实施“科教兴豫”和“人才强省”战略，科技、教育和高新技术产业进入一个新的历史阶段，这为新时期加快中原经济区自主创新体系建设奠定了良好的基础。

1. 科研体制改革取得显著成效

改革开放以来，为促进科技与经济的紧密结合，河南在推进经济体制改革的同时，不断加快科技体制改革的步伐，根据国家科技体制改革的总体部署和河南科技发展的需要，一是进行了技术开发类科研机构企业化改革。2001年到2002年底，28家省属转制科研机构全部建立了基本养老保险制度，完成了企业工商注册登记。二是进行了转制科研机构产权制度改革。自2003年7月到2006年底，对省属26家转制科研机构进行了产权制度改革，成立了产权多元化的股份制公司并正式挂牌运营。三是进行了社会公益类及农业类科研机构分类改革。通过科研机构的分类改革，激发了科研机构自主创新的积极性和主动性，增强了科研机构的经济实力和创新能力，极大地促进了科研与生产的有机结合。

2. 自主创新能力不断提高

改革开放以来，随着科教兴豫战略的稳步推进，河南省坚持把增强自主创新能力作为科技发展的战略基点和调整优化产业结构、转变经济发展方式的中心环节，着力推进高新技术产业化、传统产业高新化和科技经济国际化，加快构建以企业为主体、政府为引导、市场化运作、产学研结合、适应市场经济和科技自身发展规律的自主创新体系，并围绕做大做强传统优势产业、培育发展战略性新兴产业，实施了一批重大科技专项，促进了河南在一些关键领域自主创新能力的提高，如许继、平高实施的特高压输变电装备专项，成功开发出直流＋800KV输电控制保护设备和换流阀、交流750和1 100KVGIS（组合开关），已中标国家工程近30亿元。郑煤机实施的大采可靠性液压支架及电液控制系统专项，投入批量生产后可望占领80%的全国市场。

3. 企业自主创新主体地位不断加强

随着市场经济的发展和经济全球化进程的加快，河南企业自主创新意识不断增强，自主创新活动日趋活跃，技术创新能力稳步提升，并逐步成为全省研发投入主体、技术创新主体和成果转化主体。2009年，全社会R&D投入中企业已占到65%左右。新培育国家和省级创新型企业156家，许继、平高、中信重机、华兰生物等多家企业进入国家级创新型试点企业行列，数量居中部地区首位。企业创新平台建设不断加快，截至2009年，河南拥有企业省级技术研发中心1 013家，省级以上重点实验室75家。同时，河南通过开展知识产权人才培养、知识产权法律法规宣传培训、知识产权战略的制定和运用，引导企业健全知识产权管理制度和工作体系，帮助企业创建专利数据库等多项措施，提高了企业保护知识产权的意识和运用知识产权制度的能力。

4. 高新技术产业发展步伐加快

改革开放以来，河南高新技术产业发展经历了从无到有、从小到大的发展历程。2000

年以来河南高新技术产业增加值实现年均增长23%，高于同期工业增加值增长速度6个百分点。在高新技术产业中，电子信息、生物医药、新能源、新材料等领域已形成较为明显的技术和市场优势，成为全国重要的超硬材料、多晶硅、电池生产基地。2009年，全省规模以上高新技术企业实现工业增加值1 522亿元，同比增长25%。全省4个国家级和7个省级高新区实现工业总产值2 660亿元，同比增长20.2%；实现工业增加值806亿元，同比增长20.5%。

5. 民营科技企业不断发展壮大

民营科技企业是中国经济体制改革和科技体制改革的典型产物。近年来，河南民营科技企业进入了一个新的快速发展时期，截至2009年，企业总数猛增至13 800多家，技工贸总收入达到3 000多亿元，综合实力居全国第7位，中部六省首位。民营科技企业已成为××经济发展和自主创新的一支生力军，为河南自主创新能力提升作出了显著贡献。

6. 农业科技进步贡献率不断提高

河南作为农业大省，肩负着国家粮食安全的历史重任。改革开放以来，河南狠抓小麦、玉米等主要农作物新品种选育和推广，全省主要农作物良种覆盖率达到95%以上，其中玉米良种覆盖率100%，小麦良种覆盖率98%以上。近几年，河南省通过认真组织实施粮食丰产科技工程、科技入户工程，解决了一批制约粮食丰产的重大技术难题，形成了具有河南区域特点的粮食丰产技术体系。正是这些粮食科技成果支撑了河南粮食生产不断迈上新台阶，持续实现新跨越，为河南占全国1/16的耕地生产出全国1/10的粮食发挥了重要的作用，进一步稳定和巩固了河南粮食生产核心区的战略地位。

7. 科技创新中介服务体系日趋完善

河南省在构建自主创新体系的过程中，坚持以市场为导向、以服务为宗旨、以促进科技与经济的紧密结合为目标，大力发展科技中介服务机构，初步形成了基本覆盖全省各县市的多层次、多功能、社会化的科技中介服务体系。

一是生产力促进中心迅速发展。现已形成了以省生产力促进中心为龙头，以3个行业中心、18个省辖市中心、12个县市中心为骨干，以多个县级工作站为触角的生产力促进中心网络，能够为广大中小企业提供管理咨询、人才培训、技术评估、企业诊断和技术服务等多层次全方位的创新服务。

二是高新技术创业服务中心（企业孵化器）功能逐步完善。高新技术创业服务中心承担着孵化高新技术企业的重任，目前各类创业服务中心孵化高新技术企业的功能日益完善，到2009年，各类创业服务中心已达28家，在孵企业2 653家，培育高新技术1 000多项，实现技工贸总收入133亿元。

三是技术市场发展势头良好。2009年，全省已建省、市级技术市场30多个，成交技术合同2 834项，成交金额38.4亿元。其中技术开发881项，技术转让272项，技术咨询501项，技术服务1 180项。技术市场的迅速发展促进了科技成果向现实生产力的转化。

四是工程技术研究中心快速发展。河南省自1996年组建工程技术研究中心以来，先后组建了包括农业、电子信息、新材料、机械、生物技术、医药卫生等领域的多个工程技术研究中心。到2009年，先后组建工程技术研究中心近百个，建设国家级工程技术研究中心和重点实验室8个，省级85个；组建省级以上企业技术中心243个，其中国家级20多个。

五是科技咨询业和科技情报信息业健康发展。科技咨询业是在省市科学技术协会科技咨询服务中心的基础上发展起来的，目前在省辖市以上工商管理部门登记注册的科技咨询机构达到3 000多家，年咨询收入近亿元。其中工程咨询、专业咨询和管理咨询发展尤为迅速。2009年，全省共有省市级科技情报信息机构32个，全省情报信息系统馆藏科技图书3 000多万册，年均接待读者4万余人次，检索课题万余项，查新5 000余项。此外，全省还建立了一批科技评估、投标代理等科技中介服务机构。

8. 科技人才队伍建设取得较大进展

近年来，河南省不断出台培养、引进创新型人才的政策措施，如《关于进一步加强高层次专业技术人才队伍建设的意见》、《河南省创新型科技人才队伍建设工程实施方案》等一系列政策措施，从人才培养、人才信息平台构建，人才评价与激励，人才交流与合作等方面构筑了人才培养、引进的长效机制。2009年全省专业技术人员达到127万人，其中工程技术人员11.6万人，农业技术人员2.8万人，科学研究人员0.5万人，卫生技术人员19.7万人，教学人员9.3万人；长期在豫工作的“两院”院士已达16人，柔性引进的已有100多人；博士后研究人员达到180余人，在校博士生达到2 400多人。较为丰富的人才储量，为自主创新体系建设奠定了坚实的人才基础。

二、中原经济区自主创新体系建设存在的问题

中原经济区自主创新体系建设虽然已具较好基础，无论是创新投入、创新能力，还是创新环境、创新绩效等方面都有很大提高，但是，面对日益激烈的竞争和挑战，我们与发达地区相比还有很大差距，离中原经济区建设的要求还有很大距离，主要问题是：

1. 自主创新意识不强

不少地方和部门抓经济发展仍着眼于铺摊子、扩规模，没有形成依靠自主创新推动经济发展的自觉意识和行动。不少企业仍单纯追求数量和速度，缺乏依靠自主创新实现可持续发展的观念和动力，存在重引进、轻消化，重模仿、轻创新的现象，不注重提高企业的技术创新能力和核心竞争力，部分国有企业因产权机制和领导干部任期制等问题，缺乏自主创新的动力和活力，不少大中型企业研发投入占销售额的比重不足1%，不到工业化国家的1/4。整个社会而言，也尚未形成鼓励创新、支持创新的意识和氛围，对创新重要性的认识还有待于进一步提高。

2. 自主创新协同不够自主

创新体系内部各主体、各环节、各子系统之间缺乏紧密联系，自主创新难以发挥协同效应。主要表现在：一是存在严重的条块分割、部门分割，各单位、各部门职责、任务界定不清，交叉重叠，封闭运行，自成体系，科技要素之间相互作用少，科技资源形成严重的分离，得不到合理有效利用。二是科技研发与产业体系尚处于分离状态，如河南的军工研发体系、国家部委在豫研发体系都具有明显的创新优势，但自成体系，与地方经济社会发展联系不多，与区域自主创新体系建设存在脱节现象，科技资源优势难以转化为自主创新优势和经济发展优势。

3. 自主创新布局不合理

河南与发达地区相比，不但自主创新资源总量偏小，而且布局也不甚合理。从全省情况看，科技人员近80%，科技经费近70%，科技信息资源近60%都集中在大中城市，而占全省国土面积75%、人口总数63%的广大农村，科技资源堪称匮乏，县域自主创新缺乏必要的条件支撑。另外从科技基础条件建设来看，由于全省缺乏统一的规划和统一的布局，低水平重复建设现象突出，科技资源浪费比较严重。

4. 自主创新能力不高

由于河南目前还属于经济欠发达省份，科技投入还十分有限，严重制约了自主创新能力的提高。2009年全社会研究开发费用占生产总值的比重为0.69%，远低于全国1.57%的平均水平。创新主体发展水平较低，全省大中型企业建有研发机构的仅为27%。高水平研发团队和领军人才缺乏，全省仅有院士15人。能够解决经济社会发展重大关键性技术的成果较少，特别是企业独立承担自主创新的科研项目偏少，专利申请、专利拥有和专利发明比重也明显低于全国平均水平。

5. 自主创新机制不活

经济和科技体制改革有待深化，创新主体的活力和动力不足，企业尚未真正成为科技投入主体、技术创新主体和成果转化主体，官产学研紧密结合的机制尚未真正形成。自主创新管理统筹协调还不够，有限的科技资源还没有得到最佳配置，科技与经济紧密结合的机制和环境还没有完全形成。

三、构建自主创新体系的主要途径

建设中原经济区，加快中原崛起、河南振兴，必须积极实施自主创新战略，把提高自主创新能力作为促进经济结构调整、转变经济发展方式的重要突破口，结合中原经济区发展实际，选择科学路径，加快自主创新体系建设，推动经济社会发展由要素驱动向创新驱动转变，为中原经济区科学发展提供充足的动力和活力。

1. 加强科研创新体系建设

科研创新体系是科技创新的源泉和保证。没有完善的科研创新体系，原始创新就无从谈起，因此，必须十分重视科研创新体系建设。

一要继续深化科研体制改革。促进省属技术开发类科研机构完善运行机制，提高自主创新能力，充分发挥其在自主创新和成果转化中的骨干作用；对部分科研方向基本相同或相近的农业技术开发类科研机构进行调整、合并，整合资源，组建农科集团，促其发展成为农业科技创新中心和农业高科技龙头企业，为中原经济区现代农业发展提供坚实的技术支撑；对公益类科研机构，通过政府招标等方式，加大政府投入，不断改善科研条件，提升自主创新能力。

二要加强高等院校自主创新能力建设。进一步加大对高校科研基础设施建设的投入力度，充分发挥高校人才和学科优势，建设一批高校科研创新基地、大学科技园、高校技术创新孵化器、技术转让机构等，不断提高高校的自主创新能力。

三要选择一些条件较好的科研院所、高等院校建设一批国家级、省级重点实验室；鼓励和引导省属科研院所、高等院校加强对外合作与交流，与省内外、国内外高校、院所、企业联合共建重点实验室、工程技术研究中心、技术转移中心、科研开发基地、成果转化基地等，不断提升自主创新能力和科研水平，加速科技成果转化。

四要通过政府引导，并充分发挥市场机制的作用，利用社会力量，规划发展一批与中原经济区优势产业发展密切相关的民办科研机构，为优势产业自主创新提供必要的科技支撑。

2. 加强技术创新体系建设

自主创新的出发点和落脚点在于促进生产力的发展，企业是市场的主体，也是技术创新的主体。提高自主创新能力关键要建立健全以市场为导向、以企业为主体、产学研紧密结合的技术创新体系。

一是通过政策引导大力推进大中型企业建立企业技术研发机构，推动企业增加科技投入，加强技术创新，依靠科技进步，提高企业的市场竞争能力。

二是紧密结合中原经济区优势产业的发展，在煤化工、有色金属、食品加工、装备制造、汽车及零部件等优势产业领域和新能源、新材料、电子信息、节能环保、生物工程等战略性新兴产业领域，选择一批条件较好的大中型企业建立国家级、省级工程技术研究中心，提升中原经济区优势产业的技术创新能力。

三是以各产业行业协会为基础，结合产业发展特点，加强行业技术开发机构建设，为中小型企业提供技术依托。

四是大力发展创新型企业，包括高新技术企业和民营科技企业，通过立法规范、政策扶持、优质服务等措施，为创新型企业创造良好的发展环境。

五是加强科技园区建设，重点加强国家高新区、产业集聚区、农业科技示范园区等创新载体建设。通过加大投资力度，改善基础设施，创造政策优势，改革管理体制，提高服务水平，优化创业环境等措施，将其发展成为中原经济区技术创新中心、科技成果转化中心和新经济增长点的孵化中心，并充分发挥其辐射和带动作用，为中原经济区自主创新能力建设做出积极贡献。

3. 加强创新服务体系建设

创新服务体系是自主创新体系的重要组成部分，完善的创新服务体系有利于推动科技经济一体化，促进中小企业技术进步与创新，实现创新资源的优化配置。因此，针对中原经济区创新服务体系建设，应加强三方面的工作：

一是重点发展一批生产力促进中心、创业服务中心、技术转移中心、技术交易市场、科技产权交易市场、科技咨询服务中心、科技评估中心、风险投资和信用担保机构等，形成功能齐全、服务手段先进、服务水平高的社会化中介服务体系，为企业自主创新活动提供技术、信息、人才、金融、法律等多方面的优质服务。

二是做大做强农业科技服务110平台。整合资源，改善设施和装备，加强队伍建设，完善服务手段，拓展服务范围，充实服务项目，建立省、市、县、乡四级农业科技服务110平台，为现代农业发展提供产前、产中、产后全方位的科技服务。

三是加强科技资源共享平台建设。对现有科技信息网、科技成果转化网、科技对外合作网、专利网等进行战略重组和系统优化，充实大型科学仪器设备、科技文献、科学数据等资源，拓展网络的覆盖面，形成布局合理、功能齐全、开放高效、体系完备的网络化、数字化、智能化科技资源共享平台，为中原经济区自主创新活动提供优质高效服务。

4. 加强创新支撑条件建设

创新支撑条件是自主创新的基础和保障，也是提高区域自主创新能力的关键因素之一。因此，提高中原经济区自主创新能力，必须加快推进创新支撑条件建设。

一是调整政府财政支出结构，加大科技投入力度，改变科技投入严重不足的局面。同时，制定有关政策法规，引导和促进企业积极增加科技投入，使企业真正成为科技投入主体；吸引社会力量积极参与创新活动，增加科技投入，逐步建立起政府引导、企业为主、社会多方参与的多元化科技投入体系。

二是积极探索设立风险投资种子资金，建立风险投资机制和信用担保机制，为创新创业创造良好的融资环境。

三是加强创新人才队伍建设。要坚持以人为本，创新人才工作机制和政策体系，加快发展高等教育和职业教育，大力培养各类高技能人才和实用型人才；加大人才的培训力度，促进人才更新知识，提高素质，增强才干；大力拓宽引才引智渠道，积极引进各类急需人才。努力建设一支具有创新精神和创业能力的经营管理人才队伍，一支具有较强创新能力的专业技术人才队伍，一支熟练掌握现代企业生产技能的企业技术人才队伍和一支农村实用型技术人才队伍，为全面提升中原经济区自主创新能力提供坚强的人才保证和智力支持。

5. 加强宏观管理体系建设

从发达国家和地区的经验来看，提高政府对科技工作的宏观管理能力、强化政府管理部门的科技决策能力，是保障科技、经济和社会协同发展，提高自主创新对经济和社会发展贡献率的关键之一。构建中原经济区自主创新体系必须重视政府宏观管理体系建设。

一是加强各级政府科教领导小组的领导和协调力度。完善领导小组会议制度和工作制度，定期研究解决科技工作的重大问题，为自主创新活动创造良好的环境和条件；完善各级政府高级科技顾问制度，充分发挥各级政府高级科技顾问的参谋和咨询作用，进一步推进政府决策科学化、民主化，促进“科教兴豫”战略的深入实施。

二是强化科技管理部门的宏观管理职能，充分发挥科技管理部门的宏观管理作用，促进各种创新活动协调、有序、高效地开展。

三是改革科技计划管理体制。调整科技计划体系，围绕中原经济区建设的重大战略目标，集成社会各类创新资源，集中财政科技经费，实施重大科技专项，提高科技经费的使用效益，发挥有限科技资源的最大作用。

四是改革科技评价体制，建立更加科学的创新评价体系，强化对各类创新活动和创新机构的科学合理的评价，引导创新方向和创新资源的优化配置。

6. 加强自主创新环境建设

自主创新环境建设是自主创新体系建设的重要内容，是政府调控科技资源，推进自主创新的有力手段，对增强中原经济区自主创新能力，培育区域核心竞争力具有十分重要的意义。因此，要加强中原经济区自主创新环境建设。

一是创造良好的政策环境，不断完善科技法规体系，鼓励和保护创新活动，规范创新行为，促进创新创业。

二是进一步转变政府职能，强化服务意识，提高服务水平和质量，通过简化办事环节，提高办事效率等举措，为自主创新提供优质服务。

三是积极培育创新文化。加强科普基地建设，加大科普宣传力度，进一步提高全社会的科技意识，努力形成尊重知识、尊重人才、爱科学、学科学、用科学的浓厚的社会文化氛围，为自主创新活动创造良好的人文社会环境。

参考文献

[1] 喻新安．中原崛起的实践与探索［M］．郑州：河南人民出版社，2009.134.

[2] 唐国忠．海峡西岸经济区［M］．福州：福建人民出版社，2009.58.

[3] 河南省科学技术厅．河南科技年鉴［M］．郑州：河南科技年鉴编辑委员会，2008.92.

［选自《中州学刊》，2011（2）］

［简评］ 首先，这篇学术论文选题具有很强的现实意义和较高的社会价值与学术价值。其次，主体部分写作较为规范，第一自然段简要交代构建中原经济区自主创新体系的重要现实意义；接下来主体部分分三个标题分别论述构建中原经济区自主创新体系的现有基础、存在的问题和实施的主要途径。全文内容充实，总论点分论点有机统一，结构脉络十分清晰。

【思考与训练】

（一）思考题

1. 什么是科研文体？什么是学术论文？学术论文有哪两个含义要点？
2. 学术论文有哪些主要功能作用？有哪些突出的文体特点？
3. 怎样选择客观上具有现实意义和具有学术价值的论题？
4. 怎样选择主观上有利于自己充分展开研究的论题？
5. 简述学术论文的基本结构形式。
6. 学术论文的正文由几部分构成？各部分的主要写作内容是什么？
7. 简述修改定稿阶段主要审改哪些方面。
8. 什么是毕业论文？通常按学历层次可分为哪些类？
9. 毕业论文的选题应遵循哪些原则？
10. 毕业论文答辩有何意义？答辩应注意哪些问题？

（二）写作训练题

1. 请根据学术论文的选题方法，在你所学的专业范围内确定 6 个重点选题，并按常用的拟定标题的方法将这六个题目写出来。（请注意题目类型）

2. 请从以上拟好的题目中选出三个（论题），采用句子表述的形式列出其正文的写作提纲。

【课后阅读与研讨】

（一）课后阅读

1. 吴杰，谢蕾．大学生学术论文写作存在的问题及对策．写作，2005（19）

2. 刘泽江．学术论文写作与网上资源利用．写作，2005（11）

3. 吴利．论文写作与图书馆学知识．写作，2003（19）

（二）研讨题

1. 写一篇《谈学术论文写作搜集整理信息资料的方法与要求》的文章，篇幅在1 500字左右，参与课堂研讨。

2. 写一篇《谈学术论文选题的创新性如何体现》的文章，篇幅在2 000字左右，参与课堂研讨。

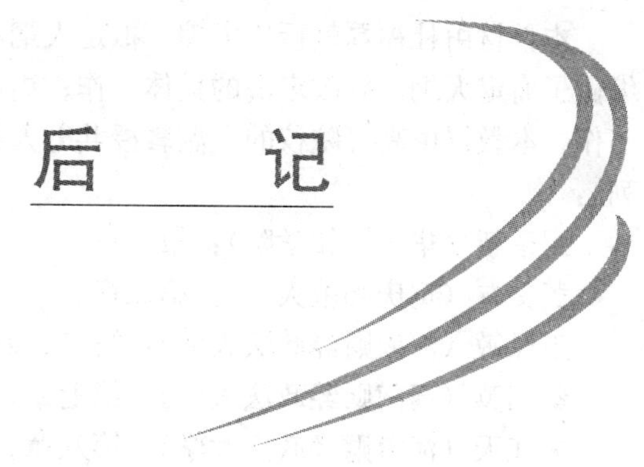

后 记

本教材由两部分组成：秘书写作基础理论和秘书常用文种写作（包括行政公文、工作事务文书、经济文书、公关文书、科研学术文书等）。

本书的主要特色是实用性、针对性强，例文的选择和评点具有典型性和新颖性。第一，本书的参编人员均为专业人员。他们不仅长期工作在教学第一线，而且大多具有在领导岗位或秘书岗位长时间工作的经历。因此，对秘书写作不仅具有扎实的理论知识，而且具有丰富的实践经验，对秘书写作的重点、难点把握准确到位。第二，本教材的编写体例对教师和学生都很实用。无论全书的编写还是每一个文种的编写都能做到理论知识与写作实践技能并重，对教师如何教和学生如何进行文体写作训练都具有很强的针对性。第三，每一篇例文都经过认真的甄别、筛选，做到典型、新颖，对例文的评点也力求精益求精。

本书的编写力求写作理论紧密联系写作实践，科学设计当代秘书实用写作的基础理论和各类实用文体的写作训练体系；既重视提高大学生写作基本理论知识的水平，又注重培养大学生的具体应用文章写作能力，使写作文化素质教育与写作能力培养紧密结合。全书及时反映该课程多年来的教研新成果，汇集各类实用文章新颖、典型的范文实例，理论体系建构力求科学合理，全书内容做到了创新性与科学性、实用性、可操作性的有机结合。

全书每章前设有教学提示，提示本章讲授的主要内容、知识要点和学习目的与能力要求。每章后精心设计了思考与训练题，以便于从培养学生的写作能力出发，通过思考与训练，达到理论联系实际，迅速将写作知识转化为写作能力，切实提高写作水平的目的。每章后还设计了课后阅读与研讨题，这为教师实现“优教”与学生实现“优学”提供平台，以期达到扩大学生阅读知识面和学术视野、培养学生学术思维和科研能力的目的。全书的编写体例力图建构起“教与学”有机结合的互动机制。

本教程仅用于作为非商业目的的高等教育文秘专业学生的教学用书。

本教材由杜福磊教授任主编，拟定大纲和终审定稿；王凤敏副教授任副主编，协助主编做了商定大纲、修改定稿的具体工作；周蓓新教授任副主编，协助主编做了撰稿和定稿工作。本教材由高等院校的正副教授共七人共同撰写，全书撰写分工如下（按章节顺序排列）：

周蓓新（华北科技学院）：第一章。

黄良友（重庆师范大学）：第二章。

王凤敏（河南财经政法大学）：第三、四、五、六章。

秦剑英（河南财经政法大学）：第七章。

朱江天（河南财经政法大学）：第八章。

沈河清（河南财经政法大学）：第九、十章。

杜福磊（河南财经政法大学）：第十一章。

本教程在编写过程中参考了兄弟院校的一些教材，在此表示谢意！

由于水平所限和时间仓促，书中疏漏和不当之处在所难免，敬请专家、同行和广大读者提出宝贵批评意见，以便今后修改订正。

编者

2011 年 5 月 22 日

关联课程教材推荐

书号	书名	作者	定价
978-7-300-13741-4	秘书实务	杨 锋	26 元
978-7-300-13686-8	秘书学概论	张同钦	25 元
978-7-300-13684-4	秘书文档管理	陈祖芬	29.8 元
978-7-300-13685-1	秘书礼仪	方尤瑜	25 元

配套教学资源支持

尊敬的老师：

衷心感谢您选择使用人大版教材！

秉承“出教材学术精品，育人文社科英才”的出版理念，我社为教材打造配套教学资源，帮助老师拓展教学思路，革新教学方式。相关的配套教学资源，请到人文分社网站（www.crup.cn/rw）下载，或是随时与我们联系，我们将向您免费提供。联系人信息：

地址：北京海淀区中关村大街 31 号 201 室　　龚洪训　收　　邮编：100080

电子邮件：gonghx@crup.com.cn　　电话：010-62515637　QQ：6130616

欢迎您随时反馈教材使用过程中的疑问、修订建议等，让我们与教材共成长。建议一经采纳，即有好书奉送。

如有相关教材的选题计划，也欢迎您与我们联系，我们将竭诚为您服务！

选题联系人：	电子邮件：	电话：
刘　汀	bukecunzhuang@163.com	010-62513897
翟江虹	zhaijh@yahoo.cn	010-62515636

俯仰天地　心系人文

www.crup.cn/rw

中国人民大学出版社　人文分社网站

欢迎登录浏览，了解图书信息，下载教学资源

图书在版编目（CIP）数据

秘书实用写作/杜福磊主编. —北京：中国人民大学出版社，2011.8
21世纪高等院校秘书学专业系列教材
ISBN 978-7-300-13742-1

Ⅰ.①秘… Ⅱ.①杜… Ⅲ.①汉语-应用文-写作-高等学校-教材 Ⅳ.①H152.3

中国版本图书馆CIP数据核字（2011）第163195号

中国高等教育学会秘书学专业委员会专家审定
21世纪高等院校秘书学专业系列教材
总主编 张同钦 杨 锋

秘书实用写作

主 编 杜福磊
副主编 王凤敏 周蓓新
Mishu Shiyong Xiezuo

出版发行	中国人民大学出版社		
社　　址	北京中关村大街31号	**邮政编码**	100080
电　　话	010－62511242（总编室）		010－62511398（质管部）
	010－82501766（邮购部）		010－62514148（门市部）
	010－62515195（发行公司）		010－62515275（盗版举报）
网　　址	http://www.crup.com.cn		
	http://www.ttrnet.com(人大教研网)		
经　　销	新华书店		
印　　刷	三河市汇鑫印务有限公司		
规　　格	185 mm×260 mm　16开本	**版　　次**	2011年8月第1版
印　　张	16.5	**印　　次**	2011年8月第1次印刷
字　　数	371 000	**定　　价**	29.00元